跟着电网企业劳模学 系列培训教材

质量管理小组建设

国网浙江省电力有限公司　组编

中国电力出版社
CHINA ELECTRIC POWER PRESS

内 容 提 要

本书结合了全国电力行业、国家电网有限公司关于科技创新工作的最新要求，从质量管理和质量管理小组活动基础知识阐述为切入点，重点对质量管理统计方法的应用、《质量管理小组活动准则》（T/CAQ10201—2020）的相关要点进行详细论述，辅以经典实践案例的点评与剖析，旨在引导广大质量管理人员和科技创新工作者，有效利用质量管理小组活动这一平台，开展卓有成效的科技创新相关活动，同时采用质量管理的缜密思维，解决实际工作中的痛点和难点，以质量管理小组活动的理念为企业和社会创造更多有益成果。

本书包括七章内容，分别为概述、质量管理活动指导、问题解决型 QC 小组活动程序及要点分析、创新型 QC 小组活动程序及要点分析、常用的质量管理统计方法、问题解决型优秀案例解析和创新型优秀案例解析。

本书可供从事质量管理的初学者、推进者以及科技创新人员学习参考。

图书在版编目（CIP）数据

质量管理小组建设 / 国网浙江省电力有限公司组编 . —北京：中国电力出版社，2022.5
（2023.10重印）
跟着电网企业劳模学系列培训教材
ISBN 978-7-5198-6411-8

Ⅰ . ①质…　Ⅱ . ①国…　Ⅲ . ①电力工业－工业企业管理－质量管理 －技术培训－教材　Ⅳ . ① F407.616.3

中国版本图书馆 CIP 数据核字（2022）第 003251 号

出版发行：中国电力出版社
地　　　址：北京市东城区北京站西街 19 号（邮政编码 100005）
网　　　址：http://www.cepp.sgcc.com.cn
责任编辑：邓慧都
责任校对：黄　蓓　王海南
装帧设计：张俊霞
责任印制：石　雷

印　　　刷：固安县铭成印刷有限公司
版　　　次：2022 年 5 月第一版
印　　　次：2023 年 10 月北京第四次印刷
开　　　本：710 毫米 ×980 毫米　16 开本
印　　　张：21.75
字　　　数：306 千字
印　　　数：2001—2500 册
定　　　价：98.00 元

丛书序

国网浙江省电力有限公司在国家电网公司领导下，以努力超越、追求卓越的企业精神，在建设具有卓越竞争力的世界一流能源互联网企业的征途上砥砺前行。建设一支爱岗敬业、精益专注、创新奉献的员工队伍是实现企业发展目标、践行"人民电业为人民"企业宗旨的必然要求和有力支撑。

国网浙江公司为充分发挥公司系统各级劳模在培训方面的示范引领作用，基于劳模工作室和劳模创新团队，设立劳模培训工作站，对全公司的优秀青年骨干进行培训。通过严格管理和不断创新发展，劳模培训取得了丰硕成果，成为国网浙江公司培训的一块品牌。劳模工作室成为传播劳模文化、传承劳模精神，培养电力工匠的主阵地。

为了更好地发扬劳模精神，打造精益求精的工匠品质，国网浙江公司将多年劳模培训积累的经验、成果和绝活，进行提炼总结，编制了《跟着电网企业劳模学系列培训教材》。该丛书的出版，将对劳模培训起到规范和促进作用，以期加强员工操作技能培训和提升供电服务水平，树立企业良好的社会形象。丛书主要体现了以下特点：

一是专业涵盖全，内容精尖。丛书定位为劳模培训教材，涵盖规划、调度、运检、营销等专业，面向具有一定专业基础的业务骨干人员，内容力求精练、前沿，通过本教材的学习可以迅速提升员工技能水平。

二是图文并茂，创新展现方式。丛书图文并茂，以图说为主，结合典型案例，将专业知识穿插在案例分析过程中，深入浅出，生动易学。除传统图文外，创新采用二维码链接相关操作视频或动画，激发读者的阅读兴趣，以达到实际、实用、实效的目的。

三是展示劳模绝活，传承劳模精神。"一名劳模就是一本教科书"，丛书对劳模事迹、绝活进行了介绍，使其成为劳模精神传承、工匠精神传播的载体和平台，鼓励广大员工向劳模学习，人人争做劳模。

丛书既可作为劳模培训教材，也可作为新员工强化培训教材或电网企业员工自学教材。由于编者水平所限，不到之处在所难免，欢迎广大读者批评指正！

最后向付出辛勤劳动的编写人员表示衷心的感谢！

丛书编委会

前　言

2020 年底，《中共中央关于制定国民经济和社会发展第十四个五年规划和二○三五年远景目标的建议》中，在关于"十四五"时期经济社会发展指导思想方面，强调以推动高质量发展为主题。新时代我国经济已从高速增长阶段转向高质量发展阶段，简单来说就是从"有没有"转向了"好不好"。以推动高质量发展为主题是根据我国发展阶段、发展环境、发展条件变化做出的科学判断，是遵循经济社会发展规律、适应我国社会主要矛盾变化、保证经济社会持续健康发展及全面建设社会主义现代化国家的必然要求。对此，要深刻领会其重大意义，准确把握推进高质量发展的战略要求，在擘画新蓝图、开启新征程中奋力推进高质量发展。

人才兴，企业兴，行业兴，国家兴。近年来，国网浙江省电力有限公司培训中心（简称省培中心）始终将弘扬劳模精神、劳动精神、工匠精神作为鼓舞电力人风雨无阻、勇敢向前的强大精神动力。为发挥好劳模的引领带动作用，省培中心结合实际，用价值驱动"劳模创新工作室"各项活动，引导广大职工立足本职、勤奋实干，争创一流，使勤奋劳动、诚实劳动、创新劳动成为广大职工的普遍追求。劳模精神、劳动精神、工匠精神在质量管理工作者身上得到充分体现。他们中有车间里抓具体质量工作的排头兵，有搞产品设计研发的领头雁，有从事质量检测的把关人，岗位不同，却都创造出不平凡的业绩，为全国各行业领域的质量工作者树立了学习的榜样。

省培中心是走在质量管理培训教育前列中的一员。广大质量工作者树立终身学习的理念，紧盯质量前沿知识和技术进步，勤学深钻，不断提高质量管理和质量技术技能水平。不断完善质量教育制度，提高质量人才待遇水平，激励更多的人，特别是青年人走技能成才之路，为中国制造、中国创造夯实基础，为高质量发展提供有力人才支撑。依托"劳模创新工作室"建设出一支懂质量、讲质量的知识型、技术型、创新型人才队伍，力争在质量竞争中赢得优势、赢得未来。

2019 年 11 月，国网浙江省电力有限公司嘉兴供电公司出版了《质量管理小组知识释义及实践》，受到了广大读者的欢迎，成为企业广大质量管理小组成员和管理人员学习质量小组活动知识的基础教材，在加强质量管理和队伍能力建设方面发挥了积极作用。

为了适应质量管理理论、方法的发展和充分发挥培训中心在人才培养方面的核心作用，近年来，省培中心组织有关技术专家、学者和有丰富实践经验的国家级评委、推进者，编写了本书，制作了国家电网有限公司网络培训教材《质量管理小组基础知识和实践》。本书在介绍质量管理和质量管理小组基本理论的基础上，阐述质量管理小组组建与注册登记的程序，并对 2020 年发布的新版准则《质量管理小组活动准则》（T/CAQ 10201—2020）进行了细致解读。本书重点介绍了 19 种常用的质量管理统计方法，对其应用范围和应用步骤进行说明，在充分吸收国际先进方法与工具之上，结合历年质量管理论文中选取的实际案例，对初学者容易走进的误区进行说明，并对有代表性的、较成熟的案例进行解析，从而打造具有中国特色、可以活学活用的质量管理工具箱。

本书将理论与案例相结合，内容详实、语言平实：从企业质量管理的角度，系统地介绍质量管理小组活动的开展过程、活动的准则和统计方法，以及可供推广学习的案例等内容板块，用电力企业质量管理经验，让公众更多地了解质量、参与质量、享受质量。

全书包括六章内容，分别为概述、质量管理活动指导、问题解决型 QC 小组活动程序及要点分析、创新型 QC 小组活动程序及要点分析、常用的质量管理统计方法、问题解决型优秀案例解析和创新型优秀案例解析。希望本书能将电力企业质量管理的理论和实践分享给全国的质量管理工作者，为质量管理发展贡献电力企业智慧，在推动质量变革、效率变革、动力变革和经济社会高质量发展中做出新的更大的贡献。

由于时间和水平所限，书中难免存在疏漏和不妥之处，敬请读者指正。

编者

2022 年 3 月

目　录

周 刚 劳 模 简 介

周刚，男，1966年11月出生，浙江湖州人。大学本科学历，中共党员，高级工程师，高级技师，国网浙江省电力有限公司嘉兴供电公司"周刚劳模创新工作室"负责人。

周刚先后被授予国家电网有限公司劳动模范；浙江工匠、浙江省质量工匠、国网浙江省电力有限公司三级专家、劳动模范、首席工匠、首席技师、十佳技术创新能手、十佳创客、嘉兴市发明家等称号。获380余项专利，发表SCI、EI、技术论文150余篇。担任国家级QC活动评委，长期担任全国电力行业、浙江省质量管理小组活动评委；领衔以其名字命名的QC小组，连续11年获得全国优秀质量管理小组、全国质量活动40周年"标杆QC小组"。主持国家电网有限公司、浙江省等各级科技项目60余项，其中获得全国电力行业、国家电网有限公司、浙江省人民政府、国网浙江省电力有限公司等省级以上科技进步奖、技术发明奖等30余项。主持、参与行标、团标、企标10余项；主编、参编各类培训教材、专著20余本，分别在中国电力出版社、浙江大学出版社等出版；主持撰写国家电网网络大学培训教材7项。

"周刚劳模创新工作室"立足生产实际，秉持"以人为本、高度定制、创培一体、知行合一"的原则，首创"人才孵化工厂"，专注培养技术精湛、技能精益的复合型、智慧型人才，为企业全面贯彻国家电网有限公司战略、全面建设新型电力系统作出重要贡献。2020年，"周刚劳模创新工作室"被命名为"国网浙江省电力有限公司劳模创新工作室示范点"；2021年，被命名为"浙江省高技能人才（劳模）创新工作室"。

第一章

概　　述

第一节 质 量 管 理

一、质量的概念

质量的概念随着质量管理之路的推进而不断深化和演变。在早期，质量被认为是符合规定或者要求。该观点是由美国质量管理专家菲利普·克劳士比（Philip Crosby）提出的，他认为质量是相对于特定的规范或者要求而言的，认为合乎规范就是有了质量。目前看来，这种以实用为主的定义忽略了顾客的需求，是一种片面的定义，一旦在买方市场的环境下，这种定义将无法再给企业带来利好。

之后，美国质量管理专家约瑟夫·朱兰（Joseph M. Juran）提出了一种"适用性"的质量定义，这种"适用性"指的就是产品实用过程中成功满足顾客要求的程度。他将质量概括为两点。

（1）质量是能够满足顾客的需要。这一点将企业的关注点从产品本身跳出，从研究规范要求转为研究顾客需求，使产品的特性能够让顾客满意，从而获得更多效益。

（2）质量还要考虑成本导向，不能一味地增加投入，无条件满足顾客的需求，而是应该提高效率，以最小的投入追求顾客最大的满足。

国际标准化组织于2015年修订的《质量管理体系 基础和术语》GB/T 19000—2008（ISO 9000：2015）中，对质量做了如下定义：客体的一组固有特性满足要求的程度。该定义具有以下几层含义。

（1）这个定义可以泛指一切可以被单独研究的事物，可以是活动、组织或者过程等，没有局限于产品或者服务。这反映了质量概念广泛的包容性。

（2）特性可以是实体化的物的性能，也可以是虚化的特性，比如物体的特性（气味、色彩等）、时间的特性（准时性等）等。质量特性指的是固有特性，是通过产品、过程或者体系设计和开发及其后的实现过程形成的属性。

（3）质量概念的关键点是"满足要求"。这里的要求包括明示的、通常隐含的或必须履行的需求或期望。明示的要求可以是规定的要求。通常隐含的是指组织、顾客和其他相关方的惯例或一般做法。必须履行的是指法律法规要求的或有强制性标准要求的。组织在产品的实现过程中必须执行这类标准。

（4）质量的好坏由满足要求的程度来衡量。要求要由不同的相关方提出，不同的相关方对同一产品的要求可能是不同的。要求可以是多方面的，如果需要指出，可采用修饰词表示，如果产品要求、质量管理要求、顾客要求等。

二、质量特性

质量特性是指产品、过程或体系与要求有关的固有属性。它将顾客的要求转化为可以测量的有指标的特性，用清晰的、技术的或工程的语言表述出来，作为评价、检验和考核的依据。由于顾客的需求是多种多样的，所以反映质量的特性也是多种多样的。

不同类别的产品，其质量特性的具体表现形式也不同。产品的质量特性主要包括以下几个方面。

（1）性能。指的是产品满足客户所要求的技术特性，包括使用性能和外观性能。

（2）寿命。指的是产品所能够正常使用的时间期限，包括使用寿命和储存寿命。使用寿命是指在规定的使用条件下完成规定功能的工作总时间。储存寿命是指在规定的储存条件下产品从开始储存到规定失效的时间。

（3）可靠性。指的是在规定的条件下，在规定的时间内产品完成规定功能的能力。

（4）安全性。指的是产品在制造、流通和使用过程中，保证顾客人身安全不受到伤害，财产不受到损失以及环境免遭破坏的能力。

（5）经济性。指的是产品在整个生命周期的总费用，包括从设计、制造、销售到产品使用过程中所产生的成本和费用方面的特征。经济性是保证产品在竞争中脱颖而出的关键特性之一，是被重点关注的一个质量指标。

服务的质量特性与产品的质量特性有所不同，有些质量特性可以被顾客直观地感受到，比如餐厅服务人员的上菜速度等；有些虽然不能被顾客直观体会到，但也会影响服务业绩，比如报警器的差错率等。有些服务质量特性可以被定性衡量，比如等待时间；但有些服务质量特性只能定性参照，比如餐厅菜品的口味等。服务的质量特性主要包含以下几个方面。

（1）功能性。指的是软件产品所发挥的功能和作用，是最基本的特性。

（2）时间性。指的是软件产品在时间上能够满足顾客的能力，特征词有及时、省时等。

（3）安全性。指的是服务过程中顾客的人身安全不受到伤害以及财产不受到损害的特征。

（4）经济性。指的是顾客为了得到不同服务所需要支付的费用的合理程度。

（5）舒适性。指的是服务过程中的舒适程度。

（6）文明性。指的是在接受服务的过程中顾客的精神需求被满足的程度。

东京理工大学教授狩野纪昭（Noriaki Kano）发明了 KANO 模型（见图 1-1），该模型体现了产品质量特性与顾客满意度之间的非线性关系。狩野纪昭教授将产品服务的质量特性分为必备质量、逆向质量、无差异质量、一维质量以及魅力质量五类。

必备质量指的是顾客对产品或服务因素的基本要求，是顾客认为产品必须有的属性或功能。当该特性不能满足顾客的基本要求时，顾客会产生非常不满意的情绪；而当其特性充足（满足顾客的基本要求）时，顾客充其量会达到满意，但也不会对此产生过多的好感。对于必备质量，企业需要注重不在这方面失分，需要不断地调查和了解顾客需求，并通过合适的方法在产品中体现这些要求。

逆向质量指的是会引起顾客强烈不满的或导致满意水平降低的质量特

性。大部分顾客没有此需求，提供后反而会导致顾客满意度下降，且提供的程度与满意度成反比。比如，如今的电子产品提供过多复杂的功能而导致顾客无从下手，用户体验度降低而引起顾客不满。

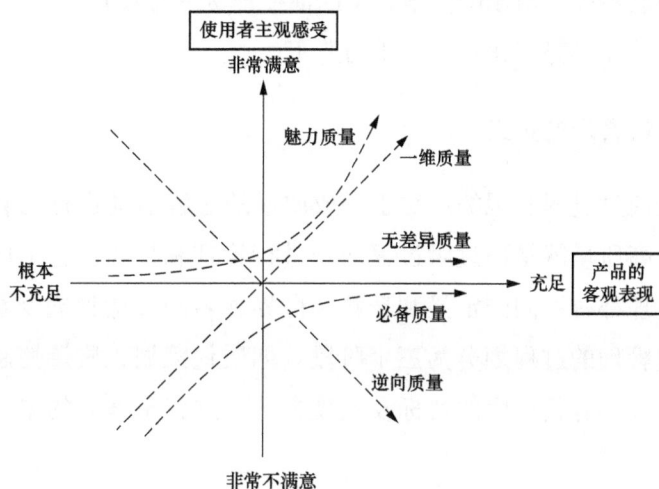

图 1-1　KANO 模型

无差异质量指的是不论提供与否都不影响用户的体验，是质量中既不好也不坏的方面，比如商场附赠的没有使用价值的赠品。

一维质量指的是顾客的满意情况与需求的满足程度成比例关系的需求。此类需求被满足或表现良好的话，顾客的满意度会显著增加，企业所提供的产品和服务水平超出顾客期望越多，顾客的满意度越高；而此类需求得不到满足或表现不佳的话，顾客的不满也会显著增加。

魅力质量指的是不会被顾客过分期望的需求。对于魅力型需求，随着满足顾客期望程度的增加，顾客满意度也会急剧上升，但一旦得到满足，即使表现并不完善，顾客表现出的满意度也是非常高的；反之，即使在期望不满足时，顾客也不会因而表现出明显的不满意。例如一些企业会回访顾客对产品的使用情况，并提供更便捷的购物方式，提高顾客的满意度和忠诚度，即便别的企业没有提供这项服务，顾客也不会产生不满。

企业在提高竞争力的过程中，首先要确保产品必备质量特性被满足，同时注意避免出现逆向质量特性或无差异质量特性，此外还要努力提升一维质量特性，并在其他质量特性条件相同的情况下，魅力质量特性充分的产品或服务会得到更多顾客的青睐。魅力质量特性不是一成不变的，它会随着社会的进步以及市场的竞争，不断演变成为一维质量或必备质量特性，企业要时刻关注形势变化，不可闭门造车。

三、质量管理的定义

质量是通过过程实现的，对于形成质量的过程活动进行的管理就是质量管理。提高质量就是通过对过程活动进行管理和把控。各个质量管理专家对质量管理都有不同的定义和理解。世界著名的质量管理专家约瑟夫·朱兰将质量管理的过程划分为三个阶段，即质量策划、质量控制和质量改进，每个阶段都有其相应的目标及实现方法，这就是著名的朱兰质量管理三部曲。

质量策划是整个质量管理的基础。这个阶段的目的在于对顾客要求进行深入解读，明确产品或服务所要达到的质量要求，并且为实现该要求制定行之有效的方法，部署各类活动。质量策划的首要目标是识别顾客，明确企业面对的内部、外部所有顾客，各顾客的需求点究竟在哪里，产品或服务的哪些质量特性最受关注。在此基础上，进而设定为实现这些要求所必需的过程，确保具有在既定的作业条件下能够实现目标的能力。通过质量策划阶段为最终生产出符合顾客要求的产品和服务打下基础。

质量控制是质量管理的保障。质量控制就是在质量策划的基础上，制定控制标准，结合过程实施情况找出偏差并采取措施纠正偏差。质量控制就是实现质量目标的过程，借助各类数理统计工具来解决问题，大多便是在此阶段。

质量改进是质量管理的提升。质量改进是指突破原有计划使质量有了进一步的提升。通常有三种途径可以实现质量改进：一是排除偶发性质量故障，此类故障导致质量偏离原定标准，通过改进使其恢复到初始控制状态；二是消除长期性的浪费或者缺陷、故障，使质量达到高于预期的新水平；三是在引进新设备、新工艺的初期，就努力消除可能会导致故障的各种可能性。

朱兰质量管理三部曲的三个阶段是相互关联的，质量策划确定了所需要达到的目标和途径，是质量管理的基础；质量控制阶段把控质量管理过程按照既定方式进行，是实现目标的保障；质量改进则是质量管理的提升，使质量管理能够获得高于预期的水准，实现质量的不断提高。

四、质量管理的发展过程

质量管理伴随着现代工业发展和科技水平的进步而形成，并逐步完善。回顾质量管理的发展历程，主要可以分为三个阶段（见图1-2）：第一次工业革命期间是第一阶段——质量检验阶段；到了第二次工业革命期间，自第二次世界大战开始逐步进入第二个阶段——统计质量控制阶段；第三次工业革命后直至今日，正处于全面质量管理阶段。

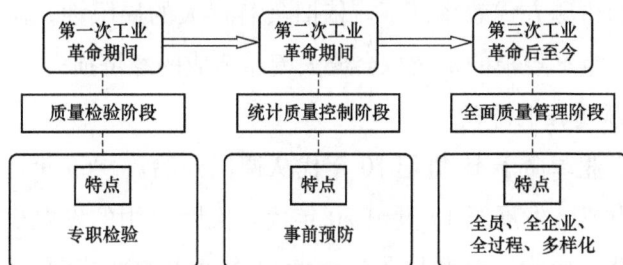

图1-2　质量管理发展阶段

1. 质量检验阶段

第一次工业革命于18世纪60年代从英国开始。工业革命首先在工厂手工业最发达的棉纺织业兴起，1765年纺织工人哈格里夫斯发明了珍妮纺织机，在棉纺织业内引发了利用发明机器进行技术革新的一系列反应，揭开了工业革命的序幕。1785年，瓦特发明的改良蒸汽机投入了使用，大幅度提高工作效率，蒸汽机得到了大力推广，从而进一步迅速推动了机器的普及和发展。人类社会由此进入了蒸汽时代，大机器生产开始逐渐取代了手工生产，生产力大幅度提高，这一过程被称为"工业革命"。

进入工业革命后，人们开始有意识地把控产品的质量，此时的产品质量主要依靠操作者本人的技艺水平和经验来保证，最初由生产者把控，每位生产者对自己的产品负责，通过各类仪器仪表进行检测，属于"操作者的质量管理"。这种方式效率低下，对生产力具有极大的束缚。

19 世纪初，以"科学管理之父"弗雷德里克·温斯络·泰勒（Frederick Winslow Taylor）为代表的科学管理理论的产生，促使产品的质量检验从加工制造中分离出来，并成立了专门开展质检的职能部门，质量管理的职能由操作者转移给工长，是"工长的质量管理"。随着企业生产规模的扩大和产品复杂程度的提高，产品有了技术标准（技术条件），公差制度（见公差制）也日趋完善，各种检验工具和检验技术也随之发展，大多数企业开始设置检验部门，有的直属于厂长领导，这时是"检验员的质量管理"。但是上述几种做法都属于事后检验的质量管理方式，无法对下一次生产过程产生积极的作用，只能阻止废品流向客户，并没有起到提前预防的效果，而且百分百的检测方式效率低下，依旧具有很大的局限性；而随着生产力的持续提升，生产规模的扩大也会放大废品造成的经济损失。

2. 统计质量控制阶段

第二次工业革命于 19 世纪 70 年代从德国开始。1866 年，德国人西门子发明了发电机，发展至 19 世纪 70 年代，实际可用的发电机问世。电器开始代替机器，成为补充和取代以蒸汽机为动力的新能源。随后，电灯、电车和电影放映机相继问世，人类进入了电气时代。该时代的特征表现在电力的广泛应用、内燃机和新交通工具的研制、新通信手段的发明以及化学工业的建立等方面。电气时代以电力驱动机器，零部件生产与产品装配实现分工，社会进入大规模工业生产时代。

在第二次世界大战期间，由于军需订单大幅度增加，质检员的增长速度无法满足订单的增长速度，造成了军需物品的大量堆积，而且由于检测效率低下，废品大量堆积，既延误了战机又浪费严重，质量检测无法满足需求。

为了解决这一问题，1924 年，被称为"统计质量控制之父"的美国数理统计学家沃特·阿曼德·休哈特（Walter A. Shewhart）提出了控制和预防缺陷的概念。他运用数理统计的原理提出在生产过程中控制产品质量的 6σ 法，绘制出第一张控制图并建立了一套统计卡片。与此同时，美国贝尔研究所提出关于抽样检验的概念及其实施方案，成为运用数理统计理论解决质量问题的先驱，但当时并未被普遍接受。以数理统计理论为基础的统计质量控制的推广应用始自第二次世界大战。由于事后检验无法控制武器弹药的质量，美国国防部决定把数理统计法用于质量管理，并由标准协会制定有关数理统计方法，应用于质量管理方面的规划，成立了专门委员会，并于 1941—1942 年先后公布一批美国战时的质量管理标准。

统计质量控制阶段的主要特点就是将数理统计原理引入质量管理，在生成过程中进行质量控制，及时发现异常情况并采取相应的对策，在事前通过预防防止废品的产生。但是这类质量管理方法过于强调梳理统计的重要性，使许多人产生了质量管理就是统计应用的错觉，认为质量管理是统计学家的事，从而望而却步。到了这一阶段，质量管理仍然只涉及制造和检验两个部门，忽略了其他部门对质量的作用，制约了其他部门员工对于质量管理参与的积极性，缺乏推广基础。

3. 全面质量管理阶段

第三次工业革命始于 20 世纪四五十年代，是在第二次世界大战后科技领域的重大革命，主要包括原子能技术、航天技术、电子计算机的应用、人工合成材料、分子生物学和遗传工程等新兴技术。1945 年，美国成功研制出了原子弹。1957 年，苏联发射了世界上第一颗人造地球卫星。20 世纪 40 年代后期的电子管计算机为第一代计算机。电子计算机的广泛应用，促进了生产自动化、管理现代化、科技手段现代化和国防技术现代化，也推动了情报信息的自动化。

20 世纪 50 年代以来，随着生产力的迅速发展和科学技术的日新月异，人们对产品的质量从注重产品的一般性能发展为注重产品的耐用性、可靠性、安全性、维修性和经济性等。在生产技术和企业管理中仅靠数理统计越来越难以满足质量要求，质量不能停留在一点的改进，而要求运用系统的观点来研究质量问题,是全面的质量改进提升。在管理理论上也有新的发展,除了重视人的因素,强调依靠企业全体人员的努力来保证质量以外,还有"保护消费者利益"运动的兴起,企业之间市场竞争越来越激烈。

在这种情况下,"全面质量管理之父"美国阿曼德·费根堡姆（Armand Vauin Feigenbaum）于 1956 年发表了论文《全面质量控制》,首次提出了全面质量管理（total quality control,TQC）的概念。在他的观点里,人员才是质量管理的根本推动力量,而数理统计等手段只是提升管理水平的辅助工具。他认为,必须用全面的、系统的方式管理质量,要求全部职能部门都参与到质量管理中,而不仅仅是单一的生产检验部门。他提出,"全面质量管理是为了能够在最经济的水平上并考虑到充分满足顾客要求的条件下进行市场研究、设计、生产和提供服务,并把企业各部门在研制质量、维持质量和提高质量方面的活动构成为一体的一种有效体系"。

第二次世界大战之后,日本将全部精力投入复苏本国经济中。全面质量管理由美国引进日本后被称为"全公司质量管理"（company-wide quality control,CWQC）。日本质量管理之父石川馨是 20 世纪 60 年代初期日本"质量圈"运动的著名倡导者。他认为,推行日本的质量管理是经营思想的一次革命,其内容归纳为 6 项:①质量第一;②面向消费者;③下道工序是顾客;④用数据、事实说话;⑤尊重人的经营;⑥机能管理。石川馨指出,全公司质量管理要求所有部门、全体员工都参与质量管理,推行综合性质量管理,同时还要推进成本管理、数量管理和交货期管理。在 1962年,日本首创质量管理小组,凭借全面质量管理经济快速发展,一跃成为世界经济强国。同时,"日本制造"逐渐成为高品质的代名词。

随着全面质量管理水平的不断深化,到 20 世纪 80 年代后期,全面质量控制逐步发展成了全面质量管理（total quality management,TQM）。TQM 针对的对象不仅包括产品和服务,还包括活动的过程、组织、人员等,是一种综合的质量管理模式。

质量管理发展的三个阶段可以总结为:质量检验阶段是"防守型"的质量管理,是一种事后检测手段;统计质量控制阶段是"预防型"的质量管理，是在生产过程中不断优化，消灭问题；全面质量管理阶段兼顾上述优点，可预防可防守，是一种"全能型"的质量管理，对整个系统全管其下，不断提高。

第二节　质量管理小组

一、质量管理小组的定义

1997年3月20日，由国家经济贸易委员会、财政部、中国科学技术协会、中华全国总工会、共青团中央委员会以及中国质量管理协会六个部门联合发出的《关于推进企业质量管理小组活动的意见》中，对质量管理（quality control，QC）小组做了以下定义：QC小组是指在生产或工作岗位上从事各种劳动的职工，围绕企业的经营战略、方针目标和现场存在的问题，以改进质量、降低消耗、提高人的素质和经济效益为目的组织起来，运用质量管理的理论和方法开展活动的小组。QC小组是企业中群众性质量管理活动的有效组织形式，是职工参加企业民主管理的经验同现代科学管理方法相结合的产物。

围绕QC小组的定义，可以归纳出四层含义。

（1）参与质量管理的人员范围，囊括了公司各个层面、各个部门的全体员工，不仅限于管理人员，而是全体员工均可参与。

（2）QC小组活动针对的问题范围非常广泛，可以涵盖企业发展的各个方面，包括企业的经营战略、方针目标和现场存在的问题。

（3）活动开展的目的非常明确，即发挥人员的积极性和创造性，提高生产效益。

（4）活动开展借助的是质量管理的理论和方法，以科学有效的手段实现小组活动的高效开展。

二、QC小组的产生和发展

QC小组兴起于全面质量管理阶段。虽然全面质量管理理念诞生于美国，但其推广应用却是在日本最成功。日本将全面质量管理理念同国情深入结合，并创新开展了 QC 小组的形式，把 QC 小组活动作为全面质量管理的重要工作来推广。此后，韩国、泰国、中国、马来西亚等多个国家也相继推广这项工作。

中国 QC 小组活动的全面发展有其内外原因。社会主义国家的民主属性是 QC 小组组建的内在基础。中国人民当家做主，有民主参与企业管理的传统，各类质量管理活动的开展，为 QC 小组的全面推广奠定了基础。改革开放的契机是 QC 小组推广的外部环境。中国有群众参与管理的历史基础，即"两参一改三结合"，中国在不断总结分析既有经验的基础上，又充分借鉴其他国家质量管理先进经验，最终找到了适合中国国情的 QC 小组之路。中国的 QC 小组活动发展大致经历了以下四个阶段，如图 1-3 所示。

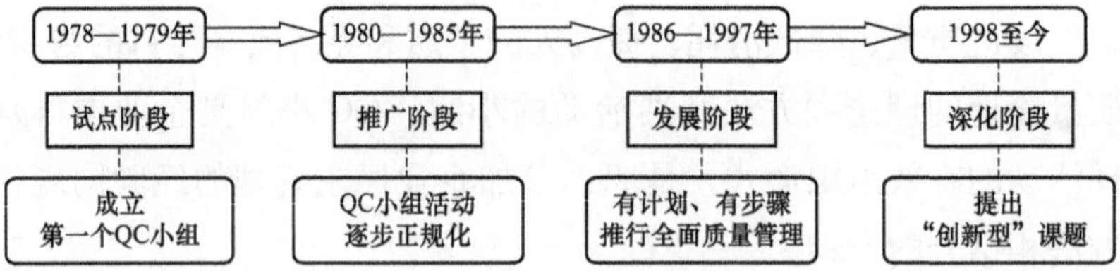

图 1-3　QC 小组发展阶段

1. 试点阶段

试点阶段是 1978—1979 年。1978 年 9 月，北京内燃机总厂邀请日本质量管理专家来中国宣讲，并成立了第一个 QC 小组，并在当年 12 月第一次召开 QC 成果发布会。1979 年 8 月第一次全国 QC 小组代表会议在北京召开；8 月 31 日，中国质量管理协会正式成立；9 月 1 日，举办了第一次质量月活动。全国从上到下，通过各种活动广泛宣传全面质量管理理念，带动了 QC 小组活动的建立和发展。

2. 推广阶段

推广阶段是 1980—1985 年。1980 年 3 月，《工业企业全面质量管理暂行办法》（简称《办法》）颁布，《办法》明确了全面质量管理的地位、作用等，同时对 QC 小组活动的开展做了相关要求。自此，QC 小组活动逐步正规化。1983 年 12 月 2 日，国家经济贸易委员会制定颁发了《质量管理小组暂定条例》，为 QC 小组活动的开展指明了方向。在推广阶段，由中国质量管理协会、中国科学技术协会普及部联合中央电视台，举办了 6 次《全面质量管理电视讲座》，同时各级质量管理协会也开展了大量培训班，为全面质量管理的推广扩充了人员储备。

3. 发展阶段

发展阶段是 1986—1997 年。1986 年，国家经济贸易委员会要求在"七五"期间，全国的大中型骨干企业都要有计划、有步骤地推行全面质量管理。之后国家经济贸易委员会联合其他 5 个部门发出通知，要求在全国职工中普及全面质量管理基本知识，把这项内容作为职工应知应会的内容之一，并将考试成绩计入职工的个人技术档案中。同时，还在全国层面建立了有力的指导力量。中国质量管理协会总结了 QC 小组的活动经验，组织编写了一系列 QC 小组活动的指导教材，并且成立了第一批 QC 小组活动诊断师队伍。这些举措为我国 QC 小组活动的进一步发展和深化创造了良好条件。

4. 深化阶段

从 1998 年至今，QC 小组活动进入了深化阶段。随着国家经济体制的调整，QC 小组活动阵地也发生了转变，从国有大中型企业转向三资企业，从内地企业转向沿海企业，从制造业转向服务业，QC 小组活动也有了新的发展进程。

在总结分析传统问题解决型课题的基础上，结合我国 QC 小组活动开展实际，2000 年中国质量管理协会下发了《关于试点开展"创新型"课题 QC 小组活动的建议》，提出了"创新型"课题项目，并规定了新的活动程序。到 2006 年中国质量管理协会进一步下发了《开展"创新型"课题 QC 小组活动实施指导意见》，推动了"创新型"QC 小组的活动规范、有序开展。

此外，为加强和世界其他国家的沟通交流，中国质量管理协会于 1997

年和 2007 年先后举办国际 QC 小组大会，提供平台学习、借鉴其他国家在质量管理方面的先进经验，进一步推动我国 QC 小组活动的提升工作。

三、QC 小组的特点

根据 QC 小组的定义，总结出 QC 小组的四个特点：明显的自主性、广泛的群众性、高度的民主性和严密的科学性，这四个特点的具体含义如图 1-4 所示。

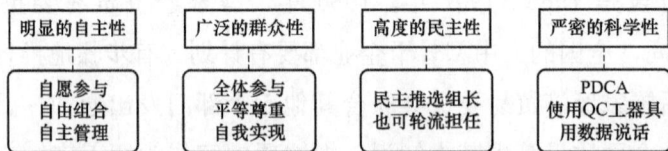

明显的自主性	广泛的群众性	高度的民主性	严密的科学性
自愿参与 自由组合 自主管理	全体参与 平等尊重 自我实现	民主推选组长 也可轮流担任	PDCA 使用QC工器具 用数据说话

图 1-4　QC 小组的特点

（1）明显的自主性。QC 小组由员工自愿参与，自由组合，自主管理，通过参与人员群策群力，发挥聪明才智、积极性和创造性，碰撞出活动成果。

（2）广泛的群众性。QC 小组号召全体员工参与进质量管理中，管理不再仅限于管理人员的职责，更注重吸引服务、生产一线的员工参加，更广泛的群众基础将会通过更广泛的视角带来质量管理新思路。

（3）高度的民主性。通过自主组建的 QC 小组，其组长也是通过民主推选的，并且不是一成不变的，可以由小组成员轮流担任，以培养和发现人才。在 QC 小组活动中，成员之间不分职位高低，不论技术等级，高度发扬民主作风。

（4）严密的科学性。QC 小组活动开展借助科学的质量管理工具，遵循科学的工作程序，坚持用数据说话，摒弃经验论，用科学的方法分析问题、解决问题。

四、QC 小组的宗旨和作用

QC 小组的宗旨，即 QC 小组活动的目的和意义，可以概括为以下三个方面，如图 1-5 所示。

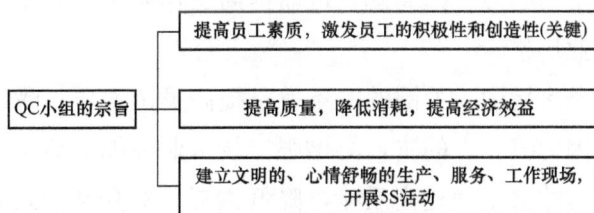

图 1-5　QC 小组的宗旨

（1）提高员工素质，激发员工的积极性和创造性。这是开展 QC 小组活动的着眼点，是企业管理从以物为中心的传统管理向以人为中心的现代管理转变的体现。员工在自身岗位上积极发现问题，研究分析，解决问题，从而提高工作质量及工作效率，体会到自身价值和工作的意义，便会产生更大的积极性和创造性，自身潜在智力和才能才会得到更大限度的发挥，企业才能充满活力，提高竞争力。

（2）提高质量，降低消耗，提高经济效益。降低消耗，既包括物资资源的消耗，又包括人力资源的消耗。它是降低成本的主要途径，也是提高经济效益的巨大潜力所在。这一方面依赖于技术进步，另一方面依赖于人们的效率观念和节约观念的增强。通过开展 QC 小组活动，不断提高生产、服务效率，节约物资消耗，提高资源利用率。这样的群众性实践活动不仅可以带来直接的降低消耗的效果，而且能增强人们的效率意识和节约意识，提高人们爱惜资源、节约资源消耗的自觉性。因此，QC 小组活动必须以提高质量、降低消耗、提高经济效益为宗旨，开展扎实的活动，取得实效。

（3）建立文明的、心情舒畅的生产、服务、工作现场，开展 5S 活动。现场是员工从事各种劳动、创造物质财富和精神文明的直接场所。因此，通过 QC 小组活动，改善现场管理，建立一个文明的、心情舒畅的现场是至关重要的。日本企业普遍开展的 5S 活动，是加强现场管理、创造良好劳动环境的重要内容和有效方法。所谓 5S，即由整理（seiri）、整顿（seiton）、清扫（seiso）、清洁（seiketsu）、素养（shitsuke）这 5 个词的日语罗马音开头字母组成。员工在文明的、心情舒畅的环境中工作会心情舒畅，有助于产生向心力与归属感，进而提高工作质量与效率，形成良好的氛围，优化企业形象。

在以上三条宗旨中，关键的一条就是提高员工素质，激发员工的积极性和创造性。因为只有人的责任心增强，技术业务能力高，又有极大的积极性和创造性，才会主动提高质量，降低消耗，提高经济效益，才能够建立起文明的、心情舒畅的生产、服务、工作现场。而后两个方面的实践，又会反作用于员工素质、积极性和创造性的进一步提高。所以这三条宗旨是相辅相成、缺一不可的。

在开展 QC 小组活动中，只要坚持以上宗旨，就可以起到以下几方面的作用。

（1）有利于开发智力资源，发掘人的潜能，提高人的素质。

（2）有利于预防质量问题和改进质量。

（3）有利于实现全员参与管理。

（4）有利于改善人与人之间的关系，增强人的团结协作精神。

（5）有利于改善和加强管理工作，提高管理水平。

（6）有助于提高职工的科学思维能力、组织协调能力、分析与解决问题的能力，从而使职工岗位成才。

（7）有利于提高顾客的满意程度。

第二章

质量管理活动指导

第一节　质量管理活动总则

一、指导思想

QC小组活动作为推动以人为本质量变革的重要载体，日益成为企业从注重数量转向追求质量、从规模扩张转向结构升级、从要素驱动转向创新驱动的重要平台。QC小组活动按照以下指导思想来开展，如图 2-1 所示。

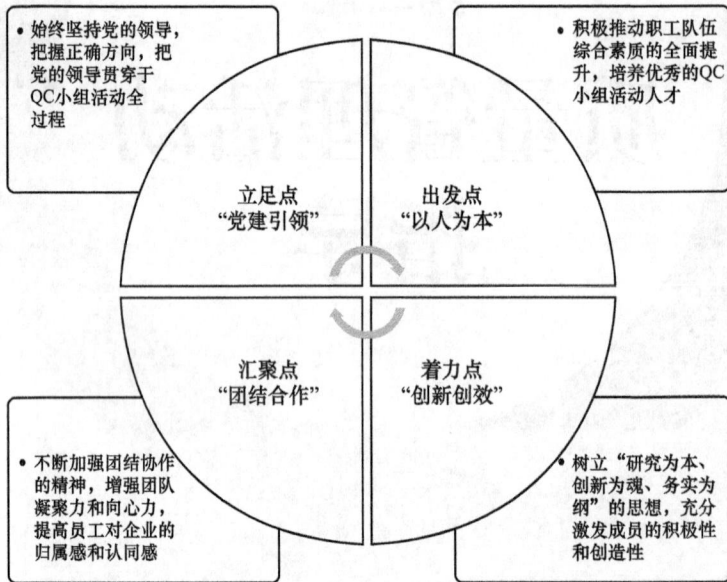

- 始终坚持党的领导，把握正确方向，把党的领导贯穿于QC小组活动全过程

- 积极推动职工队伍综合素质的全面提升，培养优秀的QC小组活动人才

立足点
"党建引领"

出发点
"以人为本"

汇聚点
"团结合作"

着力点
"创新创效"

- 不断加强团结协作的精神，增强团队凝聚力和向心力，提高员工对企业的归属感和认同感

- 树立"研究为本、创新为魂、务实为纲"的思想，充分激发成员的积极性和创造性

图 2-1　QC小组活动指导思想

（1）以"党建引领"作为立足点，始终坚持党的领导，充分发挥党建的旗帜领航作用，把握正确方向，把党的领导贯穿于 QC 小组活动全过程。

（2）以"以人为本"作为出发点，积极推动职工队伍综合素质的全面提升，不断提高职工攻坚克难，取得新成绩、实现新突破的能力、毅力和魄力，培养优秀的 QC 小组活动人才。

（3）以"创新创效"作为着力点，树立"研究为本、创新为魂、务实为纲"的思想，在 QC 小组活动中充分激发成员的积极性和创造性，以求真务实的态度开展活动，不断提升员工自主创新能力与高质量发展能力。

（4）以"团结合作"作为汇聚点，在 QC 小组活动中不断加强小组成员团结协作的精神，增强团队凝聚力和向心力，提高成员对企业的归属感和认同感，进而为企业创造更大的价值。

以"党建引领、以人为本、创新创效、团结合作"的指导精神开展 QC 小组活动，同时依托劳模工作室等平台，充分发扬无私奉献、爱岗敬业、锐意创新的劳模精神，将质量管理融入基层、基础、基本，引导职工着眼于基层日常工作，用心创新创造，积极践行劳模精神、工匠精神，争做专业领域的领跑者，争当自主创新的带头人，为企业发展做出自己的贡献。

二、活动总则

为指导组织员工遵循科学的活动程序，运用质量管理理论和统计方法，有效开展 QC 小组活动，编写本书。

QC 小组是各岗位员工自主参与质量改进和创新的有效形式。开展 QC 小组活动是提高员工素质、激发员工积极性和创造性、改进质量、降低消耗、改善环境、提升组织绩效的有效途径。

资料性附录为 QC 小组活动运用统计方法及现场评审、成果评审提供参考。附录为 QC 小组活动评审表。

三、基本原则

QC 小组活动遵循以下基本原则。

1. 全员参与

组织内的全体员工自愿加入、积极参与群众性质量管理活动。开展 QC 小组活动，不针对特定部门和人群，无论是领导，还是管理者、技术人员以及工人，都可以组织或自愿加入 QC 小组。在小组活动过程中，要充分调动小组中每个成员的主观能动性，使成员都积极参与其中，发挥积极性和创造性，集思广益，共同为提高工作质量、降低成本、安全施工等工作提供创意。

2. 持续改进

持续改进是增强达到目标能力的循环活动，其要求在各个环节和层次上实现改进。针对内部、外部条件的不断变化，做出相应的改进，能够有助于保持并提高组织的总体业绩。为提高员工队伍素质、提升组织管理水平，质量管理小组应长期坚持不懈地开展质量改进和创新活动。

3. 遵循 PDCA 循环

为持续、有效地开展活动并实现目标，质量管理小组活动遵循计划（plan，P）、实施（do，D）、检查（check，C）、处置（act，A）程序（简称 PDCA 循环）开展活动。PDCA 最早是由美国"统计质量控制之父"休哈特提出的 PDS（plan-do-see）演化而来，由美国质量管理专家戴明改进成为 PDCA 模式，因此又称为"戴明环"，如图 2-2 所示。PDCA 循环是全面质量管理所应遵循的科学程序，就是按照该顺序进行质量管理，并不断循环往复地进行下去的科学程序。

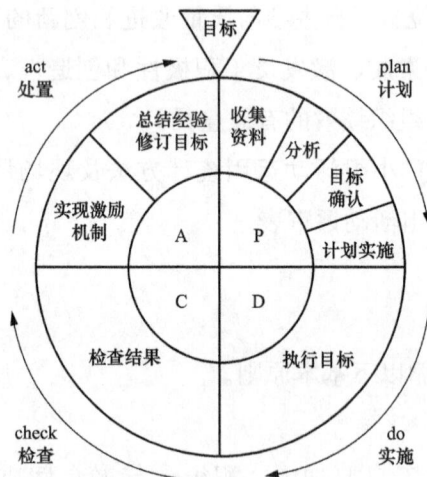

图 2-2　PDCA 循环

P——计划（plan）。包括方针和目标的确定，以及活动规划的制定。

D——执行（do）。根据已知的信息，设计具体的方案、方法和计划布局，再根据设计和布局，进行具体操作，实现计划中的内容。

C——检查（check）。总结执行计划的结果，明确执行效果，找出存在的问题。

A——处置（act）。对总结检查的结果进行处理，对成功的经验加以肯定，并予以标准化；对于失败的教训也进行总结，并引起重视。对于没有解决的问题，应提交给下一个 PDCA 循环去解决。

PDCA 循环主要有两个特点。

（1）循环上升。PDCA 循环每执行一次，产品或服务的质量就会提高一次，品质水平和治理水平均更进一步，在此基础上，还能继续进行 PD-CA 循环，质量还能进一步提高，如图 2-3 所示。

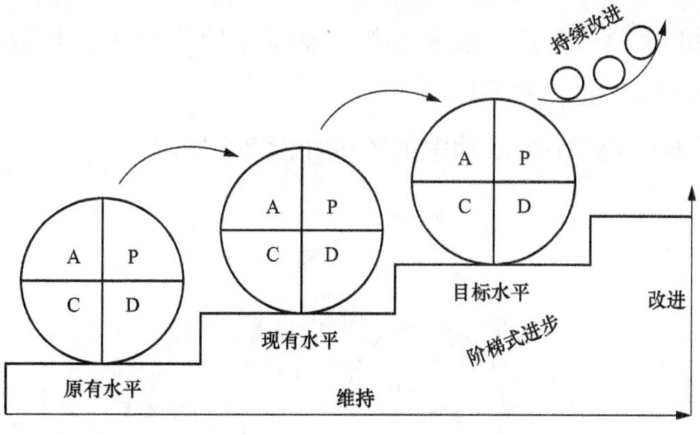

图 2-3　PDCA 循环上升

（2）大环套小环。PDCA 循环可以应用于不同的环节，也可以应用于活动整体，在不同阶段都存在各自的 PDCA 循环，大环套小环，小环保证大环，推动大循环，大环是小环的母体和依据，小环是大环的分解和保证，彼此协同，互相促进，如图 2-4 所示。

4. 基于客观事实

QC 小组活动过程应基于数据、信息等客观事实进行调查、分析、评价与决策。基于真实的数据和信息的分析进行决策，能够更客观、真实，更有可能产生预期的结果。

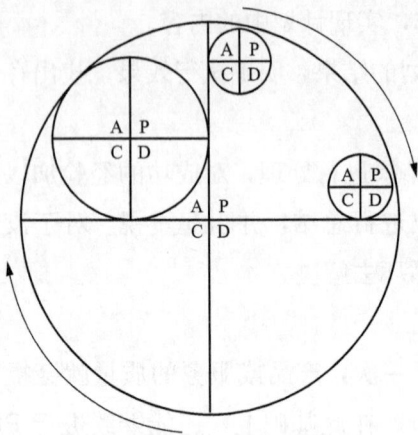

图 2-4　PDCA 大环套小环

5. 应用统计方法

QC 小组活动中应适宜地、正确地应用各类统计方法，例如调查表、排列图、因果图、控制图、关联图、系统图和矩阵图等，对收集的数据和信息进行整理、分析、验证，并做出结论。

这五条基本原则是提高 QC 小组活动的科学性、有效性必须遵循的：PDCA 是 QC 小组活动的逻辑过程，可使活动少走弯路；事实与数据是 QC 小组活动决策的可靠依据，可使活动摆脱经验的束缚；统计方法是小组对活动中收集的事实与数据进行科学整理、分析和判断的有效手段。

基本原则在 QC 小组活动中的体现如图 2-5 所示。

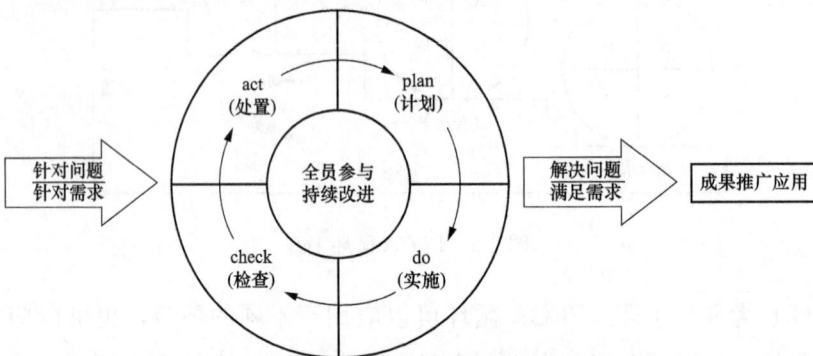

图 2-5　QC 小组活动基本原则示意图

第二节　质量管理全过程管控

优质的 QC 活动实行全过程管控，从课题立项、项目实施、项目完成以及成果转化各阶段进行严格把控，科学运作，按计划有条不紊地完成

QC 活动内容。全过程管控流程如图 2-6 所示。

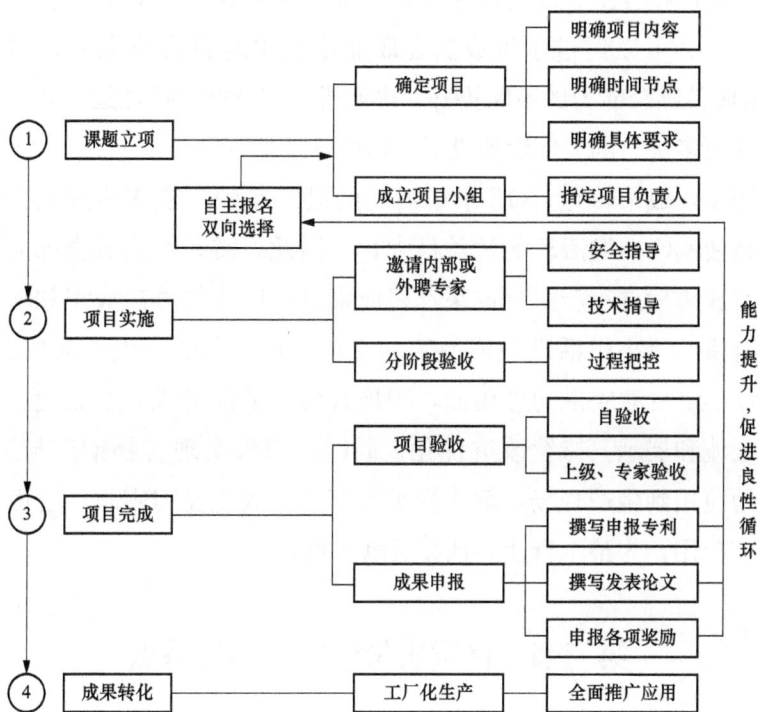

图 2-6　QC 活动全过程管控流程图

第一步，课题立项。首先确定项目，明确项目内容、时间节点以及具体要求，然后成立项目小组，指定项目负责人，对该课题感兴趣或擅长的员工可以自主报名参加该项目小组，项目负责人与员工进行双向选择。

第二步，项目实施。在项目实施过程中，可邀请内部或外聘专家进行安全指导和技术指导，确保项目安全可靠实施，技术问题得以顺利解决。同时，分阶段进行项目验收，严格按照项目计划对项目实施过程进行把控，确保项目顺利执行。

第三步，项目完成。在项目完成后，进行项目验收工作，首先进行自验收，然后邀请上级和专家对项目进行整体验收。此外，积极进行成果申报工作，同时做好知识产权保护工作，包括但不限于撰写并申报发明、实用新型和外观专利，撰写并发表论文以及申报各项奖励等。对 QC 活动成果进行知识产权保护，既有助于帮助企业占领知识产权高地，提升企业核心竞争力，又可以促进小组成员在职业生涯中对自身成果的积累，促进 QC 小组成员综合能力的不断提升，进而进一步优化 QC 课题内容，不断创新，创造更多优秀的 QC 活动成果，形成良性循环。

第四步，成果转化。QC 小组活动的最终目的不在于生成 QC 成果本身，而是使 QC 小组活动的效益最大化。因此，需要在完成全部流程、取得阶段性成果后进一步深化成果，将成果进行广泛的推广应用和转化。首先需要有将 QC 小组活动做成品牌的意识，扩大 QC 小组活动的影响力，扩大 QC 小组活动成果的应用面，积极宣传成果的亮点，在企业、行业内发布、交流和展示，持续改进优化。同时，积极实现实物推广与工厂化，针对性地应用到生产现场，解决同类型问题，满足类似需求，进而进行全面的推广应用，为整个行业和社会贡献力量。

第三节 优质质量管理活动的特点

优质的 QC 活动具有课题本质优良、学习方式多元、报告撰写优质、旁白构思精妙、PPT 制作清晰、现场发布精彩等特点，如图 2-7 所示。其中课题本质优良是最重要的前提，只有课题本身有实用和推广价值，才有意义去实现课题。此外，很重要的一点就是要求 QC 小组真正把课题内容做出来并做好、用好、推广好，实现"课题选得优、过程管得严、成果用得好"的效果，做到 QC 活动真正"来源于生产，服务于社会"。然后在此基础上利用 QC 小组活动产生的实际数据认真撰写总结报告，而旁白则是根据总结报告概括提炼，与报告的内容和结构一一对应。旁白完成之后，才开始制作 PPT，PPT 是根据旁白的内容来选择所需要的图表。最终，根据旁白与 PPT 的结合进行 QC 成果发布。整个 QC 小组活动内容必须要以真正做出有实用和推广价值的成果为目标，切不可本末倒置，任务观点，纯粹"为了 QC 而 QC"。

课题本质优良	学习方式多元	报告撰写优质	旁白构思精妙	PPT制作精良	现场发布精彩
1. 改进或创新 2. 有助于企业的安全、经济、管理、服务 3. 推广范围广 4. 易复制	1. 内部培训 2. 外部培训 3. 参与发布 4. 参考借鉴	1. 程序 2. 逻辑 3. 数据 4. 工具	1. 简单易懂 2. 旁白速度控制在220~250字/min 3. 现场发布在12~15min	1. 大方 2. 简洁 3. 易懂 4. 配色合理	1. 全程脱稿 2. 面向观众 3. 面带微笑 4. 彬彬有礼

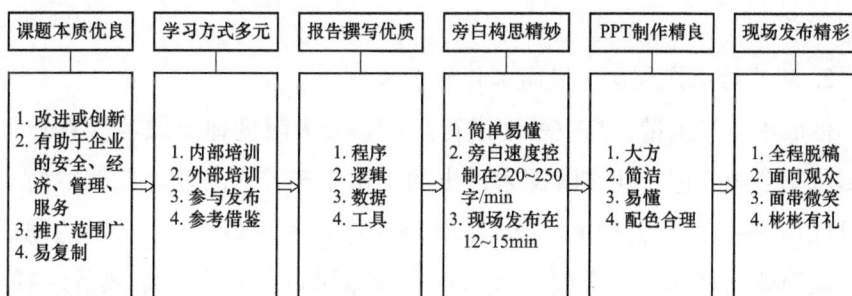

图 2-7　优质 QC 活动的特点

一、课题本质优良

做好 QC 小组活动的前提就是课题本身内容是优质的，课题的优质与否对 QC 小组活动的高效开展具有至关重要的作用，因此小组对课题的选择需慎之又慎。课题的选择应有的放矢，其本身具有较好的改进措施或具有较高的创新价值。可以从以下几个方面入手选择课题，如图 2-8 所示。

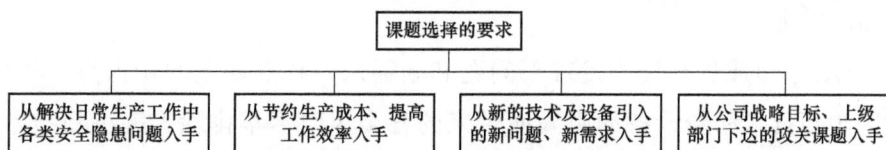

课题选择的要求			
从解决日常生产工作中各类安全隐患问题入手	从节约生产成本、提高工作效率入手	从新的技术及设备引入的新问题、新需求入手	从公司战略目标、上级部门下达的攻关课题入手

图 2-8　课题选择的要求

1. 从解决日常生产工作中的各类安全隐患问题入手

必须坚持以"来源于实践，服务于实践"的原则选择 QC 小组活动课题，优质的改进和创新必然是源于工作、源于实际，要做一个有心人，善于发现和挖掘日常生产工作中遇到的问题，也要善于从周围的人和事物中发现课题的来源。

在日常工作实践中，经常会发现一些会对安全生产带来一定风险的隐患，或对产品和服务质量造成不良影响的问题，对于这些隐患的排查和整改，就是比较符合"小、实、新、活"的课题。这种防患于未然，事前预防、以小见大的 QC 活动，比已造成不良影响后再进行改进或创新更具有推广意义。

2. 从节约生产成本、提高工作效率入手

低成本、高质量、高效率地进行生产，最大限度地令顾客满意是日本丰田汽车公司经过长期实践探索得出的丰田生产方式的理论框架中的"一个目标"。很显然，节约生产成本、提高工作效率是 QC 小组活动选题最直接、最简单的目标。一方面，节约生产成本可以为企业带来效益的提升，更容易得到企业管理人员的支持，能够为 QC 小组提供更充分的人力、物力和财力，确保后续活动的有序开展。另一方面，提高工作效率可以减轻员工自身工作负担，降低工作强度，同时提升工作成就感，进而以更多的精力和更大的热情投入到下一阶段的 QC 小组活动中。

3. 从新的技术及设备引入的新问题、新需求入手

随着科技的飞速发展，企业的设备和技术更新换代的速度也不断加快。随着新技术、新设备的引入，不可避免地会带来员工工作方式和操作流程上的改变，进而引起企业管理方式的改变，以及带来其他形形色色的问题和新的需求。

QC 小组成员要善于发现新问题和新需求，找准课题的切入点，将可能因为新技术和新设备的引入而带来的各类风险尽早排除，解决新技术、新设备的"水土不服"问题，制定各类相关的规章制度，规范工作流程，明确使用方法，从而尽快克服因为变化而导致的不稳定，顺利渡过到平稳期。

4. 从公司战略目标、上级部门下达的攻关课题入手

上级部门根据公司战略目标或部门的实际需求，可能会以行政命令的形式下达企业生产经营活动中迫切需要解决的技术攻关难题。企业的 QC 管理部门可以根据企业现阶段的经营战略、方针和目标，推荐一批可供 QC 小组参考和选择的课题。这一类课题往往具有一定的挑战性，需要整个 QC 小组花费巨大时间和精力迎难而上，齐心协力攻克难题。而这类课题一旦成功达到目标，就能够帮助企业解决"疑难杂症"，或渡过瓶颈期，实现企业质的飞跃，因此所取得的收益也是显著的。此外，在完成项目攻关后，QC 小组往往可以形成新的工作方法、技艺和流程，或者制作出新的工具、设备和设施，为申请发明专利、实用新型专利、外观专利和软件著作权等成果打下基础。

总之，QC 小组活动选择的课题应能够对企业的安全生产、产品质量、管理服务和经营效益等方面产生助益。同时 QC 课题应具有良好的可推广性和易复制性，利于为他人所借鉴。此外，课题名称应高度总结提炼 QC 课题内容及特点，清晰明确，使人一目了然。

二、学习方式多元

QC 小组活动有其自身的特点和逻辑，要开展优质高效的 QC 小组活动，就必须深刻理解 QC 小组活动的内核，培养真正理解 QC、会用 QC 的优秀人才。因此，QC 小组应不断开展多元化的学习，不断提高 QC 小组成员的综合素质。学习方式多元的具体方式如图 2-9 所示。

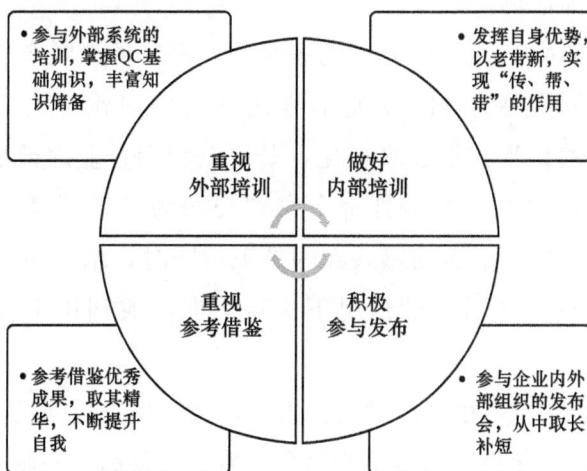

图 2-9　学习方式多元

1. 重视外部培训

想要掌握 QC 小组活动的基本技能，参与系统全面的培训至关重要。近年来，国家和社会对于质量管理活动的重视程度越来越高，中国质量协会、各省市的质量协会和各个行业的质量协会等组织均会组织 QC 小组组长（骨干）培训班、QC 推进者培训班等。参与各级质量协会和各个行业协会组织的专业理论培训和实例讲解培训，有利于快速提升 QC 小组成员的 QC 基础知识，丰富 QC 知识储备。

各行各业每年评选出的优秀 QC 小组、质量信得过班组、标杆 QC 小组等，这些小组或班组经过长期努力均取得了非常优异的成绩，形成了具有自己特色的 QC 成果孵化、推广、转化的经验和模式，也产生了丰富的可供推广和借鉴的 QC 小组活动方法和经验。因此，除了参与各类理论培训班，还可以通过参观学习、沟通交流等方式，深入优秀的 QC 小组内部，与骨干成员进行探讨，实地学习他们是如何利用 QC 小组活动改进产品质量，解决生产工作中遇到的问题，提升服务水平的。此外，还可以通过探讨失败的 QC 小组活动案例，分析失败的原因，吸取经验教训，避免走弯路，确保 QC 小组活动道路和方向的正确性。

2. 做好内部培训

由于企业的生产经营压力，无法保证大部分员工脱产参与外部系统的质量管理活动相关培训，因此企业内部的培训就至关重要。企业内部自行组织的培训形式可以多样化，既可以利用企业内部的 QC 活动专家和骨干资源，也可以邀请外部专家到公司为员工授课。授课对象可以普及所有对 QC 小组活动感兴趣的员工。同时，培训时间也可以灵活安排，在不影响生产活动的情况下进行培训，或利用工作之余、节假日组织学习。

青年员工作为 QC 小组活动的主力军，必须具备扎实的 QC 小组活动基础知识技能。青年员工的学历和综合素质都非常高，头脑灵活，创新能力强，只要掌握 QC 相关知识，再不断通过实践，积累工作经验，必然能成长为 QC 小组活动的骨干。而这就需要企业内部经验丰富的老员工对青年员工进行以老带新的培养，发挥老员工"传、帮、带"的作用，用他们丰富的工作经验，结合青年员工思维发散、创造力强的特点，优势互补，更好地保证 QC 课题的有效实施。

QC 小组内部培训的地点可以不受限制，除了培训教室、会议室等室内场所，还可以走到室外，走到工作现场，走近同事身边，深入了解工作生产中的实际情况，有利于激发 QC 小组成员更大的积极性和创造性，从而更好地开展 QC 活动。此外，有很多已取得质量管理方面显著成效的企业内部都建立了创新基地、工作室等活动场所，陈列了许多实际生产工作中应用有效的成果。在开展内部培训时，可以充分发挥这些创新基地、工作室等场所的平台示范作用，让 QC 小组成员感受创新氛围，体验创新成果，了解 QC 小组活动可以取得的荣誉，从而激发自身的创新热情、上进心和内动力，不断提高自身的创新能力。

3. 积极参与发布

积极参与 QC 发布，是每个 QC 小组成员提升自身综合实力的大好机会。各 QC 小组成员通过观摩他人的 QC 发布，在感受现场发布氛围的同时，可以学习其他 QC 小组的优点和长处，学习他人是如何将创新思维和 QC 小组活动的内核结合，并通过 QC 活动环环相扣的紧密逻辑，融会贯通，将创新在 QC 小组活动中发挥价值，落到实处。同时，发布会也提供了各 QC 小组之间互相交流学习、沟通探讨的平台，让成员互相学习一个优秀的 QC 小组是如何在实际生产工作中发现问题，解决需求的。

QC 成果发布作为最终 QC 小组活动的集体体现，需要有逻辑严谨的 QC 文档、制作精美的 PPT 作为支撑，同时也需要自信的发布人将成果完美地向大家展示。这就需要发布人做好充足的准备，反复打磨演讲稿和 PPT 内容，全方位提升听、说、读、写等各方面的素质，精益求精，力求将 QC 成果精彩地呈现给大家。

每一次 QC 成果的发布，都是一次 QC 小组总结进步的机会。发布后，根据评委的意见和建议，总结自身的不足，学习借鉴其他 QC 小组的长处，吸取经验和教训，在继续发挥自身优势的同时，弥补薄弱环节，不断提高 QC 小组活动质量。

4. 重视参考借鉴

很多 QC 小组成员能够积极地参与 QC 小组活动，按照 PDCA 循环，并利用各类 QC 工具很好地完成 QC 成果，实现质量的提升。但在活动总结时，却不知应该如何很好地对 QC 小组活动全过程进行概括提炼，撰写 QC 成果报告。而 QC 成果报告是全面展示 QC 小组活动成果的重要手段，是专家评委评判活动质量和水平优劣的入口。

那么如何快速入门并迅速提升 QC 成果报告撰写水平呢？一个较好的手段就是参考借鉴，参考借鉴的内容需要谨慎鉴别和挑选。首先，各类 QC 辅导教材中的经典案例是较好的参考内容。但需强调的是，必须选择最新的理论教材或成果汇编。因为质量管理的相关理论是在不断改进、持续提升的，评判的标准也在持续变化，如果参考了过时的教材，则会出现错误，无法做到推陈出新。此外，我们还可以认真学习其他优秀 QC 小组的成果报告、PPT 等材料。一般情况下，长期从事 QC 活动的小组，在成果总结方面都具有丰富的经验，同时他们也注重对新标准的学习和吸纳，能够在第一时间对 QC 成果文档进行修正，保证内容符合最新要求。因此，我们可以借鉴他们的成果内容，取其精华，并转化为自己的内容。

需要注意的是，参考借鉴并不意味着可以拿来照搬照抄，图标和数据都高度雷同，这就违背了借鉴的初衷。参考借鉴，是将优秀的范本拿来反复研读，深入理解 QC 小组活动各个环节之间的逻辑关系，研究各种 QC 工器具的使用方法和应用场景。在此基础上，再构建自己的总结报告的行文框架，进一步丰富内容，将他人优秀的东西为己所用。借鉴不仅仅是关注优秀范例的"形"，更要学习和探究其内在的"质"，这样才能得到真正意义上的提升，而不是故步自封，阻碍创造力。

总之，对于 QC 小组活动相关知识的学习是多元化的。既要掌握、精通 QC 小组活动的基本要点及规范流程，学会如何总结归纳并精彩展示 QC 成果，又要学会如何将成果进行转换和推广，让更多人受益。更重要的是学会质量管理的思维以及攻坚克难的质量管理精神，学会使用质量管理的工具和方法进行创新，以客观、严谨的态度，逐步实现工作目标。

三、报告撰写优质

QC 活动总结报告的编写是对整个 QC 活动的总结概括以及提高升华，

是 QC 小组活动至关重要的一步。

1. 总结报告的立足点

（1）立足于自身的提高。总结报告编写过程是对在 QC 活动中遇到的问题及解决方法进行总结提炼，以及对 QC 小组自身能力的提高升华的过程，在这一过程中，QC 小组成员的专业能力、逻辑思维能力、QC 活动能力等各方面都可以有显著的提高。

（2）立足于发表交流。总结报告的目的在于将 QC 活动产生的成果以文字形式总结记录下来，并用于与他人进行在技术、管理、QC 工器具使用等方面的交流和改进，以达到更好的 QC 活动效果的目的。

2. 总结报告的目的

（1）活动回顾。总结报告的编写过程就是回顾整个 QC 活动过程，总结经验教训，并进行凝练概括。

（2）能力提升。编写总结报告不仅能提升 QC 小组成员在专业技术、管理技术以及 QC 工器具使用技术等方面的能力，还可提升报告撰写能力、语言组织能力以及严谨的逻辑思维能力，各方面的综合素质都能得到有效的提升。

（3）知识梳理。在总结报告的编写过程中需要按照 QC 流程进行知识的梳理，编写人员对整个 QC 活动中需要用到的专业技术、管理技术以及 QC 工器具使用技术等方面都会进行概括总结，各类知识技能均能得到系统的梳理。

（4）增进情感。QC 小组成员分工合作编写总结报告，有利于促进成员之间的团结协作，增进彼此的友谊，不断提高团队合作效率。

3. 总结报告的要点

撰写总结报告的要点主要有四个方面：按 QC 课题程序撰写，报告内容逻辑严谨，用数据说话，善用 QC 工器具（即质量统计方法），具体要求如图 2-10 所示。

（1）按程序撰写。QC 课题的程序是全世界 QC 活动专家经过长期推敲和完善的程序，是被实践证明科学有效的方法。因此，QC 报告应分别严格按照"问题解决型"和"创新型"的课题程序进行撰写，不可更改程序的顺序，更不可自创程序。

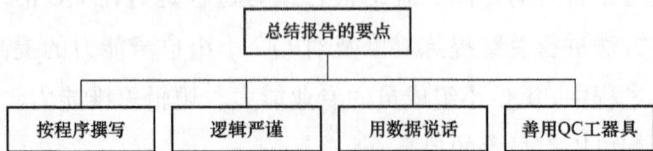

图 2-10　总结报告的要点

（2）逻辑严谨。总结报告的内容应条理清晰，逻辑严谨，某一 QC 流程必定是为后面几个流程服务或有所关联，后面的流程也是利用前面流程已产生的结果进行下去，所有流程都是环环相扣，缺一不可的。总结报告中的文字和数据应一致，经得起推敲，不可存在前后矛盾之处。

（3）用数据说话。所有的 QC 环节都需要通过一系列的测试、试验来产生数据，利用客观真实的数据证明所有的观点和论据，这样才更具说服力，不可凭主观臆断或经验草率下结论。报告的内容应简明扼要，尽可能使用图表，少用文字叙述。

（4）善用 QC 工器具。QC 工器具（即质量统计方法）是为数据服务的，利用 QC 工器具来帮助 QC 小组成员判断各类论据是否正确，从而选择最优方案。正确使用并善用 QC 工器具，例如调查表、排列图、因果图、关联图、分层法、水平对比法、头脑风暴法等方法，充分理解并发挥各类QC 工器具的特点，能够使报告内容更具有说服力。

4. 总结报告编写的基本步骤

（1）组长认真组织。总结报告的编写由 QC 小组组长组织开展，组长可以按照组员各自负责的 QC 活动内容撰写总结报告相应的部分，也可以根据每位组员的特长进行各部分的分工，制订编写计划并按照计划进行编写进度的管控，确保高质量完成总结报告的编写。

（2）成员分工协作。组长将总结报告各部分分配给小组成员，小组成员按照编写计划按时开展编写工作。编写过程中，小组成员应互相协作，经常沟通交流，确保各部分内容之间逻辑贯通，环环相扣，且数据真实一致，不存在前后矛盾之处，保证撰写质量。

（3）执笔人草拟并完善报告。在分配任务后，执笔人按照各自负责的内容草拟报告，完成后由组长统一合稿并提出修改意见，小组成员再根据修改意见对负责部分进行修改完善，直至形成一篇优质的 QC 活动总结报告。

（4）小组共同补充提高。在编写过程中，小组成员可根据实际情况进行互相补充，确保各部分内容之间逻辑贯通，同时可以对他人的编写内容提出意见及建议，各自取长补短，不断提高总结报告的编写质量。

5. 总结时的其他注意事项

（1）报告应突出重点，特点鲜明，充分了解自身课题的特点，着重介绍本课题的优势，抓人眼球，令人记忆犹新。

（2）文字应浅显易懂，避免使用高深晦涩的专业术语，必须要用时，应做出通俗的解释，能让外行人看得懂。

（3）应有必要的小组介绍，小组情况简介应与本次课题相关。

四、旁白构思精妙

在进行 QC 活动成果汇报时，发布人的旁白内容十分重要。旁白内容的要点如图 2-11 所示。

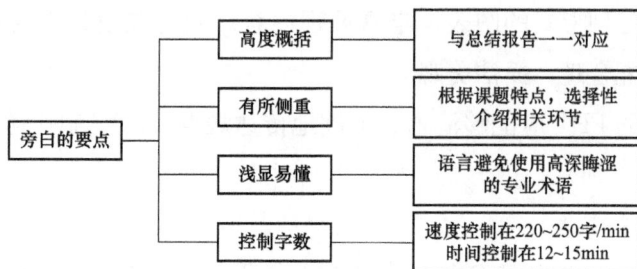

图 2-11　旁白的要点

1. 高度概括

旁白应根据总结报告进行概括提炼，并与总结报告的章节和逻辑完全一一对应。

2. 有所侧重

旁白的内容必须有所侧重，不可面面俱到，应分别根据问题解决型和创新型课题的重点有所选择地介绍相关环节，例如，对于问题解决型课题，需要着重介绍课题是如何选定的，原因分析以及要因确认等环节；而对于创新型课题，则需要着重介绍课题的需求、目标设定及目标可行性论证，提出方案并确定最佳方案等环节。

3. 浅显易懂

旁白的内容应简单明了、浅显易懂，让外行人听得懂。语言避免使用高深晦涩的专业术语，不可花费大量篇幅来讲解基本原理、工艺流程、数理模型、特殊构造等专业知识，以避免占用大量发布时间，以及由于专业性太强，让听众难以理解从而使效果大打折扣。

4. 控制字数

旁白篇幅应严格控制字数，现场发布的时间控制在 12～15min，旁白的速度一般控制在 220～250 字/min。

五、PPT 制作精良

QC 活动成果汇报时的 PPT 应根据旁白内容制作，应简洁、大方、易懂，PPT 内容应高度概括总结报告内容，文字凝练精简，避免复制大段文字，多使用各种形式的图表，丰富展现内容。同时在设计上使用统一的样式，颜色搭配合理，简洁美观。

一个好的 PPT 应能够清晰、准确地传达观点。PPT 制作遵循以下的原则，如图 2-12 所示。

1. 主导和尊重

PPT 发布的主导是发布人，应该站在发布人的角度，以自己的语言和逻辑向观众传达 QC 活动成果的内容，而 PPT 只是信息传递的辅助工具，它是帮助观众能够更直观地理解发布人想要表达的内容。

同时，发布人也要尊重台下的观众，珍惜观众的注意力，因为观众的注意力是一种稀缺资源。如果 PPT 上的内容全是大段的文字，观众将不知道重点在何处，也不会有耐心看完所有内容。因此，PPT 应尽量逻辑清晰、突出重点、简单明了。

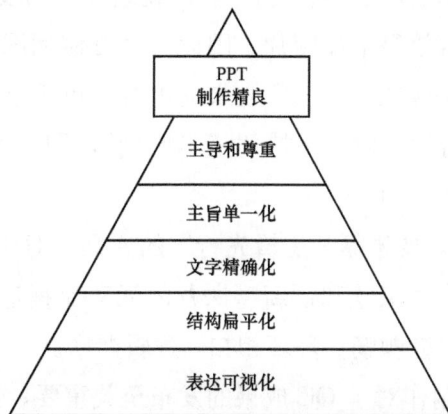

图 2-12 PPT 制作的原则

2. 主旨单一化

主旨单一化指的是 PPT 的内容应该面向一类观众，即如果台下有多类观众，应选择最重要的那一类观众作为 PPT 发布的观众，内容及表达方式应更倾向于服务该类观众；表达一个主旨，即按照 QC 流程逐一介绍 QC 成果；传递一个信息，即选择最重要的信息向观众传达；说明一个问题，即只介绍 QC 活动中最主要的问题或需求，并展示是如何解决的。

3. 文字精确化

首先，PPT 上的文字应该简洁，尽量避免通篇文字陈述，多用短词、关键字，同时使用条目式表述，使文字一目了然。一般来说，一页 PPT 的自述不超过 50 字。其次，文字的使用应该精准，避免含糊不清或引起歧义，避免逻辑错误以及错别字等低级错误，同时要注意避免文字和口述有所冲突。此外，文字应该具有力量，即用数据说话，客观的数据才是最具有说服力的；并引用权威的表述，不被别人抓住漏洞，无懈可击。

4. 结构扁平化

PPT 的展现形式应呈现结构扁平化的特点，层级不可太多，一两层即可，去除冗余的内容，结构清晰简单，便于观众理解。

5. 表达可视化

俗话说"文不如表，表不如图"，意思就是文字的表达效果不如表格的直观，而表格的展示效果不如图片。因此，尽量使用图表来代替文字进行可视化，可以更加直观地展示 QC 成果的内容，也更能够吸引观众的注意力。同时，在进行可视化时，坚持"三不原则"，即一页 PPT 分别不超过三种色系、字体以及动画。

在 PPT 内容上，要遵循"逻辑先行"的原则。对于 QC 成果发布，则应分别按照问题解决型课题和创新型课题的活动流程进行内容排布，不可遗漏环节，整个流程应顺畅，环环相扣，逻辑严密。

总之，PPT 的制作对于 QC 成果的发布至关重要，制作精良的 PPT 对于评委和观众都是加分项，因此要认真对待。

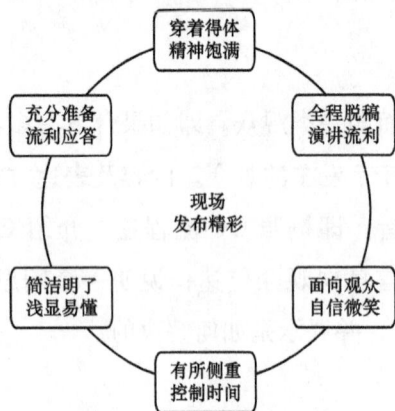

图 2-13　现场发布的要求

六、现场发布精彩

QC 现场发布是 QC 成果最终展示的重要阶段，现场发布的成功与否决定了 QC 小组活动能否真实全面地向评委和观众展示此次活动的成果。QC 现场发布的具体要求如图 2-13 所示。

1. 穿着得体、精神饱满

现场发布人必须穿着得体，建议穿着正装，表现出良好的精神状态和自信的心理状态。

2. 全程脱稿、演讲流利

前期应做好充分的准备工作，发布时全程脱稿，演讲流利，口齿清晰，但也需要灵活发挥，根据现场情况随机应变。

3. 面向观众、自信微笑

发布人应面向观众且面带微笑，与观众有眼神交流互动，不可背对观众看着 PPT 读其内容。

4. 有所侧重、控制时间

QC 发布的时间是有限的，由于 PPT 是按照 QC 文档一一对照制作的，内容会相对较多。为此，发布人在演讲时必须有所侧重，不可面面俱到，不分主次。有些相对次要的内容可以用一句话或几个关键词带过，将宝贵的发布时间用于最需要表达的地方。这需要发布人反复演练，在保证发布效果的前提下，合理控制发布时间。

5. 简洁明了、浅显易懂

发布内容需浅显易懂，切不可过分纠结于专业知识的讲解，可以采用类比的方式，通过视频、图片、动画等呈现手段，简单介绍其基本原理和工作过程，让即使没有该专业基础的普通听众也能够大致了解基本内容。"讲得清，听得懂"是对一个 QC 成果发布人最基本的要求。因为在较高级别的 QC 活动发布现场，往往聚集各行各业优秀的 QC 小组，如何能让大众理解自己的 QC 成果，阐述清楚小组活动的主要流程及取得的成果，是需要每一位 QC 小组成员进行反复学习探讨和实践锻炼的。

6. 充分准备、流利应答

提前做好应答现场评委关于专业技术和质量管理方面提问的准备工作。这就需要全体 QC 小组成员集思广益，事先设想评委会提出什么样的问题，并想好该如何解答。只有在台下精益求精地持续改进，才能在发布时得到评委和现场观众的一致认同。

第四节　QC 活动小组组建与注册登记

一、组建原则

QC 小组活动的组建方式如下：①自愿参加，自由结合；②灵活多样，不拘一格；③实事求是，联系实际；④自上而下，上下结合。应充分发挥员工的主观能动性和创造性，不拘泥于单一形式，但尊重事实，结合实际工作需求，开展 QC 活动。

公司全体员工均可组建、参与 QC 小组。QC 小组活动的人数一般以 3～15 人为宜，充分发挥小组每个成员的特长，扬长补短，以广泛的群众视角为质量管理提供全面的创新思路。

二、注册登记要求

（1）小组每年进行一次重新登记。

（2）小组停止活动半年应予以注销。

（3）每个课题活动之前都要进行一次课题登记。

三、组建与注册登记程序

（1）每年年初各单位开 QC 活动总结会，回顾上一年的 QC 活动内容，并围绕"小、实、活、新"的原则开展新一年 QC 活动的头脑风暴，组织一线员工对安全生产、降低成本、提高生产效率等方面进行研讨，创新提出 QC 课题。

（2）各单位开会选定课题，制订年度 QC 活动计划，组建 QC 小组，确定 QC 小组组长和成员。各小组填写 QC 小组及课题注册登记表，如表 2-1 所示，并将 QC 课题和成员上报公司 QC 活动管理部门。

表 2-1　　　　　　　　　　QC 小组及课题注册登记表

QC 小组课题注册登记表							
课题名称		立题日期			课题编号		
×××××的研制		20××年××月××日			JDBD-2020××		
组长姓名	××	性别	×	年龄	××	文化程度	××	职务	××
工作现状	随着电网的高速发展，××××××的安装、调试、投产、预试、大修、消缺等任务在日常的设备维护、检修工作内容中占据了很大一部分						
业内外状况	经查新：国内还无针对×××××××测试的仪器设备						
可行性分析	本装置通过××××××手段，×××××××形式，可以实现×××××××						
课题目标	（1）实现×××××××。 （2）申请国家知识产权，实用、发明×项专利。 （3）完成技术论文×篇 ……						

续表

QC 小组课题注册登记表

本部门意见： 　　　　　　　　年　　月　　日	主管业务部门意见： 　　　　　　　　年　　月　　日

QC 小组注册登记表

小组名称	成立日期		登记日期		登记注册号	
××QC 小组	20××年××月		20××年××月		JDBD-20×××	
组长姓名	×××	性别	×	年龄	××	文化程度	××	职务	××××

组长姓名	×××	性别	×	年龄	××	文化程度	××	职务	××××

组员姓名	性别	年龄	职称或工种	成员变更情况
×××	×	××	××××	

QC 小组活动计划（按月）

1 月	选择课题、设定课题目标
2 月	提出方案并确定最佳方案
3 月	制订对策
4—6 月	对策实施
7—8 月	效果检查
9—10 月	巩固措施：制定使用规范、申请实用新型与发明×项专利，完成技术论文×篇
11 月	总结与今后打算

（3）公司 QC 活动管理部门收集各部门上报的 QC 小组及课题，在年中对所有上报的 QC 小组及课题在电力行业协会进行注册，QC 小组课题登记注册信息汇总表如表 2-2 所示。

表 2-2　　　　　　　　　QC 小组课题登记注册信息汇总表

序号	单位（部门）名称	小组名称	课题名称	课题类型	专业类别	组长姓名	小组人数	小组成员名单（10人以内）	注册编号	注册日期	课题内容简介
1	×××	精益QC小组	×××××××的研制	创新型	营销	×××	6	…	JDJL-2020××	202001××	…
2	××××	光明QC小组	减少××××××时间	问题解决型	运检	×××	10	…	JDJL-2020××	202001××	…
…	…	…	…	…	…	…	…	…	…	…	…

（4）各单位在上报 QC 小组注册、QC 课题注册申报表之后，按照 QC 活动执行计划，对 QC 小组的活动进行全过程的跟踪管理，QC 小组对活动

执行情况进行阶段性汇报，按时完成各阶段活动内容。年底前完成 QC 小组活动成果报告书编写并完成 QC 小组活动成果汇报工作。

第五节　问题解决型课题逻辑关系

问题解决型课题是 QC 小组"针对已经发生不合格或不满意的生存、服务或管理现场存在的问题，围绕课题症结进行质量改进，所选择的质量管理小组课题"。问题解决型课题的基本流程共分为十个步骤，分别是选择课题、现状调查、设定目标、原因分析、确定主要原因、制订对策、对策实施、效果检查、制订巩固措施以及总结和下一步打算。理清这十个步骤之间的逻辑关系，是做好问题解决型课题的关键。问题解决型课题十个步骤之间的逻辑关系如图 2-14 所示。

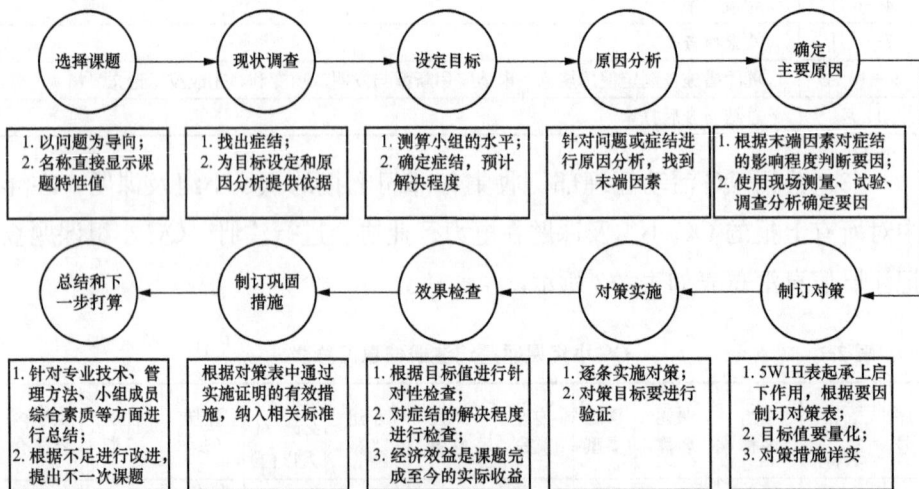

图 2-14　问题解决型课题步骤的逻辑关系

这里需要提出的是，问题解决型课题的流程是一个严密的体系，每个流程都环环相扣，互相影响，互相关联。本节我们深入研究各个环节之间的逻辑关系，并着重探讨与每个环节联系最紧密的、特别容易出错的环节。

1. 选择课题

课题选择要以问题为导向。针对目前存在的问题，小组应结合实际选择合适的课题。

课题来源一般有指令性课题、指导性课题以及自选性课题。自选性课题一般可以考虑以下几个方面：

（1）落实组织方针、目标的关键点；

（2）在质量、效率、成本、安全、环保等方面存在的问题；

（3）内、外部顾客及相关方的意见和期望。

选择课题应在小组能力范围内，宜小不宜大。课题的名称应直接，尽可能地表达课题的特性值，而不是定性描述。同时，选题理由应直接明确，不宜过多，直截了当地用数据来说明理由更具有说服性。下一步的现状调查根据选择的课题进行，设定的目标也是根据所选课题而来。与选择课题紧密相关的环节关系图如图 2-15 所示。

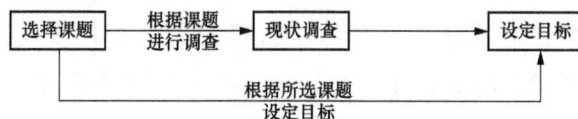

图 2-15　与选择课题紧密相关的环节

2. 现状调查

在选定课题后，即可进行现状调查。首先充分收集与课题相关的数据，然后通过分层法和"二八原则"对课题进行层层分析，说明课题的具体状态，找到课题的症结所在，确定改进的方向和程度。通过现场调查得到的数据是为下一步设定目标提供依据，而找到的症结也是第四步原因分析的基础，原因分析就是基于症结进行的。与现状调查紧密相关的环节关系图如图 2-16 所示。

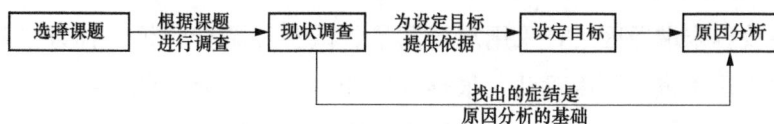

图 2-16　与现状调查紧密相关的环节

3. 设定目标

对于指令性目标，根据上级下达的课题目标，小组可以直接选择上级考核指标、顾客要求等作为课题目标。

对于自定目标，根据所选课题，同时利用现状调查中得到的数据为小组设定活动目标提供依据，针对问题或症结，预计问题解决的程度，测算小组将达到的水平，最终设定目标。与设定目标紧密相关的环节关系图如图 2-17 所示。

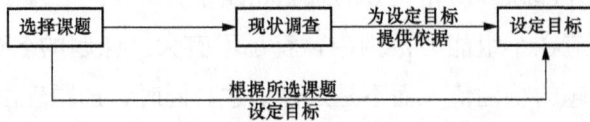

图 2-17　与设定目标紧密相关的环节

4. 原因分析

在设定目标后，针对问题或现状调查中找到的问题症结，通常可以采用因果图、关联图和系统图三种方法进行原因分析，从人、机、料、法、环、测等方面考虑，逐层展开，充分展示产生问题的原因，将每一条原因分析到末端。末端原因应是很具体的、可以针对其直接采取措施的原因，末端原因为第四步确定主要原因服务。与原因分析紧密相关的环节关系图如图 2-18 所示。

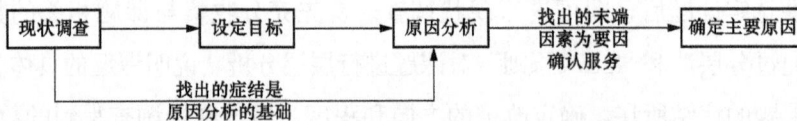

图 2-18　与原因分析紧密相关的环节

5. 确定主要原因

在找到末端原因后，采用现场测量、试验和调查分析三种方法对所有末端原因逐条进行要因确认，根据末端原因对问题或问题症结的影响程度来判断该末端原因是否为要因。最终确认的要因是下一步制定对策的对象。与确定要因紧密相关的环节关系图如图 2-19 所示。

图 2-19 与确定要因紧密相关的环节

6. 制订对策

在确认要因后，小组根据要因按 5W1H 表逐条制订对策。必要时，提出对策的多种方案，并进行对策效果的评价和选择。对策目标必须可测量、可检查，它与课题目标没有直接关系，只是与对策所针对的要因状态相关联。对策目标的量化是为了下一步对策实施中可以明确验证对策实施的效果及有效性。对策措施必须要详实，是为了下一步对策实施能够按照具体步骤开展，具有可操作性。此外，巩固措施的制订也是将对策表中通过实践证明有效的措施纳入相关标准或管理制度。与制订对策紧密相关的环节关系图如图 2-20 所示。

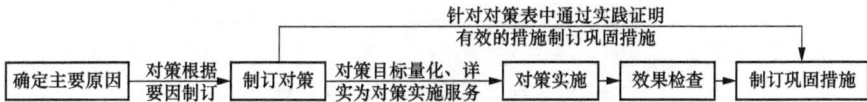

图 2-20 与制订对策紧密相关的环节

7. 对策实施

在制订对策后，按照对策表逐条实施对策，并与对策目标进行比较，确认对策的效果和有效性。每项对策实施完毕，应及时收集数据，确认对策目标是否达成。当对策未达到对应的目标时，应对该对策的具体措施及时做出调整或修改，然后再实施，重新确认实施效果。与对策实施紧密相关的环节关系图如图 2-21 所示。

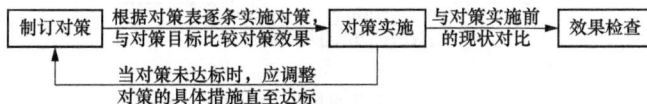

图 2-21 与对策实施紧密相关的环节

8. 效果检查

效果检查是对策表中所有对策全部实施完成并逐条确认达到目标后，

把对策实施后产生的数据与小组设定的课题目标值进行比较，检查是否达到了预定的目标。必要时，确认小组活动产生的经济效益和社会效益。经济效益是指对策实施后效果检查阶段以及巩固期内产生直接实际的可计算经济效益。与效果检查紧密相关的环节关系图如图 2-22 所示。需要注意的是，如果未达到小组设定的目标，说明问题没有彻底解决，必须分析没达到目标的具体原因，是现状调查中症结找的不准，还是设定目标时预计症结的解决程度不准，或是分析原因不全、未到末端，或是要因确定不准确，或是对策选择有误。是哪个步骤有不足，就从哪个步骤重新开始，进行一个小 PDCA 循环，这是 PDCA 循环的特点之一，即大环套小环，直至达到目标。

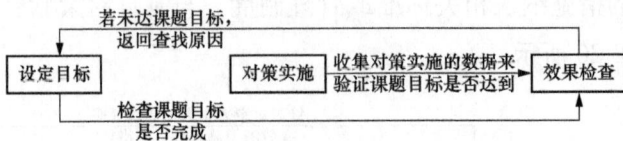

图 2-22　与效果检查紧密相关的环节

9. 制定巩固措施

在效果检查后，小组应根据对策表中通过实施证明有效的措施进行巩固措施的制定，纳入相关标准，如工艺标准、作业指导书、管理制度等。必要时，对巩固措施实施后的效果进行跟踪，一般要用 3 倍的时间或数量进行巩固措施回头看，验证实施的效果的稳定性和可靠性。与制订巩固措施紧密相关的环节关系图如图 2-23 所示。

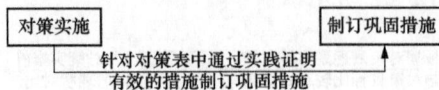

图 2-23　与制订巩固措施紧密相关的环节

10. 总结和下一步打算

小组对活动全过程进行回顾和总结，应结合课题活动实际，实事求是地针对专业技术、管理方法和小组成员综合素质等方面进行全面的总结，指出有哪些不足和需要提高改进之处，同时肯定值得让他人借鉴的长处。在全面总结的基础上，小组可以将本课题中未解决的次要问题作为下一步的课题，也可以另外新开一个课题。与总结和下一步打算相关的环节关系图如图 2-24 所示。

图 2-24　与总结和下一步打算相关的环节

第六节　创新型课题逻辑关系

创新型课题是 QC 小组"针对现有的技术、工艺、技能和方法等不能满足实际需求，运用新的思维研制新产品、服务、项目、方法，所选择的质量管理小组课题"。创新型课题的基本流程分为 8 个步骤，分别是选择课题、目标设定及目标可行性论证、提出方案并确定最佳方案、制订对策、对策实施、效果检查、标准化以及总结和下一步打算，这 8 个步骤之间的逻辑关系以及每一个步骤的要点如图 2-25 所示。

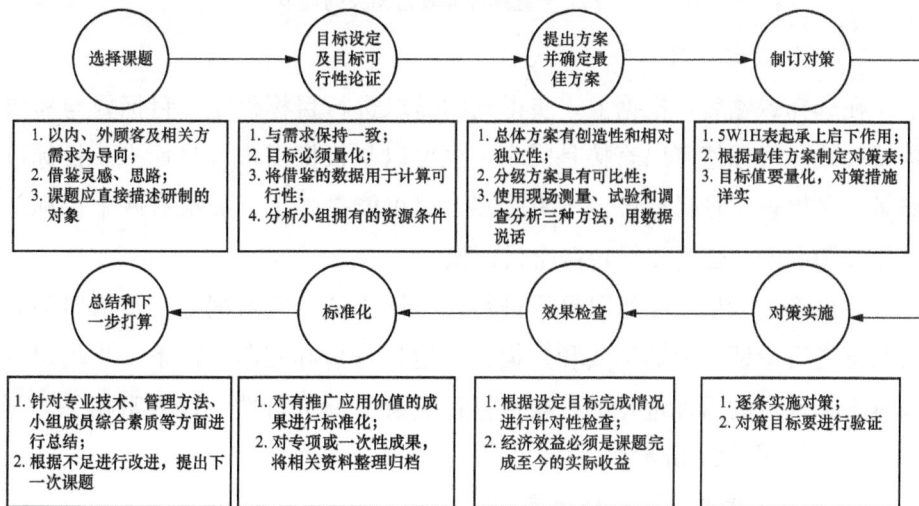

图 2-25　创新型课题步骤的逻辑关系

　　这里需要提出的是，创新型课题的流程是一个严密的体系，每个流程都环环相扣，互相影响，互相关联。本节我们深入研究各个环节之间的逻辑关系，并着重探讨与每个环节联系最紧密的、特别容易出错的其他环节。

　　1.选择课题

　　创新型课题的课题来源于对现有的技术、工艺、技能、方法等无法满足内、外部顾客及相关方的需求，这些需求可以是主动收集的，也可以是被动产生的。创新型课题对外部的需求更关注。

　　针对需求，通过广泛借鉴，启发小组创新的灵感、思路、方法等，研制新的产品、服务、方法、软件、工具及设备等。课题名称应直接描述研制对象，并突出该对象的特点，借鉴的关键点要有所体现。

　　此环节中借鉴的数据为下一步目标设定提供依据，而提出方案环节中的总方案也是根据借鉴的内容而设定。与选择课题紧密相关的环节关系图如图2-26所示。

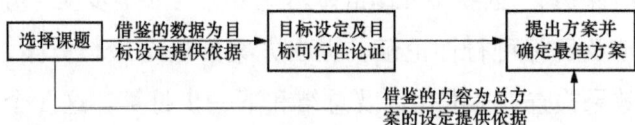

图 2-26　与选择课题紧密相关的环节

　　2.目标设定及目标可行性论证

　　在选择课题后，根据上一步得到的需求进行目标设定。目标要与需求保持一致，目标值可以直接是需求，也可以是根据需求推导而来。目标可测量、可检查，且目标设定不宜过多，尽可能是一个，如果有两个目标值是相互制约的，也可以设定两个目标值。

　　在设定目标后，小组对目标进行可行性论证。应根据上一步借鉴的相关数据进行论证，依据事实和数据进行定量分析和判断。而下一步提出方案是根据设定的目标进行的。与目标设定及目标可行性论证紧密相关的环节关系图如图2-27所示。

　　3.提出方案并确定最佳方案

　　在设定目标后，针对课题目标，根据借鉴内容，提出可能达到课题目标的各种方案，并对所有方案进行整理。这里的所有方案包括总体方案和分级方案。总体方案是根据第一步"选择课题"借鉴而来，要与借鉴信息一致，且总体方案应具有创新性和相对独立性。而分级方案是把选定的总体方案进行分解，要逐层展开细化，具有可比性，以供比较和选择。

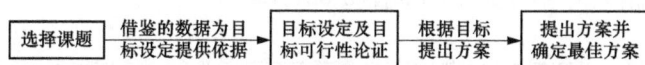

选择课题 —借鉴的数据为目标设定提供依据→ 目标设定及目标可行性论证 —根据目标提出方案→ 提出方案并确定最佳方案

图 2-27　与目标设定及目标可行性论证紧密相关的环节

小组对所有方案进行比较和评价，确定最佳方案。方案应逐层展开至可以实施的具体方案，方案的评价用事实和数据对方案进行逐一分析和论证，确定的方式包括现场测量、试验和调查分析。最终的最佳方案与下一步制订对策一一对应。与提出方案并确定最佳方案紧密相关的环节关系图如图 2-28 所示。

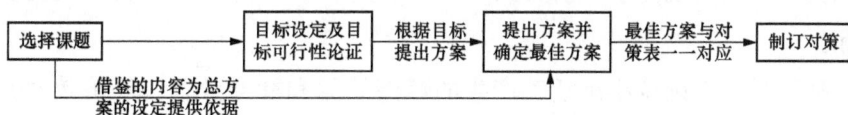

选择课题 → 目标设定及目标可行性论证 —根据目标提出方案→ 提出方案并确定最佳方案 —最佳方案与对策表一一对应→ 制订对策

借鉴的内容为总方案的设定提供依据

图 2-28　与提出方案并确定最佳方案紧密相关的环节

4. 制订对策

确定最佳方案后，将最佳方案分解中的可实施的具体方案逐项纳入对策表。按照 5W1H 要求制订对策表，对策即可实施的具体方案，目标可测量、可检查，措施要详实。对策目标的量化是为了下一步对策实施中可以明确验证对策实施的效果及有效性。对策措施必须要详实，是为了下一步对策实施能够按照具体步骤开展，具有可操作性。与制订对策紧密相关的环节关系图如图 2-29 所示。

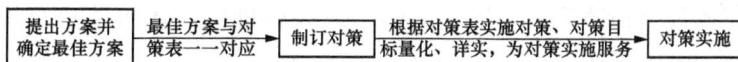

提出方案并确定最佳方案 —最佳方案与对策表一一对应→ 制订对策 —根据对策表实施对策、对策目标量化、详实，为对策实施服务→ 对策实施

图 2-29　与制订对策紧密相关的环节

5. 对策实施

按照制订的对策表逐条实施方案，每条方案措施实施后，根据事先设定的方案目标，检查相应的实施效果及其有效性。若方案目标未达到，应对该方案的具体措施做出调整、修正，并反复验证以达到方案目标。与对策实施紧密相关的环节关系图如图 2-30 所示。

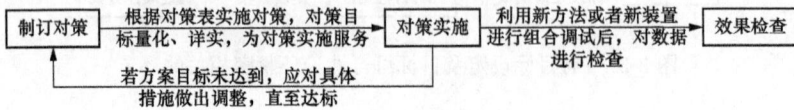

图 2-30　与对策实施紧密相关的环节

6. 效果检查

效果检查是利用新方法或者新装置进行组合调试后的与课题目标对应的数据来检查课题目标是否达到。若达到，可以进入下一步骤；若未达到，则说明未满足现场需求，需要回 P 环节，重新开始并往下进行，直至实现目标。

必要时，应确认小组活动产生的经济效益和社会效益。经济效益是指在对策实施后的效果检查阶段以及巩固期内产生直接实际的可计算经济效益。与效果检查紧密相关的环节关系图如图 2-31 所示。

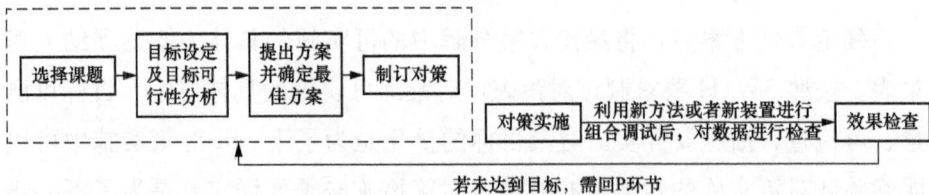

图 2-31　与效果检查紧密相关的环节

7. 标准化

在完成效果检查后，小组应对创新成果的推广应用价值进行评价，并进行处置，对有推广应用价值的创新成果进行标准化，形成相应的技术标准（设计图纸、工艺文件、作业指导书）或管理制度；对专项或一次性的创新成果，将创新过程相关资料整理存档。与标准化紧密相关的环节关系图如图 2-32 所示。

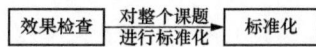

图 2-32　与标准化紧密相关的环节

8. 总结和下一步打算

在完成标准化后，小组应对活动全过程进行回顾和总结，从创新角度对专业技术、管理方法和小组成员综合素质等方面进行全面的回顾，总结小组活动的创新和不足。同时，继续选择新的课题开展改进和创新活动。与总结和下一步打算相关的环节关系图如图 2-33 所示。

图 2-33　与总结和下一步打算相关的环节

第三章

问题解决型QC小组活动程序及要点分析

第一节　总　　则

一、标准

问题解决型课题根据目标来源不同分为自定目标课题和指令性目标课题。自定目标课题和指令性目标课题在活动程序上有差异，如图 3-1 所示。

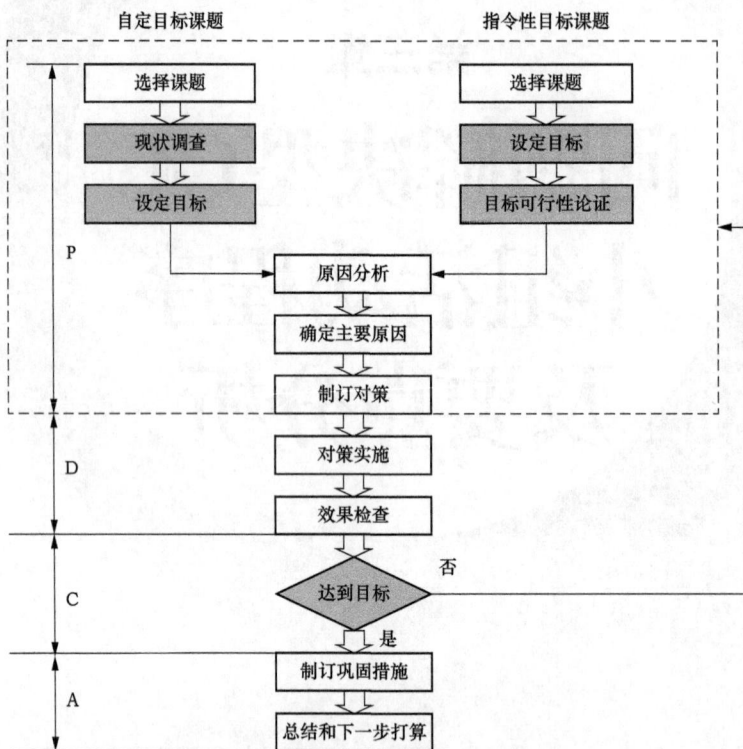

图 3-1　问题解决型课题活动程序

二、要点解读

（1）质量管理小组为了有序、有效、持续地开展质量管理活动，通过一系列规范流程的实施，实现设定的目标值，需要遵循 PDCA 循环，总共包括图 3-1 所示十个步骤。

（2）问题解决型课题是 QC 小组"针对已经发生不合格或者不满意的生产、服务或管理现场存在的问题，围绕课题症结进行质量改进而选择的质量管理小组课题"，而创新型课题是"针对现有的技术、工艺、技能和方法等不能满足实际需求，运用新的思维研制新产品、服务、项目、方法，所选择的质量管理小组课题"。创新型课题与问题解决型课题 QC 小组是企业解决不同问题的两种不同活动思维与活动形式，课题内容决定了小组的课题类型。所以，各种类型小组应根据实际情况选择课题，开展活动，而不要盲目追求创新型课题。简而言之，问题解决型课题大多是"以问题为导向"的，而创新型课题大多是"以需求为导向"的，两者在流程上也存在着明显的区别，如表 3-1 所示。

表 3-1　　　　　　　　　**问题解决型课题与创新型课题的区别**

	过程/课题类型		创新型课题	问题解决型课题
P	选择课题		针对需求或通过改进未解决的问题，通过查新借鉴寻求解决方法	针对存在问题及改进对象
	现状调查		无现状调查环节	对问题现状进行调查，寻找问题或问题症结所在
	设定目标		围绕课题目的	在原来基础上提高
	目标可行性论证		进行目标可行性论证	指令性目标课题须进行目标可行性论证
	原因分析	提出方案并确定最佳方案	无原因分析，广泛思考、寻找各种方案，方案要进行比较和评价，逐层展开；通过现场测量、试验和调查分析，选择并确定最佳方案	针对问题、问题症结分析原因，分析到末端因素
	确定主要原因			针对末端因素进行确认，依据末端原因对问题或问题症结影响程度确定主要原因
	制订对策		针对最佳方案制订对策和措施	针对要因制订对策和措施
D	对策实施		按照制订的对策统一实施	按照制订的对策统一实施
C	效果检查		按照目标，检查实施效果	对照目标，检查实施效果
A	制订巩固措施（标准化）		对有推广价值、经实践证明有效的创新成果进行标准化、创新成果保护与转让	有效措施标准化
	总结和下一步打算		从创新角度对专业技术、管理方法、综合素质等进行全面总结，找出创新特色与不足	针对专业技术、管理方法、综合素质等进行全面总结

（3）问题解决型课题不再细分为现场型、攻关型、服务型和管理型 4 种类型，此为新标准中的重大改动，在此应重点关注。

（4）问题解决型课题"效果检查"环节，出现未达到课题目标情况时，不应机械地回到"原因分析"步骤，而应该针对整个计划（P）阶段，仔细分析哪个步骤出了问题，便从哪一步开始，执行新一轮的 PDCA 循环。

（5）针对自定目标课题，在选择课题环节后，质量管理小组须根据课题现状，展开充分的现状调查，寻找问题的症结，为下一步的目标值设定提供可靠的依据。

（6）针对指令性目标课题，在选择课题环节后，QC 小组须直接将上级要求的目标值、强制性标准要求值，或者顾客的要求值设定为课题目标。接下来针对该目标值进行可行性论证，论证方法与自定目标课题的现状调查部分相同，同样需要寻找问题的症结，测算目标是否可以实现，同时要与先进值、自身指标的最好水平进行对标，为论证目标值实现的可行性提供充分的依据。

（7）注意自定目标课题和指令性目标课题的异同，主要体现在前三个步骤。

1）指令性目标的课题：第一步，选择课题中一定有上级或标准要求达到的指标；第二步，设定目标，就是上级要求或标准要求达到的指标；第三步，目标的可行性论证。

2）自定目标的课题：第一步，选择课题，可能有上级或标准要求达到的指标，也可能没有；第二步，现状调查，要用数据说明课题的现状，为设定目标和原因分析提供依据；第三步，设定目标，依据现状调查的数据由小组成员自定课题的目标。

三、常见问题

未弄清自定目标课题和指令性目标课题的区别，自定目标课题开展了关于目标可行性的研究，有"目标可行性论证"步骤，指令性目标课题中有"现状调查"步骤，或者两者混淆不清，课题中既有"目标可行性论证"

又有"现状调查"环节。

第二节 选 择 课 题

一、标准

1. 课题来源

针对存在问题，小组应结合实际，选择适宜的课题。课题来源一般有：

(1) 指令性课题；

(2) 指导性课题；

(3) 自选性课题。

小组自选课题时，可考虑以下方面：

1) 落实组织方针、目标的关键字点；

2) 在质量、效率、成本、安全、环保等方面存在问题；

3) 内、外部顾客及相关方的意见和期望。

2. 选题要求

小组选题要求应包括：

(1) 小组能力范围内，课题宜小不宜大；

(2) 课题名称直接，尽可能表达课题的特性值；

(3) 选题理由明确、用数据说话。

二、要点解读

1. 课题来源的三个方面

标准列举的选题来源主要有三大类，包括指令性课题、指导性课题和自选性课题。三类课题依据不同的选题来源而进行区分，对活动程序不构成影响。应注意三类课题与自定目标课题、指令性目标课题两类课题的区别，这两类课题与活动程序有关，步骤有所不同。

(1) 上级直接下达的课题，即指令性课题。一般由上级主管部门根据企业或部门的实际需要，以行政指令的形式向 QC 小组下达的课题，通常是企业生产经营活动中迫切需要解决的重要技术攻关性的课题。此类课题必须充分考虑必要性及小组的活动能力和内外部条件，切勿强行下达，否则非但难题不能解决，还会挫伤小组的积极性和自信心，不利于 QC 活动的健康发展。

（2）指导性课题介于指令性课题和自选性课题二者之间，是一种上下结合的课题。一般是主管部门将上级关注的综合性较强的问题分解成具体的问题予以公布，QC 小组从中选择适宜的课题开展活动。

（3）QC 小组自行选择的课题，即自选性课题。

根据标准，自选性课题主要来自三方面。

1）落实组织方针、目标的关键点。从这方面选题，能想领导所想、急领导所急、办领导所需，小组活动所需的时间、物品、费用，以及对外协调等，能更好地得到领导的关心、支持和帮助。这类课题相对而言有一定难度，小组需充分考虑自身活动能力和经验，避免难关久攻不下，影响小组成员的积极性。

2）在质量、效率、成本、安全、环保等方面存在问题。此类课题主要从现场或小组本身存在的问题着手，解决员工的困惑，减轻员工自己的劳动强度和负担，更能使员工获得成功的喜悦，提高参与活动的积极性，应当作为主要的选题来源，尤其是刚开展活动的小组更要从此类课题开始。

3）内、外部顾客及相关方的意见和期望。此版标准新增了关于相关方的描述，把顾客和相关方不满意的问题选为课题并加以解决，能更好地为顾客和相关方服务，提升对方满意度，保证生产经营活动的高效进行。

2. 选题要求

（1）课题宜小而具体。选择小课题，活动周期较短，成果取得相对来讲较容易一些，能很好地引起小组成员的兴趣，有利于持续性地开展活动。质量管理小组活动的全过程，特别是对策的制订、实施，对策目标的检查等环节，小组成员能广泛参与、自行实施，更能发挥小组成员的主观能动性和创造性。小课题往往来源于小组成员的日常工作各环节，通过成员自己的努力，大部分能取得较好效果，而取得成果后又能很好地改良日常工作各环节的状况，有利于调动员工活动热情和积极性。

（2）课题应是小组成员技术上能做的、管理上能协调的，有能力完成课题的全过程。首先要选择员工身边感到困惑的事作为课题，随着小组活动能力的不断提高，可将以部门方针为基础的、部门领导关注的问题作为课题，进而将以公司方针为基础的、公司领导关心的问题作为课题。这符合解决问题的一般规律，避免问题久攻不下，影响小组的活动士气。

（3）课题名称应直接用课题的特性值表达。课题名称应明确表达要解决什么问题，从结构上来讲，一般由三部分组成，即"如何做＋解决的问题＋解决什么"，"解决什么"应尽量用特性值表示，如时间、速度、温度、长短等，以便更好地开展现状调查、设定目标和检查效果。如"缩短变电站户外隔离开关检修时间""降低兰电2号炉火焰检测系统的故障次数"，可以分别针对检修时间、故障次数开展现状调查，设定量化目标，活动后有针对性地进行数据对比，使效果检查客观且一目了然。

（4）选题理由应简单明了，有数据为依据。应直接写出选择课题的目的和必要性，不要长篇大论地描述课题背景。切勿为了突出课题的重要性，把与课题没有直接联系的上级要求、标准内容、领导讲话等内容作为选题理由，如将上述内容作为选题理由，应具体明确，与课题的特性值有直接联系，并尽量提供量化值。选题理由尽量少用文字，多用图表，尽可能用与课题特性值关联的数据说话。

三、常见问题

（1）课题综合性强，不是小组成员力所能及的。此类课题针对性不强，较宏大，涉及的专业面超过了小组成员力所能及的范畴，即使小组成员充分发挥特长，多方争取资源，仍难以完成课题目标。

（2）课题名称不简练，是"手段＋目的"式。此类课题从逻辑上讲不符合活动规律，选择课题时应当还不知道具体对策，从题目名称来看太繁琐、不简洁。一般来讲，选题时尚不知道实现"目的"的具体"手段"，应将"手段"从课题名称中去掉。

（3）课题名称抽象化，只是定性描述，没用特性值表达。从课题名称中只能明确课题针对的方向，而没有显性的可以量化的特性值，有的甚至为口号式课题，抽象空洞，小组不知具体问题是什么，无从下手。

（4）选题理由多、不直截了当。选题理由繁杂，面面俱到，抓不住重点，有"眉毛胡子一把抓"的嫌疑。

（5）选题理由"两多一少"，即文字多、条款多、数据少。

第三节　现　状　调　查

一、标准

为了解问题的现状和严重程度，小组应进行现状调查，具体如下。

（1）收集有关数据和信息，数据和信息应具有客观性、全面性、实效性和可比性。

（2）对数据和信息进行分层整理和分析。

（3）通过分析数据明确现状，找出症结，确定改进方向和程度，为目标设定和原因分析提供依据。

注：这是自定目标课题的第二步（见图3-1），指令性目标课题没有此步骤。

二、要点解读

（1）"现状调查"环节中表述的"问题"，应理解为"课题"。现状调查是自选目标课题活动的第二步，是很重要的一个环节，在整个 QC 小组活动程序中起到承上启下的作用。前一个步骤是选题理由，表明了选择此课题的关键点——实际与要求的差距有多大。现状调查则针对选题理由反映出的差距，通过对收集的数据和信息进行分类、整理、分析，找出造成这个差距的症结（或关键点），为下一步目标值的设定和原因分析提供依据和方向。一般来说，当解决的课题是很具体的问题时，应当针对问题逐一分析原因，而为什么要找症结（或关键点）并努力解决，而不是所有问题全部解决？日本专家田口玄一说过："宁可用1～2个月时间解决问题的80％，也不用1～2年的时间使90％问题得到解决。"良好的愿望要以可能的期望为基础，由于技术上存在困难，有些偶然因素可能确实难以消除，大而全地把问题全部解决的想法是不科学的，而且在产品质量考核中也允许少量的不合格品发生。

（2）现状调查的作用，就是通过充分收集有关课题的数据与事实，并恰当进行分层整理，说明课题的具体状态，直至找到课题的具体症结，以便为课题目标值的设定和分析原因提供依据。

（3）要做到"用数据说话"，同时要注意：数据的客观性，指实际测量或记录的真实数据，防止只收集对自己有利的数据；可比性指数据的特性、计量单位应一致、可比，改进后能反映出变化程度；时效性指收集的数据能真实反映现状，要收集最近的数据；全面性指多维度把握课题的状态数据，不局限于已有统计数据，重视到现场实地测量数据，要在现场观察、跟踪、掌握第一手材料。

（4）要对数据和信息进行分类、分层和整理，对提供的实际测量或记录的客观数据，从不同的角度进行分类，并对分类数据进行层层深入分析，直到找出症结问题为止。具体分类分层可按时间区分：可以是年、月、日、班次等；按地点区分：可以是某个位置、工地等；按症状区分：可以是缺陷种类、特性、状态等；按作业区区分：可以是生产线、设备、操作者等。

（5）不使用现状调查的情况如下。

1）指令性课题。指令性课题是指由于目标确定，小组应该进行可行性分析，以确定目标是否能实现。在进行分析的过程中，小组要依据目标的要求，对数据进行深入调查分层分析，手法类似于现状调查。

2）创新型课题。创新型课题是指针对需求，借鉴不同行业或类似专业中的知识、信息、技术、经验等，研制新产品，只有借鉴，无现状可调查。

（6）常用的现状调查方法主要有：直线调查法、两线交叉调查法和多线交叉调查法。

三、常见问题

（1）现状调查没有能够为课题目标的设定提供依据。现状调查应该围绕选择的活动课题即题目，针对存在的问题而展开，但有的成果报告的现状调查与课题脱节，不能为目标值的设定提供依据。

（2）收集数据缺乏客观性。只收集对课题有利的数据，或从收集的数据中只挑选对课题有利的数据，从而造成现状调查的片面性。

（3）收集的数据缺乏时效性。收集的数据不是课题当前状态的数据，而是小组成员根据经验分析的造成课题原因的数据。应当收集最近的数据，才能真实反映现状。

（4）对反映课题现状的数据挖掘不够充分，分层不够全面和深入。

（5）对收集到的数据进行分析时缺乏逻辑性。没有对收集到的数据进行合理的分类、分层分析，每个现状调查环节不是层层深入，而是相互并列的关系，从而无法找到问题的症结。

（6）对指令性目标课题和创新型课题进行现状调查。前者因为活动目标明确，故无须进行现状调查，只要进行目标可行性论证即可。后者因为是创新，故无现状可调查。

（7）将原因分析的内容前移到了现状调查部分。

（8）统计方法、工具运用不当或不准确。

第四节　设　定　目　标

一、标准

1. 目标来源

根据所选课题，小组应设定活动目标，以明确课题改进的程度，并为效果检查提供依据。课题目标来源包括：

（1）自定目标。由小组成员共同制订的课题目标。

（2）指令性目标。上级下达给小组的课题目标，小组直接选择上级考核指标、顾客要求等作为课题目标。

2. 目标设定依据

小组自定目标的设定可考虑：

（1）上级下达的考核指标或要求；

（2）顾客要求；

（3）国内外同行业先进水平；

（4）组织曾经达到的最好水平；

（5）针对症结，预计其解决程度，测算课题将达到的水平。

3. 目标设定要求

目标设定应与小组活动课题相一致，并满足如下要求：

（1）目标数量不宜多；

（2）目标可测量、可检查；

（3）目标具有挑战性。

注：这是自定目标课题的第三步，是指令性目标课题的第二步。

二、要点解读

为了解决 QC 活动的盲目性，必须要设定课题的活动目标。目标设定的目的：一是明确通过 QC 小组活动，要把问题解决到什么程度；二是为检验活动效果是否有效提供依据。

（1）按活动目标来源不同可分为自定目标与指令性目标。

自定目标：是小组经过现状调查，明确了可改进程度，由小组成员共同制订的目标。

指令性目标：可分为两种情况。一是上级以指令形式下达给小组的活动目标。二是小组直接选择上级考核指标作为小组活动目标，此时目标值与上级考核指标应完全一致。但上级下达的指令性课题不一定是指令性目标课题。

（2）设定目标是自定目标课题活动的第三步，是指令性目标课题活动的第二步。

自定目标活动程序：①选择课题→②现状调查→③设定目标→④原因分析→⑤确定主要原因→⑥制订对策→⑦实施对策→⑧检查效果→⑨制订巩固措施→⑩总结和下步打算。

指令性目标活动程序：①选择课题→②设定目标→③可行性论证→④原因分析→⑤确定主要原因→⑥制订对策→⑦实施对策→⑧检查效果→⑨制订巩固措施→⑩总结和下步打算。

（3）目标设定要以事实为依据，用数据说话。目标设定依据是针对自定目标的，自定目标设定依据可考虑标准的 5 个方面。当小组根据上级下达的考核指标或要求，选择目标值高于或低于要求时均属于自定目标。

（4）目标数量不宜多。QC 小组一般都是选择存在的具体问题作为课题，目标又是针对问题设定的，课题目标尽可能只有一个，如果有两个目标存在关联关系，也可以设定两个目标。如果设定 3 个及以上目标，会使解决问题的过程复杂化，往往造成整个活动的逻辑混乱。例如某 QC 小组设定的目标值为"投诉改进程度提高 2%，客户日均免费电话拨入量高于100 次，客户投诉周期缩短 4 天"，就不合时宜。

（5）目标可测量。课题目标要清晰明了，用数据说话，必须量化。根据小组活动目标的性质可分为定性目标和定量目标。只确定小组活动目标的性质，而没有具体的量化目标，称为定性目标。设置定性目标，经过小组活动改进后的效果无法具体衡量和测量，无法明确是否达到预定的目标，因此不提倡用定性目标作为小组活动目标。具有明确的量化的目标，称为定量目标。小组活动目标要量化，可以测量，有了定量目标，通过活动或改进后与之比较，可以清晰地了解是否已经达到既定的目的。例如将"设备管理加强""规范服务程度提升""提高管理水平"等作为课题目标就是错误的。

（6）目标具有挑战性。小组活动设定的目标值要高于正常水平，小组通过努力攻关，能够达到目标要求，更好地调动小组成员的积极性和创造性。但目标值设定也不宜太高，如果通过小组努力，仍不能达到目标值要求的，不宜设置。例如某 QC 小组将"客户服务满意率 100％"作为目标就值得商榷。

（7）设定目标中常用的统计方法有简易图表和柱状图等。

（8）课题、选题理由以及目标三者应具有一致性。

三、常见问题

（1）目标值太多，没有量化或目标值设得太高（目标值为 0 或 100％）。

（2）目标设定没有针对所要解决的问题，没有根据现状调查的相关数据设定，而是根据经验先设定目标再推算症结的解决程度。

（3）自定目标的测算过程中，除了对症结预计其解决程度外，还将症结之外的排在第二位的具体问题也进行预计和测算。

第五节 目标可行性论证

一、标准

指令性目标课题应在设定目标后进行目标可行性论证，目标可行性论证可考虑：

（1）国内、外同行业先进水平；

（2）组织曾经达到的最好水平；

（3）把握现状，找出症结，论证需解决的具体问题，以确保课题目标实现。

注：这是指令性目标课题的第三步（见图 3-1），自定目标课题没有此步骤。

二、要点解读

（1）此版标准中将"目标可行性分析"改为"目标可行性论证"，进一步强调了对于目标是否可以实现的研究的深入与严谨性，对于此环节的重视程度可见一斑，要求各质量管理小组采用科学的方法对问题和症结进行细致剖析，对于课题目标是否能如愿达成给出结论。

（2）与自定目标的现状调查步骤相同之处是也要收集数据，把握课题当前状态，找出课题症结。

（3）与现状调查步骤不同之处，是对指令性目标进行测算分析时，可以不受课题症结的限制。论证症结的解决程度达不到指令性目标要求时，可以将症结之外的具体问题顺次进行预计和测算分析，直至可以达到指令性目标为止。

三、常见问题

（1）对于指令性目标课题，将可行性论证与现状调查相混淆，用指令性目标直接推算课题症结的解决程度，而不考虑解决症结以外的其他问题。

（2）目标可行性论证只有口号，没有对数据进行深入调查，分层分析，只强调主观因素，缺少数据依据。

第六节　原　因　分　析

一、标准

小组进行原因分析应符合以下要求：

（1）针对问题或结症进行原因分析；

（2）因果关系清晰，逻辑关系紧密；

（3）可从人、机、料、法、环等方面考虑，以充分展示产生问题的原因，避免遗漏；

（4）将每一条原因逐层分析到末端，以便直接来时策。

二、要点解读

（1）第一条中的"问题"说明。"问题"可以是指课题（在找不出课题症结的情况下），也可以是在指令性目标可行性论证中的症结之外，需要解决的具体问题。准则中明确小组可以"针对问题或问题症结"进行原因分析，并非指的是所有的课题既可以针对问题（此处即为课题），又可以针对问题的症结进行分析。准则所要明确的是，如果在现状调查或目标可行性论证中已经查找出了问题的症结，一般应对症结进行原因分析，而不能无视症结所在，再回到课题对课题进行分析。在原因分析时，仍然针对课题进行分析的情况包括以下几种：一是课题过小，无法通过层层分析查找症结；二是层层分析时，各方面的情况相对占比较平均，无法查找症结；三是已经查找出了症结，但以小组目前的情况，无法针对症结进行改进，不得已而转回到对课题进行原因分析。

（2）第二条中的"逻辑关系紧密"是指原因应是逐层展开的。

（3）第三条中的"问题"则可以是小课题、需解决的症结以外的具体问题，也可以是症结。要从人、机、料、法、环、测等方面考虑，要客观地分析，只要对问题有可能造成影响的都要分析出来，并纳入工具中，尽量避免遗漏，展示问题的全貌，分析时思路要正确，因果关系要清晰，逻辑关系要紧密。

（4）第四条中末端原因应是很具体的、非抽象的原因，是可以进行确认的原因、可以直接采取对策的原因。

（5）分析原因时要做到层层递进，针对某一方面的原因反复考虑，一层一层展开分析下去，有的要逐渐分析到较多层级。末端原因必须是很具体的原因、非抽象的原因、可以进行确认的原因、可以直接采取对策的原因。

（6）要正确恰当地运用 QC 统计方法。原因分析过程中，比较常用的 QC 统计工具有因果图、系统图与关联图，如表 3-2 所示。因果图、系统图适用于针对单一问题或问题症结进行原因分析，而关联图既可以针对单一的问题或问题症结分析，也可以对两个及两个以上的问题一起进行分析。因果图、系统图展示的各个原因之间应该没有交叉的影响，而关联图的部分原因可以把两个以上的问题交叉在一起。

表 3-2　　　　　　原因分析环节常用的质量管理统计工具

名称	因果图	系统图	关联图
适用场合	对单一问题的原因分析	对单一问题的原因分析	对单一或多个问题的原因分析
相互关系	原因之间没有交叉关系	原因之间没有交叉关系	原因之间有交叉关系
展开层次	一般不超过四层	没有限制	没有限制

（7）原因分析时，既要考虑因果关系，也要考虑包容关系。

三、常见问题

（1）分析原因针对的对象不正确。在已找出课题症结的情况下，未针对现状调查时发现的问题症结（在小组能力范围内可以进行改进的）进行原因分析，又回到课题本身。

（2）分析原因未能展示原因全貌，没有将各个角度产生影响的所有原因都找出来。

（3）分析原因没有层层深入，分析不够彻底，没有分析到可以直接采取对策，没有分析到真正的末端原因。

（4）原因之间的逻辑关系混乱，因果关系颠倒，前后逻辑存在问题。

（5）QC统计方法应用不当，没有将因果图、系统图、关联图等进行合理的应用。

（6）过度分析，分析到无法直接采取对策。

第七节　确 定 主 要 原 因

一、标准

小组应针对末端原因，依据数据和事实，客观地确定主要原因：

（1）收集所有的末端原因，识别并排除小组能力范围以外的原因；

（2）对每个末端原因进行逐条确认，必要时可制订要因确认计划；

（3）依据末端原因对问题或症结的影响程度判断是否为要因；

（4）判定方式为现场测量、试验和调查分析。

二、要点解读

（1）确定要因的目的是通过分析，把影响问题的要因找出，排除次要因素，为制订对策提供依据。

（2）确定要因的三个步骤如下所述。

1）将末端因素全部收集，把因果图、系统图、关联图中的每个末端因素都收集起来，逐条确认，切勿遗漏。

2）排除小组能力范围以外的原因，对末端因素逐条确认，将收集到的末端因素进行梳理，看是否存在不可抗拒的因素，是否存在小组乃至整个企业都无法采取合适的应对措施的因素。

3）用现场调查、测量、验证、试验、演习等办法确定要因，切不可用理论分析、打分法、加权平均法来对是否是要因做判断。

（3）必要时，是指标准没有做硬性规定，不是必须要做的，但是小组通过分析认为对于指导小组活动推进有帮助，需要做就可以做。是否制订要因确认计划，可由小组根据实际情况自行决定，既非"不要"，也非"必须"。

（4）判断是否为要因的依据，只能是末端原因对问题或症结的影响程度，影响程度大即为要因，影响程度小即为非要因。不能与标准、规定进行比对，认为符合标准了即为非要因。

（5）第三条中所指的"问题"可以是课题，也可以是目标可行性论证中需要解决的具体问题。

（6）确定要因常用的 QC 工具主要有简易图表、调查表、散布图、正交试验等，具体采用哪种，应由 QC 小组成员根据实际需要、数据情况灵活掌握。

三、常见问题

（1）没有做到逐条确认末端因素是否为要因，末端因素有遗漏，或者对非末端因素进行确认分析，对末端因素上一级或与之相关的因素进行确认。

（2）不是依据末端因素对问题或问题症结的影响程度来判断是否为要因，仅将末端因素的数据与确认标准进行比较，符合标准即为非要因，不符合标准即为要因。

（3）分析末端因素对问题或问题症结影响程度时缺少相关事实和数据，仅进行定性分析、理论推导，或将全部末端因素先凭经验区分为要因和非要因。要因的事实和数据具体翔实，非要因则缺少事实和数据。

（4）只分析末端因素对前一层级因素的影响程度，来判定该末端原因是否为问题或症结的要因。

（5）在分析末端因素对问题或症结的影响程度时产生混乱，收集的是末端因素与课题的关联数据，却判定为末端因素对症结的影响程度。

（6）以大多数小组成员的意见来确定或举手表决，或采用 0、1 打分法或加权评分法。

（7）采用分析论证来确定是否为要因，通过理论分析或经验分析来确定。

第八节　制　订　对　策

一、标准

小组制订对策应：

（1）针对要因逐条制订对策；

（2）必要时，针对要因提出多种对策，并用客观的方法进行对策的评价和选择；

（3）按 5W1H 要求制订对策表，对策明确，对策目标可测量、可检查，措施具体。

注：5W1H 即 What（对策）、Why（目标）、Who（负责人）、Where（地点）、When（时间）、How（措施）。

二、要点解读

（1）制订对策的三个步骤。

1）提出对策。要求集思广益，对策越具体越好。

2）研究、评价、确定要采取的对策。要依靠小组的力量，重点分析研究对策的有效性、可实施性，避免采用临时对策。

3）制订对策表。制订5W1H对策表，如表3-3所示。5W1H对策表包括：What（什么对策）、Way（目标）、How（措施）、Where（地点）、When（时间）、Who（负责人），不可缺项。

表3-3　　　　　　　　　　　　5W1H对策表

序号	对策	目标	措施	地点	负责人	完成时间
1						
⋮						

（2）第二条的"必要时"，是指要不要针对每条要因提出不同的对策，并进行对策的综合评价和比较选择，应由小组根据每条要因的实际情况决定。

（3）要注意分析、研究对策的可实施性和有效性，防止一个人的对策，要有全体成员参与。

（4）对策的选择要用试验、测试、调查分析的方法，用数据说话，不可采用主观判断的方法。

（5）要选用小组成员能控制的对策，高投入、高难度、违反法律的不宜采用。

（6）对策目标必须可测量、可检查，它与课题目标没有直接关系，而应与对策所针对的要因状态相关联，即将要因改善到什么程度的具体可测量、可检查的描述。

（7）对策、措施内容分开制定，措施是对对策的具体展开，应具有可操作性。

三、常见问题

(1) 用口号的形式制订对策，如"加大……力度""研究……措施"。

(2) 对策与措施混淆，对策不简练，措施不具体。

(3) 对策目标只是定性描述，未量化，不可测量或检查，导致对策实施过程无法对对策目标进行检测。

(4) 用课题的总目标直接替代对策目标，或者是将课题目标分阶段化作为对策目标，导致逻辑混乱。

(5) 没有严格针对要因逐条一一对应制订对策，编制具有随意性。

(6) 对策表 5W1H 相关要素缺失。

(7) 采用的是临时的应急对策或治标不治本的对策。

(8) 对策、措施内容毫无关联。

第九节　对　策　实　施

一、标准

小组实施对策的要求如下。

(1) 按照对策表逐条实施对策，并与对策目标进行比较，确认对策效果。

(2) 当未达到对策目标时，应修改措施并按新的措施实施。

(3) 必要时，验证对策实施结果在安全、质量、管理、成本和环保等方面的负面影响。

二、要点解读

(1) 应按对策表实施每项对策，每项对策实施完毕，应及时收集数据，确认对策目标是否达到。

(2) 当对策目标未达到时，应对该对策的具体措施做出调整或修改，然后再实施，再确认实施效果。

(3) 第三条"必要时"，是针对在制订对策时，有的对策是具有新意的非常规对策，又没有做对策的综合评价时，需要验证对策实施结果在安全、成本、环保等方面的负面影响。如果对策都是常规对策，或有非常规对策，但做了对策的综合评价、比较选择，就没有必要验证负面影响。

（4）如果实施的结果虽然达到了目标，但负面影响太大（如影响安全、妨碍管理、费用过高、造成环境影响过大或者影响到其他运行参数），应重新考虑对策并进行修改。

（5）实施过程的情况要及时、详细记录，展示小组活动的难易程度，体现小组的努力程度和团队精神。记录内容包括时间、人员、地点、做法、困难、解决的办法、结果、费用等，要注意质量管理统计技术的应用，做到图文并茂。

（6）避免通过技术改造、设备、仪器投入实现目标。

（7）如对策表详细，实施描述可以适当简化；若对策表简单，实施描述就应该尽量详细。

三、常见问题

（1）对策实施的情况空洞，没有现场实际情况的支撑材料，只用语句描述。

（2）对策实施效果缺少具体数据、没有具体时间、环境等要素。

（3）实施效果只强调与实施前比较，而未与对策目标进行比较。

（4）实施效果收集数据的时长与课题效果检查时长相混淆。

（5）没有按照制订的对策表逐条实施对策。

（6）在实施对策过程中出现了比较大的方案比较和选择。

（7）没有逐条确认对策目标完成情况，而是检查课题总目标实现情况，或者到效果检查阶段直接检查课题的总体效果。

第十节　效　果　检　查

一、标准

所有对策实施完成后，小组应进行效果检查，检查内容如下。

（1）检查小组设定的课题目标是否完成。

（2）与对策实施前的现状对比，判断改善程度。

（3）必要时，确认小组活动产生的经济效益和社会效益。

二、要点解读

（1）效果检查的对象是两个：一是课题的目标是否达到；二是对策实施前的现状是否得到明显改善。

1）把对策实施后试生产（工作）收集的数据与小组设定的课题目标值进行比较，检查是否达到了预定的目标。

2）如果达到小组设定的目标，说明问题已得到解决，即可进入下一个步骤，巩固活动取得的成果，防止问题的再发生。

3）如果未达到小组设定的目标，说明问题没有彻底解决，必须分析没达到目标的具体原因，是现状调查中症结找的不准，还是设定目标时预计症结的解决程度不准，或是分析原因不全、未到末端，或是要因确定不准确，或是对策选择有误。是哪个步骤有不足，就从哪个步骤重新开始，进行一个小 PDCA 循环，这是 PDCA 循环的特点之一，即大环套小环，直至达到目标。

（2）用数据把实施前的状况和实施后的目标进行比较。总体评价课题的效果，重点是目标值的完成。若达到目标，进入下一步骤，若达不到目标，查找问题，再进行下一个 PDCA 循环。

1）小组在检查设定的课题目标已完成后，还应对问题症结的解决情况进行调查，与对策实施前的现状进行对比，以明确改进的有效性。

2）效果检查的时间要求有三个方面：一是开始收集效果数据的时间，必须在全部对策实施完成并达到了对策目标之后。二是收集效果数据的时间单位，应与对策实施前收集现状数据的时间单位保持一致。三是效果检查时间长度应在 3 个周期及以上。

（3）是否确认小组活动的经济效益和社会效益，由 QC 小组根据课题活动的实际情况自行决定。经济效益是指在活动期（包括巩固期）内产生直接实际的可计算经济上的获益。凡是能够计算经济效益的，宜计算出本次课题活动所带来的经济效益，以明确小组活动所做的具体贡献，鼓舞小组成员的士气，更好地调动小组成员的积极性。计算经济效益一定要实事求是，不类推、不夸大，不计算预期的经济效益，且要扣除此次活动的投入，计算时间一般不超过活动期（含巩固期）。如果小组创造的经济效益很少（甚至为负数）时，可着重社会效益方面的描述。

（4）效果检查常用的方法：调查表、简易图表、排列图、控制图、直方图等。

三、常见问题

（1）先与对策实施前的现状对比，再检查小组设定的课题目标是否完成。

（2）效果检查时收集数据的时间与现状调查时收集数据的时间长度不一致，可比性差，或效果检查时间长度未达到 3 个周期及以上。

（3）当与对策实施前的现状对比，未与现状调查时的问题症结进行比较，症结位置没有改变时，未给出合理解释。

（4）计算经济效益不实事求是：一是计算预期的经济效益；二是未扣除本课题活动的投入；三是计算的人力资本节约额不是实际发生的。

（5）效果检查开始时间不准确，与对策实施中效果确认时间重叠，或在所有对策还未实施完毕并达到对策目标时，就开始收集效果检查的数据。

第十一节　制订巩固措施

一、标准

小组制订巩固措施的要求如下。

（1）将对策表中通过实施证明有效的措施纳入相关标准或管理制度，如工艺标准、作业指导书、设备管理制度、人员管理制度等，并报主管部门批准。

（2）必要时，对巩固措施实施后的效果进行跟踪。

二、要点解读

（1）巩固措施的内容必须是被活动证明有效的措施。这里所说的已被活动证明了的有效措施是指对策表中已经列入的，经过实施，证明确实能使原来影响问题的要因得到解决，使它不再对问题造成影响的具体措施。所谓具体措施，一方面是指这些措施是被列入对策表的，并经过实施证明是有效的，而不是另起炉灶的措施；另一方面是指这些措施应该是明确的、可操作的、可检查的、可考核的，而不是制订些笼统的、模糊的、口号式的措施。

（2）为了巩固成果，防止问题再发生，就要把对策表中能使要因恢复到受控状态的有效对策和措施纳入相关标准，以便相关人员今后的执行及进行日常管理。相关标准指的是广义的标准，可以是图纸、工艺文件等，也可以是作业指导书、管理制度等。这些标准和制度可以是企业层级的，也可以是部门乃至班组层级的。

（3）小组成员应结合课题的实际情况，自行决定是否要设定巩固期，对巩固措施实施后的效果进行跟踪。

（4）巩固措施的内容与实施对策密切相关，即巩固措施是实施对策做法的延伸。在取得效果后的巩固期内做好记录，记性统计，用数据说明成果的巩固状况。巩固期的长短应根据实际需要确定，只要有足够的时间说明在实际运行中效果稳定就可以。巩固期长短的确定，是以能够看到稳定状态为原则的，一般情况下，通过看趋势判断稳定，至少应有 3 个统计周期的数据。统计周期指的是小组进行现状调查（目标可行性论证）时收集统计数据时的周期时长，如周、月、季等。

（5）真正的巩固措施应该经得起巩固期的验证，而在验证过程中很有可能对巩固措施进行修改、补充和完善。

（6）制定巩固措施常用的方法包括简易图表、流程图、控制图、直方图等。

三、常见问题

（1）未能将实施有效的具体措施纳入相关标准和制度。

（2）将小组活动后行政方面继续跟进的工作与巩固措施相混淆。

（3）巩固措施不具体，太笼统，没有明确纳入的具体标准是什么。

（4）巩固期的统计周期有问题，未考虑至少 3 个统计周期。

（5）将专利、软件著作权、科技论文等归为巩固措施范畴。

第十二节　总结和下一步打算

一、标准

小组应对活动全过程进行回顾和总结，并提出今后打算，包括：

（1）针对专业技术、管理方法和小组成员综合素质等方面进行全面总结；

（2）提出下一次活动课题。

二、要点解读

（1）小组成员应结合课题活动实际，实事求是地总结在专业技术、管理方法和综合素质等方面的问题。

1）专业技术方面。小组在活动中分析问题存在的原因，确定要因，制订对策、进行改进需要用到专业技术。通过活动，使小组成员的哪些专业技术得到了提高？这一切都需要小组成员一起认真总结。通过总结必然会使小组成员在专业技术方面得到一定程度的提高。

2）管理技术方面。在解决问题的全过程中，小组活动是否按照科学的 PDCA 程序进行，解决问题的思路是否一环扣一环，具有严密的逻辑性？在各个阶段是否都能够以客观事实和数据作为依据，进行科学的判断分析与决策？改进方法的应用方面是否正确且恰当？这一切都需要通过总结得以体现。通过管理技术方面的总结，能进一步提高小组成员分析问题和解决问题的能力。

3）小组成员的综合素质方面。小组在对活动过程总结时，可从以下几个方面对小组成员的综合素质进行评价：质量意识是否提高（或安全、环保、成本、效率等意识）。问题意识和改进意识是否加强。分析问题与解决问题的能力是否提高。质量管理统计方法是否掌握更多，且运用得更正确和自如。团队精神、协作意识是否树立或增强。工作干劲和热情是否高涨。创新精神和能力是否增强等。通过综合素质的自我评价，使小组成员明确自身的进步，从而更好地调动小组成员质量改进的积极性和创造性。

（2）应找出此次活动除本课题外还解决了哪些问题，以及尚未解决的问题，总结整个活动在程序及应用方面的成功和不足之处，总结活动中所产生的无形效果，增强团队精神，提出下步打算，体现小组的持续改进。

（3）本版标准将"与"改为"和"，进一步强调了"总结""打算"两部分之间的紧密联系，在此应加以重视，不可将两部分割裂开来。

三、常见问题

（1）没有针对课题活动的实际情况进行总结，而是套用某些模板。

（2）小组总结文字多，相应的支撑数据偏少。

（3）小组自我评价采用雷达图，缺乏打分依据，较为主观。

第四章

创新型QC小组活动程序及要点分析

第一节 总 则

一、标准

创新型课题按照图 4-1 所示的程序开展活动。

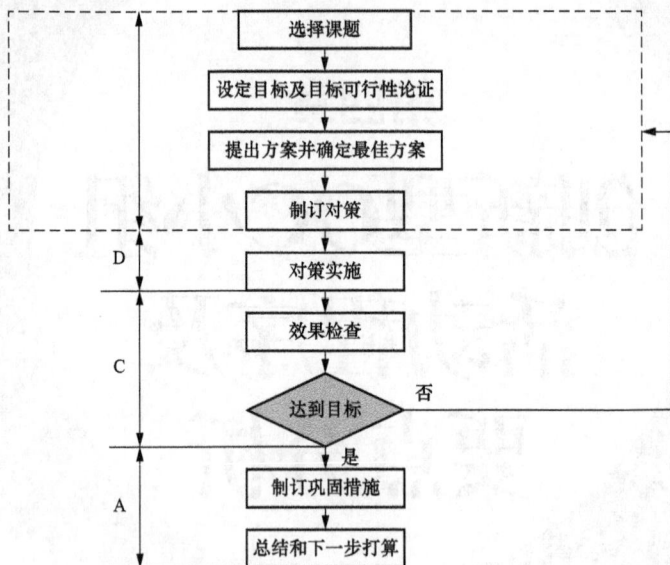

图 4-1 创新型课题活动程序图

二、要点解读

创新型课题与问题解决型课题的区别主要有：

（1）选择课题方面，问题解决型课题是在原来的基础上改进、提高，而创新型课题是从未做过的事情。

（2）现状描述方面，问题解决型课题要把现状调查分析清楚，创新型课题则是根据现状需求研究创新的切入点。

（3）设定目标时，问题解决型课题是在原来的基础上，上升一个新台阶，而创新型课题完全是新的要求，需进行目标可行性论证。

（4）原因分析方面，问题解决型课题须针对存在的问题症结分析原因，找出主要原因，而创新型课题不用分析原因，为达到目标，广泛提出各种方案，寻找最佳方案。

第二节 选 择 课 题

一、标准

1. 课题来源

小组针对现有的技术、工艺、技能、方法等无法满足内、外部顾客及相关方的需求，运用新思维选择创新课题。

2. 选题要求

针对需求，通过广泛借鉴，启发小组创新的灵感、思路、方法等，研制新的产品、服务、方法、软件、工具及设备等。小组选题应满足以下要求：

（1）课题名称应直接描述研制对象。

（2）必要时，论证课题的可行性。

二、要点解读

（1）课题必须着眼于开发、研制新产品、新服务项目、新业务、新方法等方面，要突破现有思维模式及产品、方法的局限。

（2）此版标准中，对于查新环节进行了删减，突出了借鉴的重要作用。借鉴是创新型课题的重要基础环节，借鉴的对象，包括在查新过程中本专业或类似专业已有的文献，国内外已有的实际技术、经验以及自然现象、身边的事物等。借鉴的内容为创新型课题的目标设定和提出方案提供依据。

（3）课题名称应直接描述研制的产品、服务、方法、软件、工具及设备等，能一目了然了解课题的特点、特性。因此，课题名称有两种情况：一是直接描述创新需求，二是直接描述研制对象。

（4）如果借鉴的内容具体单一，可以针对借鉴内容直接确定课题。

（5）由小组成员根据课题实际，自行决定是否需要论证课题的可行性。

三、常见问题

（1）选题针对的是当前存在的问题，没有针对需求，或提出的仅仅是 QC 小组内部的需求，而不是内、外部顾客及相关方的需求。

（2）选题时用查新来证明创新，只是查无，没有可借鉴的内容。

（3）只有借鉴的文章、专利名称或实物，而无明确借鉴的具体内容。

（4）针对创新型课题进行现状调查，或套用问题解决型的现状调查找出问题症结，再根据症结选定课题。

（5）选题理由说明与选择方案混淆。

（6）创新型课题与问题解决型课题相混淆，针对问题进行创新。

（7）选择自己 QC 小组能力外的课题，仅提供思路，完全利用外部力量完成成果孵化。

第三节　设定目标及目标可行性论证

一、标准

1. 设定目标

设定目标应满足以下要求：

（1）与课题需求保持一致；

（2）目标可测量、可检查；

（3）目标设定不宜多。

2. 目标可行性论证

小组应对设定的课题目标进行可行性论证。

（1）依据借鉴的相关数据进行论证；

（2）依据事实和数据，进行定量分析与判断。

二、要点解读

（1）目标尽可能量化，采取直接定量地确定目标的方法，当课题需求是带着目标的，就直接将其设定为课题目标；当课题需求是未带目标的，就要将需求转化为可测量、可检测的目标，如可节省的人力、物力、财力、时间等。

（2）依据借鉴的事实和数据进行考虑与判断，可以将借鉴对象的实际效果或借鉴原理的理论推导、技术的模拟试验得到的数据作为设定课题目标的依据，或对需求自带目标的论证。

（3）课题目标尽可能是一个，如果有两个目标是相互制约的，也可以设定两个目标。不要把新产品的功能参数列为课题目标。

（4）创新型课题要进行可行性论证，从资源配置、人员能力、项目难度等方面论证目标是否可行。

（5）课题目标值的选择应具有挑战性。

（6）通过分析小组所具备的能力及课题难易程度，判断目标值的可行性。

三、常见问题

（1）目标与课题需求不一致，与课题所要达到的目的不一致。

（2）目标不清晰、不可测量，也不可检查。

（3）目标过多，且相互间有关联关系，或将产品特性值作为目标值。

（4）目标可行性论证无可借鉴的相关数据做依据，仅提供资源保障条件，并且只做定性描述。

（5）目标可行性论证未通过对借鉴的数据进行对比，仅做假设分析。

（6）目标不具有挑战性或不可行。

第四节　提出方案并确定最佳方案

一、标准

1. 提出方案

小组针对课题目标，根据借鉴内容，提出方案的要求如下。

（1）提出可能达到课题目标的各种方案，并对所有的方案进行整理；

（2）方案包括总体方案与分级方案，总体方案应具有创新性和相对独立性，分级方案应具有可比性，以供比较和选择。

2. 确定最佳方案

小组对所有整理后的方案进行评价和比较，确定最佳方案。

（1）方案分解应逐层展开到可以实施的具体方案。

（2）应基于现场测量、试验和调查分析的事实和数据，对每个方案进行逐一评价和选择。

二、要点解读

（1）创新型课题 QC 小组针对选择的课题，需提出实现课题目标的总体方案和分方案，并对这些方案进行评价、选择，从中确定最佳方案。该步骤是创新型课题独有的特点，是有别于问题解决型课题的关键一步。

（2）针对课题目标提出可能达到课题目标的各种方案，并对所有的方案进行整理。这里的各种方案不特指总体方案，包括总体方案和分级方案。

（3）提出总体方案应注意以下几点。

1）总体方案的数量无限定，可结合所选课题和借鉴的内容确定一个或多个总体方案。

2）不管提出几个总体方案，都必须具有创新性（这是创新型课题的本质特征）。创新性应体现在总体方案的核心技术（或称关键技术）方面。

3）如果总体方案是多个，各方案之间应是相对独立的。这种相对独立性是指每个方案的核心技术、核心路径是不同的，相互独立。

（4）分级方案是指把选定的将要实施的总体方案进行分解。总体方案分解时应注意以下几点。

1）要逐层展开细化。

2）需展开细化的什么程度没有统一规定，展开到可实施的具体方案为止。

3）每一级的多个方案应该具有可比性，以供比较和选择。可比性是指各方案提供的数据和信息相互可比。

（5）分级方案的比较。对逐层提出的分方案进行实验、综合分析、论证、对比，并做出评价，包括从技术的可行性（含难易程度）、经济的合理性（含需投资多少）、预期效果（实现课题目标的概率）耗时多少及对其他工作的影响，以及对环境的影响等。

（6）确定最佳方案，将选定的最佳方案进行整理。由于提出并选择方案的过程中是边展开、边进行比较的过程，很难直接看出方案的系统性和一致性。在所有方案选择完之后，小组应将最终所选的方案用系统图等方法进行整理，以便纳入对策表。如果方案是唯一的，可用系统图展开或用流程图按流程进行描述。如果方案有备选的，则可以采用过程决策程序图（process decision program chart，PDPC）展示。用PDPC的小组在制订对策时，应把第一套方案纳入对策表中。通过现场测量、试验和调查分析收集事实和数据对方案进行科学分析与综合评价，并在此基础上做出比较选择。

三、常见问题

（1）提出方案太少，只有一次选择比较机会，或虽然提出多种方案，但可比性差，为了比较而比较。如小组将方案设定为"购置""外委"或"自我开发"，再对这几种方案过于简单地进行主观判断，最后确定最佳方案。

（2）提出的总体方案与借鉴信息不一致，造成前后脱节。

（3）总体方案中有的不具备创新性和独立性。

（4）方案分解不彻底，没有层层展开，未将最佳总体方案逐级分解细化为可实施的具体方案，方案没有分解到不能再分解，选择到不能再选择。

（5）对方案的评价、选择缺少事实和数据依据，只是定性分析方案的优缺点。不能正确或较少地使用统计工具，通过打分法、加权平均法进行，过于主观判断。方案确定方式应该为现场测量、试验和调查分析。

（6）方案评价放到对策制订中或实施中进行。

（7）方案缺少对关键的特性值数据进行比较，仅仅关注了时间、费用等数据。

第五节　制　订　对　策

一、标准

小组制订对策的要求如下。

（1）将方案分解中选定的可实施的具体方案，逐项纳入对策表。

（2）按5WIH要求制订对策表，对策即可实施的具体方案，目标可测量、可检查，措施可操作。

二、要点解读

（1）制订对策常用步骤。

1）制订对策前，将选定的方案具体化。可运用流程图或PDPC法描述方案的实施步骤，并预测每一步实施时可能遇到的问题及对策，或者运用系统图，按照手段（或要素）展开型将方案具体化。QC小组可根据实际情况选择其一。

2）正确运用对策表。对策表头仍用5W1H表头设计。"对策"一栏应按最优方案的步骤或手段逐项列出。"目标"一栏应是每个步骤或手段所要达到的目标，且尽可能量化。"措施"是指每一个对策目标具体要用什么方法实现。

（2）"可实施的具体方案"是指最佳总体方案分解至最末一级选定的方案，也就是对策表中的"对策"。

（3）若研发的是新产品或新系统，可将产品的组装调试，系统的整合、试运行纳入对策表。

（4）制订对策中所有目标应与相应方案的选择依据相吻合。

（5）应针对最佳方案分解中确定的可实施具体方案逐项制订对策，以免遗漏。

三、常见问题

（1）对策表中的对策与选定的最佳方案的最末一级方案不一致，未与所选的可实施方案一一对应。

（2）对策目标不可测量、不可检查，措施不可操作。

（3）在制订对策时又进行方案的展开，以至颠倒步骤顺序，影响方案选择以及活动的实施效果达到最佳。

（4）制订对策时未遵循5W1H原则，不正确、缺项，未确定最佳方案的分解步骤逐一制订对策。

（5）对策、目标、措施所表达的层次不清晰，对策未按照所选的可实施方案进行，对策目标与方案选择评价的依据不吻合。

（6）对策目标值设定过多且与课题的相关度不大。

第六节　对　策　实　施

一、标准

小组实施对策的要求如下。

（1）按照制订的对策表逐条实施。

（2）每条对策实施后，应确认相应目标的完成情况，未达到目标时，应修改措施，并按新措施实施。

（3）必要时，验证对策实施结果在安全、质量、管理、成本、环保等方面的负面影响。

二、要点解读

（1）当对策目标未达到时，应对该对策的具体措施做出调整或修改，然后再实施，再确认实施效果。

（2）是否需要验证对策实施结果在安全、成本、环保等方面的负面影响，应根据本课题和对策的实际情况决定。

（3）创新型课题实施阶段，试验较多，应注意记录完备，且要反复验证以确保达到目标。

（4）要及时讨论、补充措施，并组织实施。

（5）要注意实验结果整理分析，可穿插一些能够拓宽思维的学习。

（6）不涉及方案的材料与型号等内容的选择可放在对策实施步骤中完成。

三、常见问题

（1）没有按照制订的对策表逐条实施对策。

（2）对策实施过程缺少实质性的内容，过程描述不正确、不具体。对策实施效果缺少具体数据、没有具体时间。

（3）没有逐条确认对策目标完成情况，而是检查课题总目标实现情况。

（4）较少运用 QC 活动常用的统计方法。

第七节　效　果　检　查

一、标准

所有对策实施完成后，小组应进行效果检查：

（1）检查课题目标的完成情况；

（2）必要时，确认小组创新成果的经济效益和社会效益。

二、要点解读

（1）所有对策实施完成并达到对策目标后，小组成员要收集数据检查课题目标是否达到。若达到目标，说明已经满足现场需求可进入下一步骤。若未达到目标，则说明未满足现场需求，则需要回 P 环节，重新开始并往下进行，直至实现目标。

（2）是否有必要确认创新成果的经济效益和社会效益，由小组根据课题情况自行决定。如果有必要，只计算活动期间与巩固期间的经济效益，不拔高或延长计算年限，并减去活动成本。

（3）检查活动是否有意外收获和副作用。

三、常见问题

（1）只与实施前进行对比，没有与目标值进行对比，确认目标是否达到。

（2）没有量化的数据说明课题目标实现。

（3）计算经济效益不实事求是。

（4）缺乏相关部门的证明材料。

第八节　标　准　化

一、标准

小组应对创新成果的推广应用价值进行评价，并进行处置。

（1）对有推广应用价值的创新成果进行标准化，形成相应的技术标准（设计图纸、工艺文件、作业指导书）或管理制度。

（2）对专项或一次性的创新成果，将创新过程相关资料整理存档。

二、要点解读

（1）针对有效的创新成果进行标准化，这点与问题解决型课题不同，问题解决型课题针对的改进活动中的有效措施纳入相应规范。

（2）应该对创新成果进行推广应用价值（包括技术方面、经济价值方面、推广应用范围方面等）的评价，然后做出适当的处置。对具有推广应用价值的创新成果，要形成相应的技术标准（包括设计图纸、工艺文件、作业指导书）或管理制度，以便推广应用。对不具推广应用价值的专项或一次性的创新成果，将创新过程相关资料整理存档，以供借鉴。

三、常见问题

（1）标准化形式不具体，内容不是创新成果本身。

（2）将成果应用推广、获得的奖励和申请的专利等作为标准化的内容。

（3）未对成果的推广应用价值进行评估就进入了标准化程序。

（4）与问题解决型课题的巩固措施混淆。

（5）对具有推广应用价值的创新成果只进行了相关资料整理存档工作，对不具推广应用价值的创新成果制定了相应的技术标准或管理制度。

第九节　总结和下一步打算

一、标准

小组应对活动全过程进行回顾和总结，并提出今后打算，包括：

（1）从创新角度对专业技术、管理方法和小组成员综合素质等方面进行全面的回顾，总结小组活动的创新特色与不足。

（2）提出下一次活动课题。

二、要点解读

（1）小组应结合此次课题活动实际，实事求是地总结小组成员在专业技术、管理方法和综合素质等方面有哪些提高和不足。

（2）认真进行总结，继续保持优点，严防缺点再次发生，将反思的问题作为下次改善的内容。

（3）整理遗留问题，明确下一次的处理方式，将遗留问题作为下次改进活动的备选课题。

（4）切实进行反思，不仅应与团队联系起来，还应与个人的成长进步联系起来，制订今后的计划。

三、常见问题

（1）小组自我评价采用雷达图，且雷达图上的数据都是凭空产生的，缺乏打分的依据，较为主观。

（2）小组活动总结没有从实际出发，泛泛而谈，没有对活动全过程进行全方位地回顾。

（3）没有总结小组活动的创新特色与不足，陈述流于形式。

（4）没有提出下一步活动的新课题、新的创新点。

（5）定性描述较多，缺乏数据支撑。

（6）总结提出了不足和有待改进的点，但下一步打算中未涉及相关内容。

第五章

常用的质量管理
统计方法

第一节 调 查 表

一、概念

质量管理要用数据说话，因此要有针对性地收集相关数据。收集数据的根本点是数据要清楚地反映现状。实际收集数据时，方法要简单，数据处理要方便。通常，可用调查表来实现这一目的。

调查表又叫检查表、核对表或统计分析表。它是用于收集和记录数据的一种表格形式，便于按统一的方式收集数据并进行统计计算和分析。调查表用以系统地收集资料、积累信息、确认事实并可对数据进行粗略的整理和分析。

调查表不是一个独立的记录表格，它应该是数据分析过程中的一个有力工具，是一个说明数据收集、记录和存储的指导文件，用以保证收集的数据可以支撑得到真实可靠的分析结果。

调查表使用的基本要求是：目标明确、信息全面和容易操作。目标明确指在制作调查表之前目标要明确，如收集哪些数据，达到什么目的；信息全面指收集的信息要全面，应包括与调查表制作目标有关的全部信息；容易操作指调查表应该便于现场操作人员完成，尽量避免给现场操作人员带来巨大的工作量而影响其积极性。对于现场调查的表格，要求填写简单，能用符号的（如√、×、○等）就不要用数字，能用数字的就不要用文字。

二、应用范围

调查表分为直接测量用调查表（见表 5-1）和问卷调查用调查表。直接测量用调查表主要功用在于根据收集的数据以调查不良项目、不良原因、工序分布、缺陷位置等情形。问卷调查用调查表多用在顾客满意度统计测量。

表 5-1　　　　　　　　　　直接测量用调查表示例

批次	抽样数	不合格数	批不合格率	成品不合格种类		
				A类	B类	C类
合计						

调查者：　　　　　　　　　　　　　　调查日期：
调查车间：

调查表经常用于 QC 小组活动中的选择课题、现状调查、目标可行性论证程序中，也可用于设定目标、确定主要原因、效果检查、制定巩固措施以及总结和下一步打算程序中。其中直接测量用调查表主要用在现状调查、确定主要原因、效果检查等环节；问卷调查用调查表主要用在选择课题、现状调查等环节。

三、应用步骤

（1）明确数据分析的目标。在制作调查表前期，一定要明确收集数据的目的。数据分析的目的不同，所需要的数据类型、测量方法、分析方法也会有所不同。调查表必须按数据分析目的有针对性地设计，才能使收集数据的活动清晰且高效。

（2）确定需要收集的变量和数据类型。收集哪些数据由第一步确定的目标所决定。不同类型的数据所包含的信息量不同，测量成本也不一样，测量变量的选择要平衡分析的效果、成本和风险，很大程度上决定了数据分析的成败。

研究对象为产品或服务，则首先要确定测量产品或服务内容是哪些质量性能。研究对象为过程，则需要明确收集过程中产生的是哪些数据。调查变量的选择涉及产品和过程专业知识以及使用者的要求，因此测量哪些变量需要质量管理人员与专业技术人员、过程责任人员甚至使用者充分讨论后确定。测量变量的选择与获取数据的类型、后续统计分析方法都有密切的联系，决定着分析结果的正确性。

一般而言，计数值较容易，测量成本较低，例如统计合格品或不合格品的数量，所获数据为 0、1、2 这样的非连续型数据；计量值相对复杂，测量成本较高，例如测量某个加工零件的长度，采用卡尺测量以获得较精确的测量值，如 100.23、99.85cm 这样的连续型数据。有些原本不能量化的数据，如顾客满意度这类主观性强的数据，可以用量化的方式将其表达为计数型数据。

（3）确定数据分析需要的其他信息。除了上述的测量变量外，进行数据分析还需要确定一些必要的分类变量，来对数据进行分层，从而使数据更有针对性。例如在向顾客调查时，需要了解与调查结果有关的顾客信息，如性别、地域、职位、受教育程度等；在分析某过程的不合格产生原因时，要确定不合格的出现频次与操作者及生产设备是否有关。

（4）设计调查表。调查表没有固定的样式，由收集的变量和数据类型决定。调查表基本包括三部分内容：调查目的说明、收集数据要求的说明和记录位置。

（5）调查表预测试。在正式进行大规模收集之前，要对调查表进行预测试，了解所收集的数据是否符合数据分析的需要，统计人员和填写人员能否正确理解调查内容，是否有遗漏信息。预测试的样本量可以较小，不必过分强调样本的代表性。

（6）调查表进行评审和修改。随着外部顾客、加工过程、工艺要求等内容的变化，调查表的内容也需要随之不断更新。

四、注意事项

（1）注意调查表的排版美化。字小行密、版式混乱、印刷草率会使受访者反感，影响调查活动过程。

（2）真实性。必须确保记录数据的真实，否则没有意义。

（3）控制调查表的长度。不同调查形式对完成调查有不同的控制要求。

一份调查表记录内容较多、时间较长易出现数据虚假、记录错误、不准确等诸多问题。

（4）可追溯性。一份调查表必须明确保存时限，便于后续原始数据的查询和追溯。分类的项目要明确。调查表各项目之间要明确，不可模棱两可。

五、应用实例解析

【例】现状调查

某产品分拣线分拣产能不足的影响调查。

随着近年来某产品销售的快速发展，2017 年实际销量为 7358 箱，同比增幅为 88.2%；2018 年为 12 600 箱，同比增幅为 71.7%；两年的实际销量远超 2017 年初提供的预测数（2017、2018 年的预算数分别为 6000 箱、8000 箱）。2018、2019 年的元春高峰值更是达到了 3.6 万条和 5.2 万条，工作时长达 12~15h。为此，2017 年的新建分拣线分拣产能已出现阶段性分拣产能不足的现状，给物流生产工作带来了巨大的挑战，同时，标准线分拣产能出现较大的富余现象，致使和某产品分拣产能长期的不平衡给员工工作生活、物流管理等方面带来了诸多困难。具体数据说明如表 5-2 所示。

表 5-2　　　　　　　　　　2016—2018 年某产品销售情况

指标	2016 年	2017 年	2018 年
数据来源	实际销量	实际销量	实际销量
某产品年销量（箱）	3909	7358	12 632
年增幅（%）	—	88.2	71.7

从表 5-2 中可以看出，自 2016 年以来，某产品的销量每年都呈大幅度的增长，为了更好地分析现状，小组成员将 2018 年全年的某产品日平均分拣总量 12 236 条进行分层调查，如表 5-3 所示。

从表 5-3 中可以看出，A 型号产品占比最高，2018 年某产品全年销量中 A 型号占 54.13%，针对 A 型号占比的问题进行进一步分析，判断 A 型号占比跟分拣效率的影响关系，详细调查结果如表 5-4 所示，对应的散布图如图 5-1 所示。

表 5-3　　　　　　　　　2018 年某产品日均分拣明细表

某产品种类	A 型号	B 型号	C 型号	D 型号	E 型号	F 型号	其他
分拣产能（条）	6623	2547	1240	747	529	302	248
分拣产能占比（%）	54.13	20.81	10.13	6.11	4.33	2.47	2.02

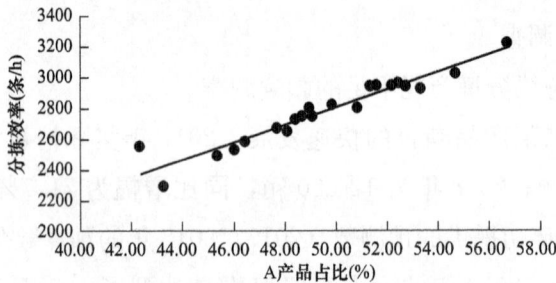

图 5-1　A 产品占比和分拣效率散布图

表 5-4　　　　　　　A 型号产品占比与某产品分拣效率的统计表

日期	某产品分拣总量（条）	A 产品数量（条）	A 产品占比（%）	分拣效率（条/h）
4 月 2 日	13 568	5868	43.25	2300
4 月 3 日	10 990	4982	45.33	2497
4 月 4 日	12 346	6442	52.18	2951
4 月 5 日	14 005	6813	48.65	2764
4 月 6 日	16 044	9110	56.78	3220
4 月 9 日	9299	4272	45.94	2536
4 月 10 日	10 007	4769	47.66	2685
4 月 11 日	9383	4603	49.06	2746
4 月 12 日	10 886	5235	48.09	2661
4 月 13 日	13 011	6708	51.56	2946
4 月 16 日	14 813	7900	53.33	2933
4 月 17 日	14 070	6813	48.42	2741
4 月 18 日	13 440	6571	48.89	2800
4 月 19 日	15 328	6488	42.33	2555
4 月 20 日	18 257	9979	54.66	3026
4 月 23 日	10 498	5537	52.74	2943
4 月 24 日	9719	4935	50.78	2817

日期	某产品分拣总量（条）	A产品数量（条）	A产品占比（%）	分拣效率（条/h）
4月25日	9442	4375	46.34	2585
4月26日	10 467	5216	49.83	2829
4月27日	12 447	6389	51.33	2952
4月30日	11 202	5873	52.43	2961

根据以上散布图可以看出A产品占比与分拣效率成正向比例关系，说明A产品占比越高，分拣效率相应越高。但由于客户的整体订单结构是目前无法控制的，故拟从配送内部运用技术的手段提高某产品分拣线上的A产品占比，若将一部分非A产品转移到标准线上分拣，即可减少某产品分拣线的分拣负荷，又可提升A产品占比。

第二节 简 易 图 表

1786年，苏格兰工程师、经济学家威廉·普莱费尔（William Playfair）出版了《商业与政治图解集》，共计44个图表，记录了1700—1782年英国贸易和债务，展示出这段时期的商业事件。这些图表包括了史上第一张条形图和第一张线形图，他们是折线图、柱状图等简易图表的前身。

简易图表就是根据现场的数据，用点、线、面、体来表示大概情势及细微变动的图形或表格。简易图表有利于多种复杂现象的相互比较，可供分析、研究和预测之用。简易图表表示事物间的关系时，花费较少时间就可获得明确的概念，能给阅读者留下深刻印象，常用的简易图表有折线图、柱状图、饼分图、甘特图和雷达图。

简易图表经常用于QC小组活动中的选择课题、现状调查、设定目标、目标可行性论证、确定主要原因、效果检查、制定巩固措施、总结和下一步打算程序中，也可用于制定对策和对策实施程序中。

一、折线图

（一）概念

折线图也叫波动图、趋势图、历史线图，是用直线段将各数据点连接起来而组成的图形，以折线方式显示数据的变化趋势。折线图中数据是递增还是递减、增减的速率、增减的规律（周期性、螺旋性等）、峰值等特征都可以清晰地反映出来。折线图常用来表示品质特性数据随时间推移而波动的状况，也可用来分析多组数据随时间变化的相互作用和相互影响。

折线图按照是否带数据点，分为不带数据标记的折线图、带数据标记的折线图。带数据标记的折线图显示出数据点以表示单个数据值。折线图示例数据和折线图示例分别如表 5-5 和图 5-2 所示。

表 5-5 折 线 图 示 例 数 据

月份	1 月	2 月	3 月	4 月
某项指标（%）	4.3	2.5	3.5	4.5

（二）应用步骤

（1）整理数据。根据统计资料整理出折线图要采用的数据。

（2）确定横轴。横轴常用时间，用来表示质量特性随时间变化规律。要根据选择点的多少采用适当的时间跨度。

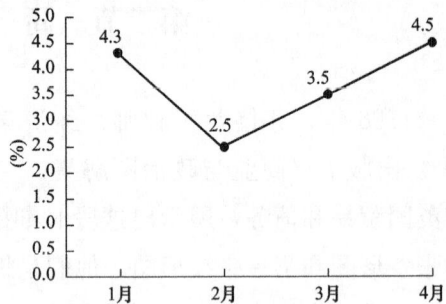

图 5-2 折线图示例

（3）确定纵轴。纵轴一般表示某项指标的数量大小，按纸面的大小来确定用一定单位表示一定的数量。

（4）按确定的横轴画横坐标。

（5）按确定的纵轴画纵坐标。

（6）画折线图。

根据数量的多少，在纵、横轴的恰当位置描出各点，然后把各点用线段顺次连接起来。

（三）注意事项

（1）折线图要选择恰当的纵坐标，表示出特性值的波动差异。

（2）若拥有的数值标签多于十个，不适用折线图，建议改用散点图。

（3）注意淡化网格线对数据系列的影响，可取消网格线或是将其设为虚线，并改为浅色。

（四）应用实例解析

【例1】巩固措施

小组对活动前、活动后、巩固期中基于互联网的蓄电池远程充放电系统的完成情况进行跟踪调查（见表5-6）。

表5-6　　　　　基于互联网的蓄电池远程充放电系统时间统计表

月份	1～3月	7～9月	10～12月	次年1～3月	次年3～6月
活动阶段	活动前	活动后	巩固期		
时间1	180.31	37.64	35.43	38.27	36.73
时间2	178.12	38.72	36.12	40.74	35.43
时间3	179.29	39.86	38.97	40.12	36.80
平均时间（min）	179.24	38.74	36.84	39.71	36.32

从图5-3可看出，2019年10～12月、2020年1～3月、2020年4～6月蓄电池远程放电工作平均工时分别为36.84、39.71、36.32min，满足公司要求，效果稳定、巩固良好。

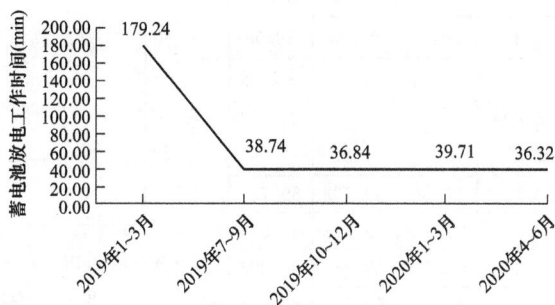

图5-3　基于互联网的蓄电池远程充放电系统时间示例图

【例2】提出方案并确定最佳方案

测量显示模块的选择（见表5-7）。通过矩阵分析，测量显示模块主要考虑F1读数误差、F2读数时间这两个方面，其中F1作为最主要的参考指标。

表 5-7 折线图测量模块选择方案中的应用

选择六	测量模块选择		
备选方案	测量模块 — 指针式电能表 / 数字式电能表	方案目标	(1) 数据读取误差不超过 10%； (2) 读取时间小于 4s
试验方式	现场测量：购置两种方案中的各类表计，测量表计数据读取时间		
	方案一		方案二
方案名称	指针式表计		数字式表计
方案描述	运用指针式表计读取交直流电流电压值		运用数字式表计读取交直流电流电压值
方案图示			

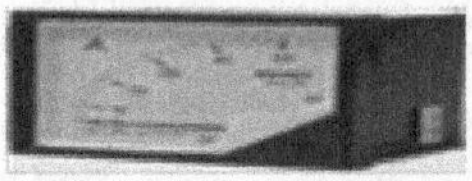

现场测量：购置两种方案中的各类表计，通过串联恒流源和并联恒压源测试两种电表读数，测量表计数据准确度和数据读取时间。

调节电压源输出大小，查看两种电表数据准确度，多次测量统计分析如下所示

电能表类型	次数	30V	60V	90V	图例
指针式电能表	1	29.31	59.14	87.97	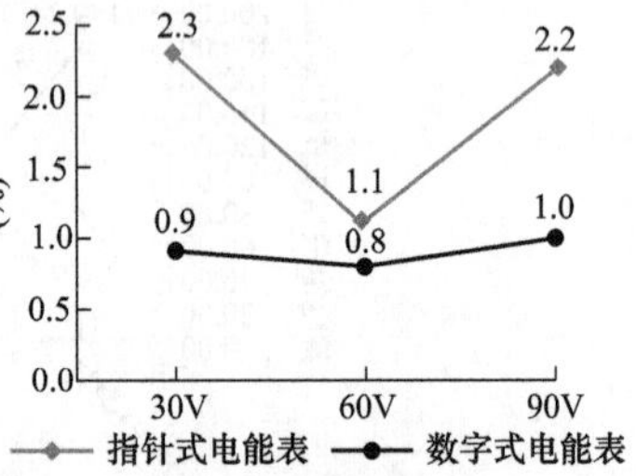
	2	29.35	59.57	88.01	
	3	29.26	59.34	88.08	
	4	29.32	59.41	88.02	
	相差误差（%）	2.3	1.1	2.2	
数字式电能表	1	29.639	59.732	89.720	
	2	29.803	59.327	88.578	
	3	29.708	59.382	89.066	
	4	29.727	59.655	89.061	
	相对误差（%）	0.9	0.8	1.0	

电压表读数误差对比

接着，调节电流源输出大小（分别为 1/3、2/3 和满量程指针式电表量程大小的电流），查看两种电表数据准确度，多次测量统计分析如下所示

续表

电能表类型	次数	1A	2A	3A	图例
指针式电能表	1	0.98	1.96	2.94	
	2	0.99	1.96	2.96	
	3	0.97	1.97	2.92	
	4	0.98	1.97	2.93	
	相对误差（%）	1.9	1.7	2.1	
数字式电能表	1	0.993	1.989	2.983	
	2	1.000	1.988	2.988	
	3	0.981	1.984	2.977	
	4	0.992	1.971	2.968	
	相对误差（%）	0.9	0.9	0.7	

电流表读数误差对比

现场测量

最后，对多个不同表计读数时间进行多次测量统计分析，结果如下所示

表计类型	指针式表计				表计类型	指针式表计			
	1号	2号	3号	4号		1号	2号	3号	4号
交流电压表（s）	4	3	3	2.5	交流电压表（s）	2	1	1.5	1
直流电压表（s）	3	4	4	3	直流电压表（s）	2	2	1	0.5
1号直流电流表（s）	2	1.5	3	s	1号直流电流表（s）	1	2	1	1.5
2号直流电流表（s）	2	3	3	3.5	2号直流电流表（s）	2	1	2	2.5
平均（s）	3.03				平均	1.5			

试验结果	
指针式电表平均误差较大，仅在2/3量程附近误差较小，读数较慢，平均读数时间3.03s	数字式电表在全量程范围内平均误差都很小，读数较快，平均读数时间1.5s

综合分析	在2/3量程附近误差较小，但不在2/3量程附近误差很大，且读数时间较长	全量程范围内读数误差小，测量显示方便，读数时间短，工作效率高
结论	不采用	采用

二、柱状图

（一）概念

柱状图又称长条图、条状图、棒形图，是由一系列高度不等的纵向条

101

纹表示数据分布情况的统计报告图。柱状图可以反映数据的分布差异性，直观传达比较结果，为改进提供快速决策。柱状图在设定目标时使用的比较多。肉眼对高度差异很敏感，因此柱状图利用柱子的高度，反映数据的差异。

柱状图从比较形式上分为镞状柱状图，堆积柱状图和百分比堆积柱状图。堆积柱状图、百分比堆积柱状图不仅可以直观地看出每个系列的值，还能够反映出系列的总和，尤其是当需要看某一单位的综合以及各系列值的比例时适用。柱状图示例数据和柱状图示例分别如表 5-8 和图 5-4 所示。

表 5-8　　　　　　　　　　　　柱状图示例数据

年份	2016	2017	2018	2019
某项指标	89	110	105	125

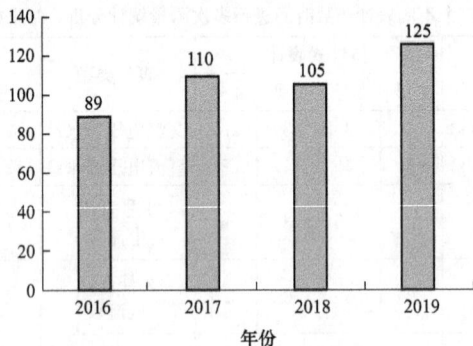

图 5-4　柱状图示例

（二）应用步骤

（1）整理数据。根据统计资料整理出柱状图要采用的数据。

（2）确定横轴。横轴为分类标准或不同时间，用来表示不同类的数量关系或不同时间的数量大小。

（3）确定纵轴。纵轴一般表示某类特征的数量大小，按纸面的大小来确定用一定单位表示一定的数量。

（4）按确定的横轴画横坐标。

（5）按确定的纵轴画纵坐标。

（6）画柱状图。

根据各类指标数量的多少，依次在各特征量上方描绘出各类指标的大小，然后画出柱状图。

（三）注意事项

（1）柱状图的局限在于只适用中小规模的数据集。

（2）柱状图坐标轴的刻度一般从 0 开始。

（3）柱状图上最好添加数据标签。

（4）当横坐标的文字过长时，可以用条形图代替柱状图。

（四）应用实例解析

【例1】 设定目标及目标可行性论证

通过对相关方需求调研分析，小组设定课题目标将变电站综合检修时间从 420（min）减小到 300（min）以内，课题目标设定如图 5-5 所示。

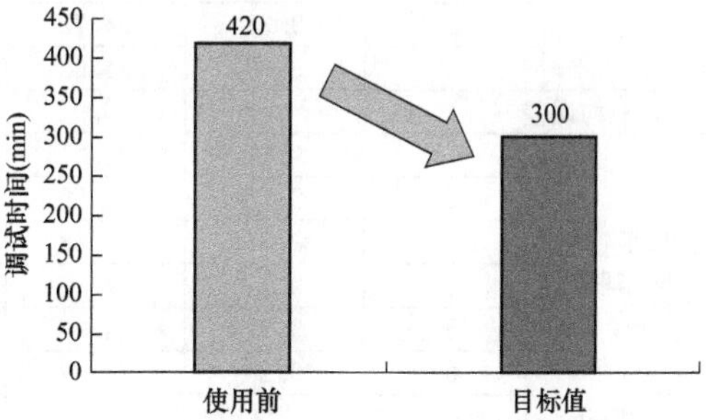

图 5-5　变电站综合检修时间课题目标设定

【例2】 提出方案并确定最佳方案

柱状图在交流模块选择方案中的应用见表 5-9。

表 5-9　　　　　　　　　柱状图在交流模块选择方案中的应用

选择一	交流模块的选择		
备选方案	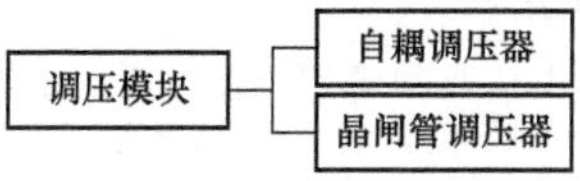 调压模块 — 自耦调压器 / 晶闸管调压器	方案目标	（1）调压器输出稳定，误差不超过 5%； （2）输出电压可调可控

续表

试验方式	（1）现场测量：多次测量调压器输出电压，并统计分析调压误差； （2）调查分析：调研市场情况，对比重量和价格			
方案名称	方案一		方案二	
	自耦调压器		晶闸管调压器	
方案描述	选择输出电压、容量合适的自耦调压器		选择输出电压、容量合适的晶闸管调压器	
方案图示				

现场测量：购置两种调压器，测量调压输出精确度。

按照测量步骤，两种方案的装置测量 3 次参数，并记录，如下表所示。

调压器类型	测试次数	电压（V）		
		10	25	50
自耦调压器	1	9.92	24.87	49.37
	2	9.87	24.93	49.14
	3	9.94	24.78	48.54
	4	9.83	24.66	48.63
	5	9.78	24.72	49.69
	6	9.89	24.65	49.46
平均误差（%）		1.3	0.9	1.7
晶闸管调压器	1	9.67	24.21	49.06
	2	9.73	24.55	48.72
	3	9.84	24.68	48.26
	4	9.71	24.43	48.25
	5	9.77	24.35	4.32
	6	9.88	24.27	48.15
平均误差（%）		2.3	2.3	2.7

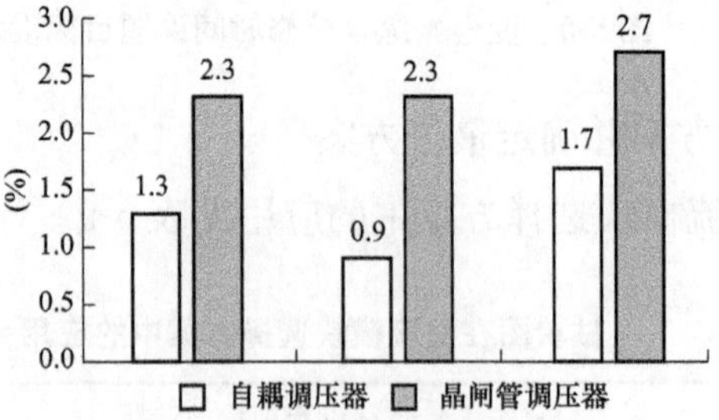

不同调压器输出误差对比图

试验结果	
自耦调压器电压输出误差约为1.3%，满足要求，输出电压可调可控	晶闸管调压器电压输出相对误差约为2.5%，满足要求，输出电压可调可控
结论	
采用	不采用

（左侧合并单元格：现场测量）

三、饼分图

（一）概念

饼分图是在一个圆内，以圆心为中点将一个系统按各部分所占的比例分成若干个大小不同的扇形所形成的图形。饼分图反映数据构成的比例关系，显示出事物的构成。饼分图应用广泛，使用简单、方便。饼分图示例数据和饼分图示例分别如表 5-10 和图 5-6 所示。

表 5-10　　　　　　　　　　　饼分图示例数据

某种分类	A 类	B 类	C 类	D 类
某项指标（%）	10	20	30	40

（二）应用步骤

（1）收集资料。收集需要用来描述或表示的一个系统构成全部要素。如果描述一个企业的人员构成，就必须要收集到该企业的全部人数以及各类人员的数量。

（2）计算各分系统或要素在整个系统所占的比率。

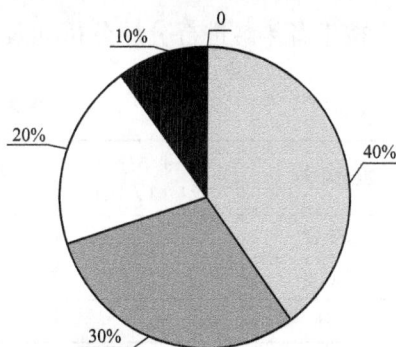

图 5-6　饼分图示例

1）先画一个圆。

2）根据各分系统或各要素在整个系统中所占的比率分别计算出在整个圆内所占的弧度数。

3）按各分系统或各部分所占的弧度数在圆内做不同的扇形。

4）在不同的扇形内标出各分系统或各部分所占的比率。

（三）注意事项

（1）饼分图应该从 12 点钟方向顺时针开始，按照从多到少的占比依次画图。

（2）对所要描述的事件的数据收集齐全。

（3）对所要描述或要表示的事物的分系统或部分概念要清楚，界限要分明，便于分类和计算。

（4）计算尽量准确，尤其在圆内的弧度。

（5）各分系统或部分在圆内的比率要成比例，文字说明要简洁明了。

（四）应用实例解析

【例】现状调查

第一层分析：按患者年龄、疾病诊断进行分层分析

患者年龄不同，疾病诊断不同，发生过敏反应的概率也不同，小组选取 2019、2020 年过敏反应发生情况，分别按患者年龄、疾病诊断进行分层分析。

1. 按患者年龄进行分层分析

按患者年龄进行分层分析如表 5-11、图 5-7 所示。

表 5-11　　　　　　　　　　患者年龄分析表

患者年龄	2019 年过敏反应（人次）	2020 年过敏反应（人次）	小计过敏反应（人次）	过敏反应百分比（%）
≤50 岁	39	40	79	63.2
>50 岁	24	22	46	36.8
合计	63	62	125	100.0

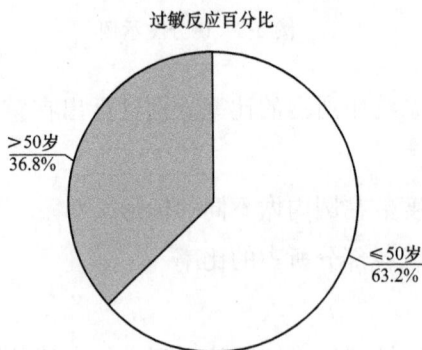

图 5-7　患者年龄分析图

结论一：按患者年龄进行分析，年龄≤50 岁患者过敏反应发生率较高，达到 63.2%。

2. 按疾病诊断进行分层分析

按疾病诊断进行分层分析如表 5-12和图 5-8 所示。

结论二：按疾病诊断进行分析，支架植入术后患者过敏反应发生率较高，达到 60.8%。

第二层分析：交叉分层分析

表 5-12　　　　　　　　　　　疾病诊断分析表

疾病诊断	2019年过敏反应（人次）	2020年过敏反应（人次）	小计过敏反应（人次）	过敏反应百分比（%）
支架植入术后	35	41	76	60.8
房颤	27	22	49	39.2
合计	62	63	125	100.0

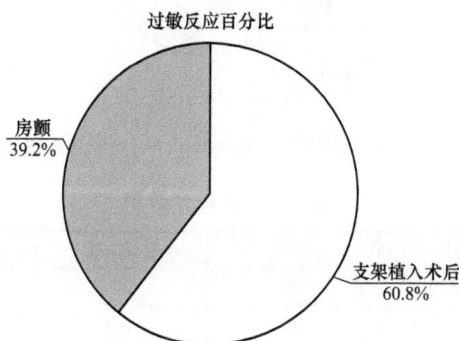

图 5-8　疾病诊断分析图

为进一步分析患者年龄与疾病诊断的关系，小组将患者年龄与疾病诊断进行交叉分层分析（见表 5-13，图 5-9）。

表 5-13　　　　　　　　患者年龄与疾病诊断分层分析表

患者年龄	支架植入术后（人次）	过敏反应百分比（%）	房颤（人次）	过敏反应百分比（%）	小计（人次）
≤50岁	51	40.8	28	22.4	79
>50岁	25	20.0	21	16.8	46
小计	76	60.8	49	39.2	125

结论：通过交叉分层分析，年龄≤50岁的支架植入术后患者及年龄≤50岁的房颤患者，过敏反应发生率占比较高，共计 63.2%。

第三层分析：症结查找

小组成员统计年龄≤50岁的支架植入术后患者及年龄≤50岁的房颤患者皮下注射低分子肝素发生的过敏反应数共计 79 人次，进行类型归类，结果如表 5-14 所示。

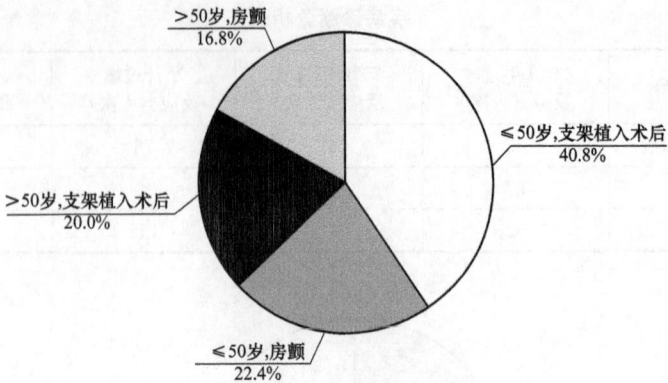

图 5-9　患病年龄与疾病诊断分析饼分图

表 5-14　　　　　　　　　　　过敏反应类型分析表

序号	项目	人次	累计人次	累计百分比（％）
1	皮下出血	37	37	46.8
2	疼痛	20	57	72.2
3	渗液	12	69	87.3
4	皮疹	10	79	100.0

结论：由图 5-10 可以看出"皮下出血""疼痛"占比分别为 46.80％、25.30％，是症结所在。

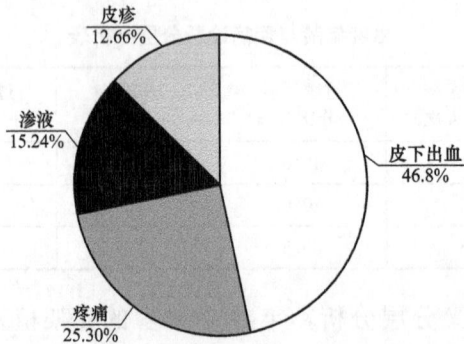

图 5-10　过敏反应类型饼分图

四、甘特图

（一）概念

甘特图是以提出者甘特先生的名字命名的，是以图示的方式通过活动列表和时间刻度形象地表示出任何特定项目的活动顺序与持续时间的一种简图。甘特图又叫横道图、条状图。长期以来，在计划工作中都采用甘特图来计划和控制工作进度。甘特图具有形象、直观、简明、易懂等优点，至今仍是行之有效的一种制订计划的方法。

甘特图以图示通过活动列表和时间刻度表示出特定项目的顺序与持续时间。线条图的横轴表示时间，纵轴表示项目，线条表示期间计划和实际完成情况。直观表明计划何时进行，进展与要求的对比，便于管理者弄清项目的剩余任务，评估工作进度。

甘特图包含以下三个含义：

（1）以图形或表格的形式显示活动；

（2）通用的显示进度的方法；

（3）构造时含日历天和持续时间，不将周末、节假日算在进度内。

甘特图有两种形态：一般单纯线条的甘特图和带有分项目的甘特图。甘特图按内容不同，又可分为计划图表、负荷图表、机器闲置图表、人员闲置图表和进度表五种形式。创新型课题甘特图和问题解决型课题甘特图如表 5-15、表 5-16 所示。

表 5-15 创新型课题甘特图示例

活动内容	活动时间									
	3 月	4 月	5 月	6 月	7 月	8 月	9 月	10 月	11 月	12 月
选择课题	▨									
目标设定及目标可行性论证		▨								
提出方案并确定最佳方案			▨							
制订对策				▨						
对策实施						▨				
效果检查								▨		
标准化									▨	
总结和下一步打算										▨

表 5-16　　　　　　　　　　　问题解决型课题甘特图示例

活动内容	活动时间											
	1月	2月	3月	4月	5月	6月	7月	8月	9月	10月	11月	12月
选择课题	■											
现状调查		■										
设定目标			■									
原因分析				■								
确定主要原因					■							
制定对策						■						
对策实施								■				
效果检查										■		
巩固措施											■	
总结和下一步打算												■

（二）应用步骤

（1）明确项目牵涉到的各项活动、项目。内容包括项目名称（包括顺序）、开始时间、工期，任务类型（依赖/决定性）和依赖于哪一项任务。

（2）创建甘特图草图。将所有的项目按照开始时间、工期标注到甘特图上。

（3）确定项目活动依赖关系及时序进度。使用草图，按照项目的类型将项目联系起来，并安排项目进度。

此步骤将保证在未来计划有所调整的情况下，各项活动仍然能够按照正确的时序进行。也就是确保所有依赖性活动能并且只能在决定性活动完成之后按计划展开。

（4）计算单项活动任务的工时量。

（5）确定活动任务的执行人员及适时按需调整工时。

（6）计算整个项目时间。

（三）注意事项

（1）纵坐标要加说明。

（2）纵轴刻度是在线内侧。

（3）各条形间隔不宜过宽也不宜过窄。

（四）应用实例解析

例：小组活动计划进度表

甘特图在活动计划进度中的应用如表 5-17 所示。

表 5-17　　　　　　　甘特图在活动计划进度中的应用

活动时间	活动内容					
	2 月	3 月	4 月	5～10 月	11 月	12 月
选择课题	▭					
现状调查		▭				
设定目标			▭			
原因分析			▭			
要因确认				▭		
制定对策				▭		
对策实施					▭	
效果检查					▭	
制定巩固措施						▭
总结和下一步打算						▭

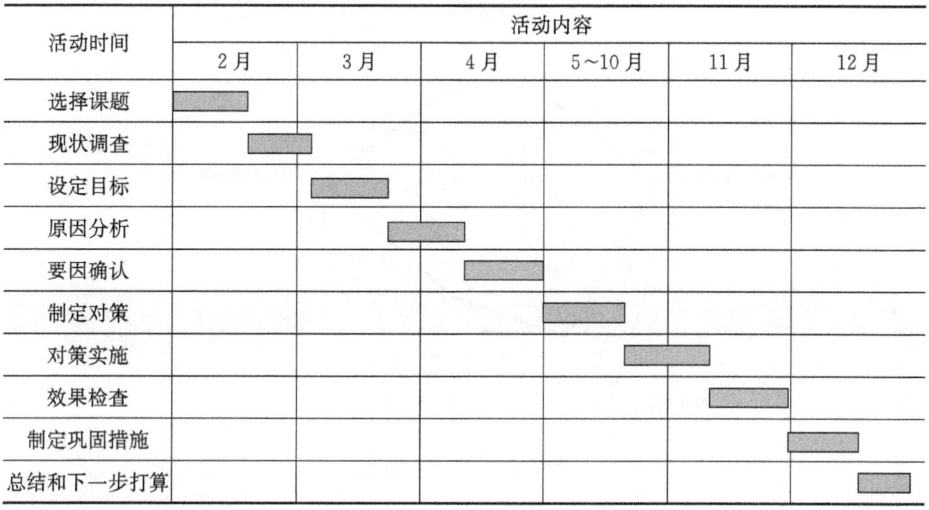

注　▭ 表示计划进度

五、雷达图

（一）概念

雷达图也称为网络图、蜘蛛图、星图、蜘蛛网图、不规则多边形、极坐标图或 Kiviat 图，是以从同一点开始的轴上表示的三个或更多个定量变量的二维图表的形式显示多变量数据的图形方法。雷达图用于检查或直观表示工作成效，其外形与电子雷达机图像相似，故称为雷达图。

雷达图用于考察多个变量对总体的影响，适合跟踪或报告绩效的进展。雷达图一般不考虑各个变量之间重要程度的差异。为增加可信度，雷达图各轴尽量选用可以量化的指标，并对指标进行说明。雷达图示例数据和雷达图示例分别如表 5-18 和图 5-11 所示。

（二）应用步骤

（1）明确要研究的变量。

111

表 5-18　　　　　　　　　　　　　　雷达图示例数据

各项指标	指标 A	指标 B	指标 C	指标 D	指标 E
标杆	12	12	12	21	28
本产品	32	32	13	21	30

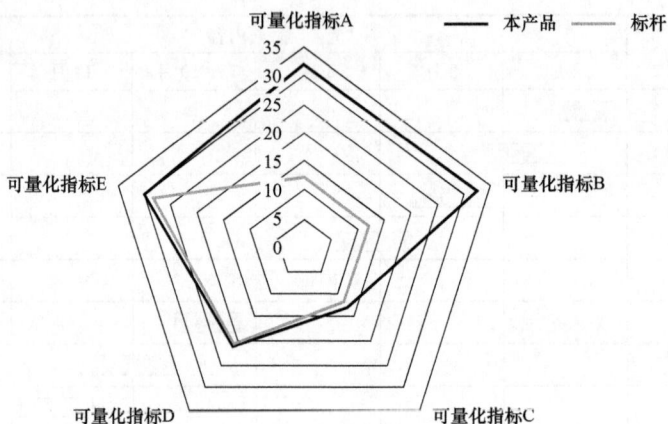

图 5-11　雷达图示例

（2）整理数据。根据确定的研究变量，利用统计资料整理出雷达图需要的数据。

（3）根据数据的特点选择合适的刻度。

（4）绘图。根据确定的刻度和数据绘制雷达图。

（5）加上适当的标注。

（6）可能时对图形表示的结论加以说明。

（三）注意事项

（1）雷达图适用于多维数据，一般为三维及以上数据。

（2）雷达图每个维度必须可以排序，数据点一般 6 个左右。

（四）应用实例解析

例：总结和下一步打算

小组活动总结表如表 5-19 所示。

根据表 5-19 绘制雷达图如图 5-12 所示。

表 5-19　　　　　　　　　　　　　小组活动总结表

评价内容	活动前	活动后
团队精神	小组成员较缺乏团队意识，自评 2 分	小组成员团队意识得到了很大提升，自评 4 分
进取精神	小组成员进取精神较差，解决问题缺乏主动性，自评 3 分	小组成员进取精神得到很大提高，能够主动地分析和解决问题，自评 4 分
质量意识	小组成员缺乏质量意识，自评 3 分	小组成员质量意识得到了提高，能够正确运用各种 QC 工具分析问题，自评 5 分
个人能力	小组成员个人能力较差，解决问题能力较低，自评 2 分	小组成员的个人能力得到了很大提升，能够分工合作，独立完成分配的工作并解决问题，自评 4 分
创新精神	小组成员较缺乏创新精神，分析问题思路不够开阔，自评 4 分	小组成员能够在分析问题中集思广益，开阔思路，大胆提出多种改进方案，自评 5 分

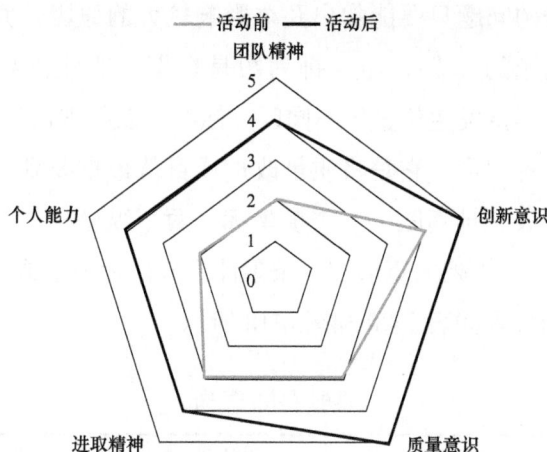

图 5-12　雷达图在总结和下一步打算中的应用

第三节　排　列　图

一、概念

排列图又称为柏拉图、重点分析图、ABC 分析图，由此图的发明者 19 世纪意大利经济学家柏拉图（Pareto）的名字而得名。柏拉图最早用排列图分析社会财富分布的状况，他发现当时意大利 80％的财富集中在 20％的人手里，后来人们发现很多场合都服从这一规律，于是称之为柏拉图定律。后来美国质量管理专家朱兰博士将柏拉图的统计图加以延伸用于质量管理。

排列图是分析和寻找影响质量主要因素的一种工具，其形式是双直角坐标图，左边纵坐标表示频数（如件数、金额等），右边纵坐标表示频率（如百分比表示）。分折线表示累积频率，横坐标表示影响质量的各项因素，按影响程度的大小（即出现频数多少）从左向右排列。通过对排列图的观察分析可抓住影响质量的主要因素。这种方法实际上不仅在质量管理中，在其他许多管理工作如库存管理中，都是十分有用的。

在质量管理过程中，要解决的问题很多，但往往不知从哪里着手，但事实上，大部分的问题只要能找出几个影响较大的原因，并加以处置及控制，就可解决问题的 80％以上。排列图是根据所收集的数据，按不良原因、不良状况、不良发生位置等不同区分标准，以寻求占最大比率的原因、状况或位置的一种图形。它是将质量改进项目从最重要到最次要顺序排列而采用的一种图表。排列图由一个横坐标、两个纵坐标、几个按高低顺序（"其他"项例外）排列的矩形和一条累计百分比折线组成。排列图示例数据和排列图示例分别如表 5-20 和图 5-13 所示。

表 5-20　　　　　　　　　　　　排列图示例数据

业务类型	频数	占总数比例（％）	累计占比（％）
类型一	148	83.15	83.15
类型二	15	8.42	91.57
类型三	10	5.62	97.19
类型四	3	1.69	98.88
类型五	2	1.12	100.00
总计	178	—	—

二、应用范围

排列图经常用于 QC 小组活动中的选择课题、现状调查、目标可行性论证和效果检查程序。

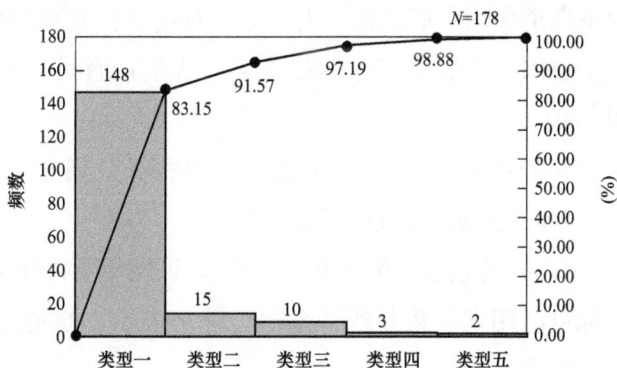

图 5-13　排列图示例

排列图一般用于项目总数在 50 个以上的项目，且适用于计件（个）数的问题统计。在现场管理中，排列图通常在不良品种的等级、种类、数量、损失金额、原因分析上用得较多。

三、应用步骤

（1）选择要进行质量分析的项目。

（2）选择用来进行质量分析的度量单位，如出现的次数（频数、件数）、成本、金额或其他。

（3）选择进行质量分析的数据的时间间隔。

（4）确定横坐标和纵坐标变量。

（5）在每个项目上画长方形，它的高度表示该项目度量单位的量值，显示出每个项目的影响大小。

（6）由左到右累加每个项目的量值（以百分数表示），并画出累计频率曲线（帕累托曲线），用来表示各个项目的累计影响。

（7）利用排列图确定对质量改进最重要的项目（关键的少数项目）。

四、注意事项

（1）一般来说，关键的少数项目应是 QC 小组有能力解决的最突出的一个，否则就失去找主要矛盾的意义，要考虑重新进行项目的分类。

（2）重点管理占 80% 的前几项不良，其他剩余的项目并非全然不予理会，当前几项不良消失后，后几位又升上来，成为必然重点对策的不良。

（3）确定了要因，采取了相应的措施后，为了检查措施效果，还要重新画出排列图。

（4）不太重要的项目很多时，横轴会变得很长，通常都把这些列入"其他"栏内，因此"其他"栏总在最后。

（5）"其他"一栏的数据一般不超过 20%，否则便要再往下细分。

（6）纵坐标可以用"件数"或"金额"等来表示，原则是以更好地找到"主要项目"为准。

五、应用实例解析

【例1】现状调查

调查一：小车式高压断路器试验工作流程耗时统计

小车式高压断路器试验工作流程图如图 5-14 所示。

小车式高压断路器试验工作流程分为工作许可、安全交底、试验过程、工作终结几个环节，不同环节工作时长不同，小组对各工作环节的工作时间也进行了统计

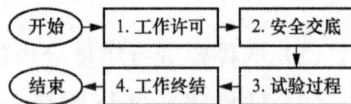

图 5-14　小车式高压断路器试验工作流程图

（见表 5-21）。运用分层法，对平均工作时间 99min 进行不同环节工作流程分析。

表 5-21　　　　小车式高压断路器试验工作不同流程耗时调查表

节点号	业务类型	时间（min）	累计百分比（%）
3	试验过程时间	79	79.8
2	安全交底时间	8	87.9
1	工作许可时间	7	94.9
4	工作终结时间	5	100.0
总计		99	100.0

根据表 5-21 绘制排列图如图 5-15 所示。

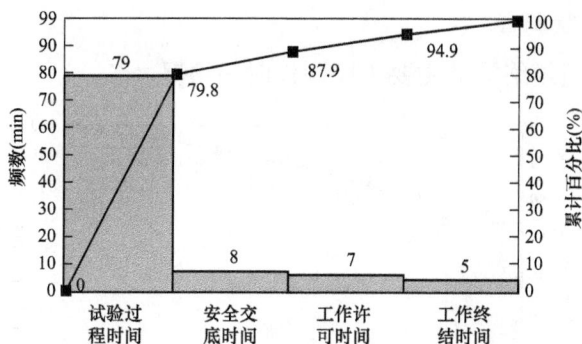

图 5-15　小车式高压断路器试验工作不同环节工作流程排列图

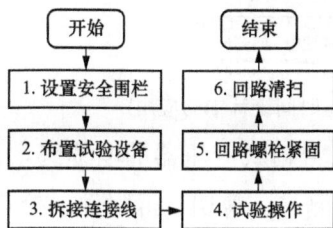

图 5-16　小车式高压
断路器试验过程流程

结论一：小车式高压断路器试验过程时间占总时间的 79.8%，远高于其他工作流程所占比例，是重点关注对象。

调查二：小车式高压断路器试验过程时间统计

小车式高压断路器试验过程流程图如图 5-16 所示。

小车式高压断路器试验过程包括设置安全围栏时间、布置试验设备时间、拆接连接线时间、试验操作时间、回路螺栓紧固时间、回路清扫时间 6 个部分，统计如表 5-22 所示。根据表 5-22 数据绘制排列图如图 5-17 所示。

表 5-22　　　　　　　小车式高压断路器试验时间统计表

节点号	业务类型	时间（min）	累计百分比（%）
3	拆接连接线时间	54	68.4
4	试验操作时间	10	81.0
1	设置安全围栏时间	5	87.3
5	回路螺栓紧固时间	4	92.4
2	布置试验设备时间	3	96.2
6	回路清扫时间	3	100.0
	总计	79	100.0

结论二："拆接连接线时间"累计占试验过程时间的 68.4%，因此"拆接连接线时间"是小车式高压断路器试验过程时间长的症结所在。

【例 2】现状调查

调查一：电缆终端的主要工序制作时间情况

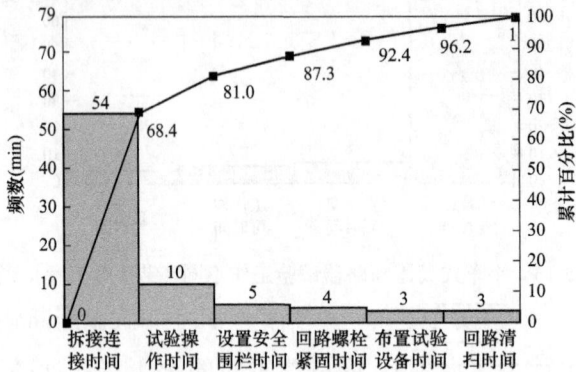

图 5-17   排列图在小车式高压断路器试验时间统计中的应用

小组首先调取了公司 70 项工程的 1500 余台箱式变压器的电缆终端制作时间记录，发现电缆终端的主要工序有长度测量、剪切、拆附件、校直、剥切等主要工序组成，小组对这 70 项工程的电缆终端平均制作时间的数据进行统计分析，如表 5-23 所示。

表 5-23   排列图在电缆终端平均制作时间统计分析中的应用

序号	工序类别	时间（min）	百分比（%）	累计百分比（%）
1	剥切	42.1	81	81.0
2	长度测量	3.7	7.1	88.1
3	拆附件	2.4	4.6	92.7
4	校直	2.0	3.8	96.5
5	剪切	1.8	3.5	100.0
	合计	52.0	100.0	—

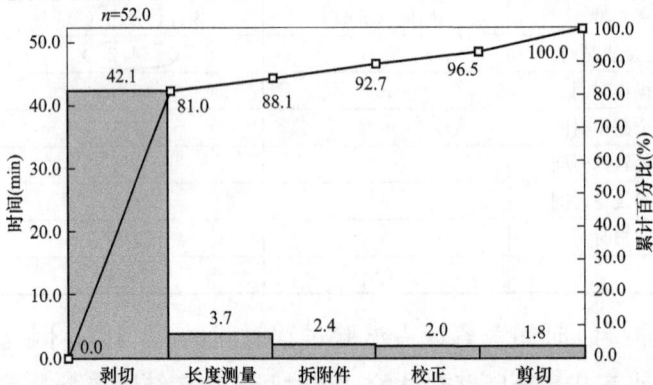

剪切

附件

调查一结论：通过上述调查可从表中数据得知，70 个工程项目的电缆终端主要工序剥切平均时间为 42.1min，占比所有工序的 81.0%

调查二：电缆终端剥切分工序制作时间情况

根据调查一结论分析，QC 小组继续对电缆终端剥切的剥外护套等 5 个分工序平均制作时间展开调查分析，如表 5-24 所示。

表 5-24　　　　　排列图在电缆终端平均制作时间调查中的应用

序号	工序类别	时间（min）	百分比（%）	累计百分比（%）
1	剥绝缘层	35.0	83.1	83.1
2	剥外护套	2.4	5.7	88.8
3	剥半导体	2.1	5.0	93.8
4	剥铜屏蔽	1.8	4.3	98.1
5	修整	0.8	1.9	100.0
	合计	42.1	100.0	—

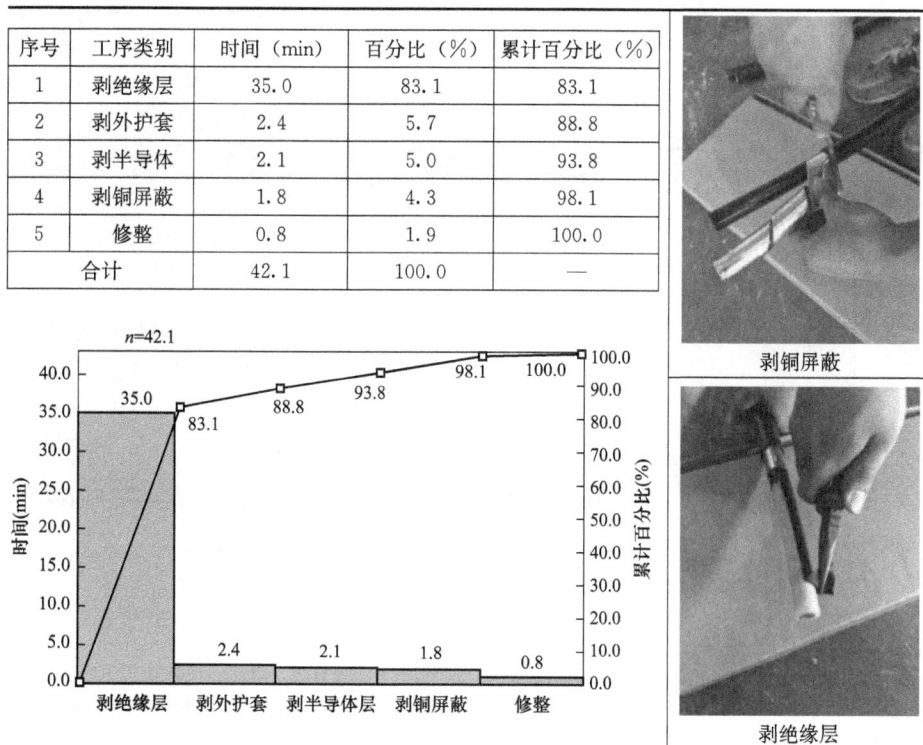

剥铜屏蔽

剥绝缘层

调查二结论：通过上述的调查可从表中得知，70 个工程项目中，电缆终端剥切分工序，剥绝缘层平均时间为 35.0min，占比所有分工序的 83.1%

调查三：电缆终端剥绝缘层制作时间情况

根据上述两个方面的调查分析，为了找到末端原因，小组将进一步对剥绝缘层进行深入的分析，同样针对 70 个工程项目的电缆终端绝缘层平均制作时间进行统计分析，如表 5-25 所示。

表 5-25　　排列图在电缆终端绝缘层平均制作时间统计分析中的应用

序号	工序类别	时间（min）	百分比（%）	累计百分比（%）
1	绝缘层倒角	28.3	81.2	81.2
2	长度测量	2.0	5.6	86.8
3	套冷缩	1.6	4.5	91.3
4	套相色	1.6	4.5	95.8
5	导体清洁	1.5	4.2	100.0
	合计	35.0	100.0	—

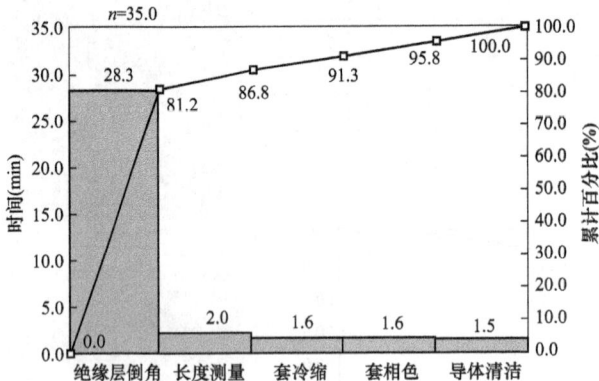

绝缘层倒角

导体压接

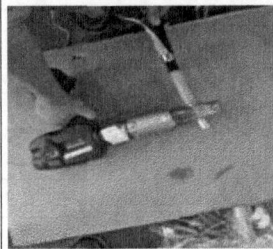

套冷缩

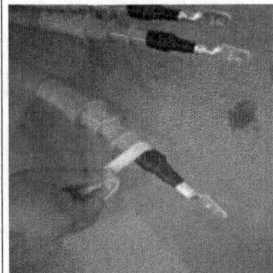

调查三结论：通过上述的调查分析可从表中得知，70 个工程项目中，电缆终端绝缘层中的绝缘层倒角平均时间为 28.3min，占比为 81.2%。因此，绝缘层倒角时间长是电缆终端制作时间长的主要症结

第四节　分　层　法

一、概念

日本质量管理的集大成者石川馨说过："不对数据进行分层，就不能搞

120

质量管理。"实践证明，分层法可以帮助我们清楚地分析隐藏在现象背后的事物之间错综复杂的关系，从而有助于我们尽快地发现事物的本质和原因，做出正确的判断，采取有效的措施解决问题。

分层法又称分类法、分组法，是收集和整理数据时所必须遵循的一种基本思考方法。数据分层法就是性质相同的、在同一条件下收集的数据归纳在一起，以便进行比较分析。因为在实际生产中，影响质量变动的因素很多，如果不把这些因素区别开来，难以得到变化的规律。分层法通常不是单独使用的，而是结合排列图、直方图、检查表等其他工具一起使用。

数据分层可根据实际情况按多种方式进行。例如，按不同时间、不同班次进行分层，按使用设备的种类进行分层，按原材料的进料时间、原材料成分进行分层，按检查手段、使用条件进行分层，按不同缺陷项目进行分层等。数据分层法经常与统计分析表结合使用。

二、应用范围

分层法经常用于 QC 小组活动中的选择课题、现状调查、目标可行性论证和效果检查程序中，也可用于制定对策、对策实施以及总结和下一步打算程序。

三、应用步骤

（1）收集数据。
（2）将收集的数据根据不同的目的选择分层标志。
（3）分层。
（4）按层分类。
（5）画分层归类图表。

四、注意事项

（1）一定要识别清楚分层的目的，根据目的确定分层的种类。
（2）切勿分层过细，反而导致不能反映各类别的代表性。

（3）分层法不是独立的方法，需要与其他方法共同使用。

五、应用实例解析

【例】现状调查

第一层分析：按患者年龄、疾病诊断进行分层分析

患者年龄不同，疾病诊断不同，发生过敏反应的概率也不同，小组选取 2019、2020 年过敏反应发生情况，分别按患者年龄、疾病诊断进行分层分析。

1. 按患者年龄进行分层分析

按患者年龄进行分层分析，如表 5-26 和图 5-18 所示。

表 5-26　　　　　　　　患者年龄分析表

患者年龄	2019 年过敏反应（人次）	2020 年过敏反应（人次）	小计过敏反应（人次）	过敏反应百分比（%）
≤50 岁	39	40	79	63.2
>50 岁	24	22	46	36.8
合计	63	62	125	100

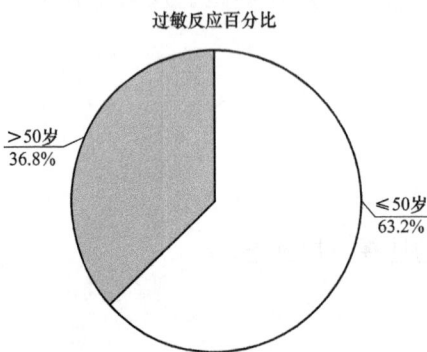

图 5-18　患者年龄分析图

结论一：按患者年龄进行分析，年龄≤50 岁患者过敏反应发生率较高，达到 63.2%。

2. 按疾病诊断进行分层分析

按疾病诊断进行分层分析，如表 5-27、图 5-19 所示。

结论二：按疾病诊断进行分析，支架植入术后患者过敏反应发生率较高，达到 60.8%。

第二层分析：交叉分层分析

为进一步分析患者年龄与疾病诊断的关系，小组将患者年龄与疾病诊断进行交叉分层分析（见表 5-28）。

表 5-27　　　　　　　　　　　　　疾病诊断分析表

疾病诊断	2019 年过敏反应（人次）	2020 年过敏反应（人次）	小计过敏反应（人次）	过敏反应百分比（%）
支架植入术后	35	41	76	60.8
房颤	27	22	49	39.2
合计	62	63	125	100

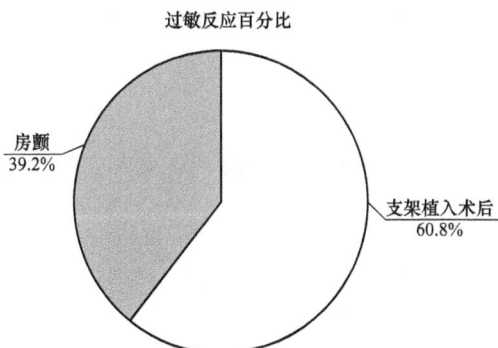

图 5-19　疾病诊断分析图

表 5-28　　　　　　　　　　患者年龄与疾病诊断分层分析表

患者年龄	支架植入术后（人次）	过敏反应百分比（%）	房颤（人次）	过敏反应百分比（%）	小计
≤50 岁	51	40.8	28	22.4	79
>50 岁	25	20.0	21	16.8	46
合计	76	60.8	49	39.2	125

结论：通过交叉分层分析，年龄不大于 50 岁的支架植入术后患者及年龄不大于 50 岁的房颤患者，过敏反应发生率占比较高，共计 63.2%。

第三层分析：症结查找

小组成员统计年龄不大于 50 岁的支架植入术后患者及年龄不大于 50 岁的房颤患者皮下注射低分子肝素发生的过敏反应数共计 79 人次，进行类型归类，结果如表 5-29 所示。

表 5-29　　　　　　　　　　　　过敏反应类型分析表

序号	项目	人次	累计人次	累计百分比（%）
1	皮下出血	37	37	46.8

序号	项目	人次	累计人次	累计百分比（%）
2	疼痛	20	57	72.2
3	渗液	12	69	87.3
4	皮疹	10	79	100

结论：由表 5-29 中可以看出"皮下出血""疼痛"占比分别为 46.8%、25.3%，是症结所在。

第五节　头脑风暴法

一、概念

头脑风暴法（brain storming）又名智力激励法、或自由思考法（畅谈法、集思法），是美国现代创造学奠基人奥斯本于 1939 年首次提出、于 1953 年正式发表的一种激发思维的方法，通过会议的形式探讨问题。该方法是组织汇聚小组的全体成员，鼓励每位成员都畅所欲言，充分发表看法，既不怕他人的讥讽，也不怕他人的批判指责，通过互相启发、举一反三，激发每位成员的思维细胞，各种想法在互相碰撞中激发脑中的创造性风暴，汇聚集体智慧。使用头脑风暴法有如下优势：方便、快捷地得到海量信息；调动小组成员的积极性、提高活动参与度；产生很多创造性想法与解决方案；充分发挥协调作用，达成统一的结果。

头脑风暴法可分为两类：直接头脑风暴法和质疑头脑风暴法。前者主要用于专家群体决策，尽可能激发群体的创造性，产生尽可能多的观点，后者主要用于对前者提出的观点、方案发出质疑，分析其现实可行性。头脑风暴法示意图如图 5-20 所示。

头脑风暴法的特点包括：联想反应，联想是产生新观念的基本过程；热情感染，在不受任何限制的前提下，集体讨论问题能激发参与者的热情；竞争意识，竞争意识可促进参与者竞相发言，不断开动思维风暴，力求产生独到见解，新奇观念；个人欲望，在集体讨论解决问题过程中，参与者言论自由，不受任何干扰和控制。

图 5-20　头脑风暴法的示意图

二、应用范围

在质量管理小组活动中，头脑风暴法经常用于选择课题、原因分析、制订对策和对策实施环节，为 QC 小组找出工作中存在的问题和机会，确定导致症结的要因，分析对策的具体实施。头脑风暴法常与其他质量管理方法（如系统图、因果图、关联图、亲和图等）一起使用，为其收集观点和意见。另外，头脑风暴法也可用于总结和下一步打算环节。

三、应用步骤

（1）明确会议议题，并提前通知与会人员，让参会者做好充足的准备，选准议题是整个活动的关键。

（2）确定参加会议的人数：一般参加会议的人数在 5～15 人为最好，要设 1 名主持人，要求熟悉并掌握该技法的要点和操作要素，摸清主题现状和发展趋势；1～2 名会议记录员，要求将每一位参会人员的设想（无论好坏）完整地记录下来。

（3）确定参加人员的范围：根据议题全角度、全方位地确定参会人员范围，参会人员要有代表性和层次性，可由不同专业或不同岗位人员组成。

（4）选好场所并确定会议时间：为了使与会者不受外界干扰，最好找一个比较安静的场所举行会议。会议时间一般以 20～60min 效果最佳，尽量选择在下午大家都空闲的时间。

（5）创造自由发言的氛围：在会议上不能评论别人的发言，不允许私下互相交流，引导式地让大家进入一种自由的讨论状态。

（6）选好主持人：主持人应善于调动会议气氛，善于控制时间。主持人需要思维敏捷，善于运用激发思考的方法，激发大家对议题的兴趣，但又使参与者遵守会议原则，不能对参会人员提出的设想进行质疑。

（7）畅谈阶段：畅谈是头脑风暴法的创意阶段。为了使大家能够畅所欲言，参会人员需要遵循相应的规则。随后由主持人导引大家自由发言，自由想象，自由发挥，使彼此相互启发，相互补充，真正做到知无不言，言无不尽，畅所欲言，然后将会议发言纪录进行整理。

（8）形成二次风暴意见。在第一次形成风暴意见之后，一般应在会议结束后的 1～2 天，主持人向与会者了解其会后的新想法和新思路，以此补充会议记录。经过梳理成系统化意见后，再次征求大家的意见，再次丰富和深化风暴后的建议，使其更具有可操作性，最后形成执行方案。

四、注意事项

（1）庭外判决原则。不要随意评价别人的想法，尤其不要指责批评别人的想法。

（2）鼓励各抒己见，畅所欲言。从最大程度上去激发所有人提出好的想法。

（3）切忌出现少数服从多数的现象，这样不会有新的突破。

（4）除提出自己的意见外，鼓励参会者对他人已经提出的设想进行补充、改进，强调相互启发、相互补充和相互完善。

（5）切忌太重质轻量，阻碍了参会者发言的积极性，只有获得的建议越多才越有可能产生好的想法。

（6）参与讨论的人一律平等，没有职位高低之分。

（7）头脑风暴法容易与因果图的使用方法混淆，注意区分。

五、应用实例解析

【例】原因分析

为减少蓄电池静态放电全流程时间，QC 小组成员召开会议，运用头脑风暴法，对症结"车程耗时"和"静态放电试验"进行原因分析。

小组组长提前一周将会议议题——"分析车程耗时长和静态放电试验时间长的原因"告诉 QC 小组成员，让与会人员做好充足的准备。

会议现场共有 A、B、C、D、E、F 六人参会讨论，QC 小组组长为主持人，另设两名记录员，完整记录下与会者的想法。

主持人：今天召集大家，想运用头脑风暴法，对症结"车程耗时"和"静态放电试验"进行原因分析，找到末端因素，欢迎大家畅所欲言，但说无妨！首先我们讨论"车程耗时"。

A：我首先从"人"的因素考虑，会不会是司机对路况不熟悉，或者是开车速度过慢了？

C：那我从"机"这一因素考虑，是否是车辆使用年限较长，汽车性能下降导致的呢？

B：从环境因素来看，近期市政施工，导致开车不便，也是一个重要原因。

F：B 说到市政施工，我还想到了，天气情况恶劣也是形成过慢的一个重要原因，大雾天气，可见度低，行车速度变慢了。

E：像堵车这种也会延长行车时间哦。

主持人：不要有顾虑、不要拘束自己，尽情表达，我们集思广益！我们再进行"静态放电试验"耗时长原因分析。

D：我认为静态放电试验是操作人员使用的方法不对，操作人员的技艺不成熟。

E：我想补充一下，操作人员技艺不成熟有可能是专项培训缺乏导致。

F：我认为也有可能是考核制度不完善，导致操作人员未使用正确的方法。

C：你们有没有觉得每次去进行蓄电池充放电，等待放电的时间有点过长了？

A：可不是嘛！这是静态蓄电池放电试验的重要耗时！

D：还有设备启动时间也比较久，需要等待。

B：是呀，如果能将这些时间合理利用或者采用优化方法，必能节省不少时间。

D：可能也与我们的设备的使用年限有关，会不会使用久了，性能下降，导致耗时过长了？

A：你们有没有发现，每次做记录都要有很多项目，记录也消耗了一段时间。

B：是呀，如果可以有一个自动记录的机器就好了。

主持人：大家说得都非常好，你们看，经过大家的头脑风暴，我们找出了多条原因，之后就需要对今天的会议内容进行总结。

经过集体的归纳整理，小组成员主要总结出以下观点，如表 5-30 所示。

表 5-30　　　　　　　　头脑风暴法观点总结

症结	序号	原因分析	提议者	是否采纳
车程耗时	1	道路状况复杂	B、E	是
	2	司机状态	A	否
	3	天气情况恶劣	F	是
	4	车辆状况较差	C	是
静态放电试验	1	考核制度不完善	D、F	否
	2	操作等待时间长	C	是
	3	设备老旧	D	是
	4	设备启动时间长	D	是
	5	记录项目种类多	A、B	是
	6	专项培训缺乏	D、E	是

第六节 系 统 图

一、概念

系统图（system diagram）的形态很像一棵树，因此也叫树图。系统图的可视化可追溯至中世纪，这个时期可以称为大数据的原始时代，当时系统图主要用来梳理来自古希腊和古罗马的知识信息，到了 18 世纪，系统图实现了向抽象化的飞跃，形成了更复杂的视觉效果，包括复杂的组织图和密集的谱系。系统图常用来表示某个质量问题与其组成要素之间的关系，从而明确问题的重点，寻求达到目的所应采用的最适当手段和措施。系统图通常是用来将主要的类别逐渐分解成许多越来越详细的层，并显示它们之间的顺序关系和逻辑关系。当某一目的较难达成，一时又想不出较好的方法时，或当某一结果令人失望，却又找不到根本原因时，建议绘制系统图，它有助于思维从一般到具体的逐步转化。系统图就是为了达成目标或解决问题，以（目的—方法）或（结果—原因）层层展开分析，以寻找最恰当的方法和最根本的原因。系统图常用于以下几方面：在开发新产品活动中，将满足用户要求的设计质量进行系统的展开；在质量目的管理中，将目的层层分解和系统地展开，使之落实到各个单位；在建立质量保证体系中，可将各部门的质量职能展开，进一步开展质量保证活动；在处理量、本、利之间的关系及制定相应措施时，可用系统图分析并找出重点措施；在减少不良品方面有利于找出主要原因，采取有效措施。

系统图可分为两大类，第一类是宝塔型系统图，示意图如图 5-21 所示，常用于描述组织机构所属关系；第二类是侧向型系统图，示意图如图 5-22 所示，在 QC 活动中更为常见，可系统地展开要实现的目标或需要采取的措施，以明确问题的重点，寻找最佳措施。通过头脑风暴法产生的观点和用亲和图列出的或者归类的观点，可以转换成系统图以显示出逻辑和顺序关系。

主题

主要类别

组成要素

子要素

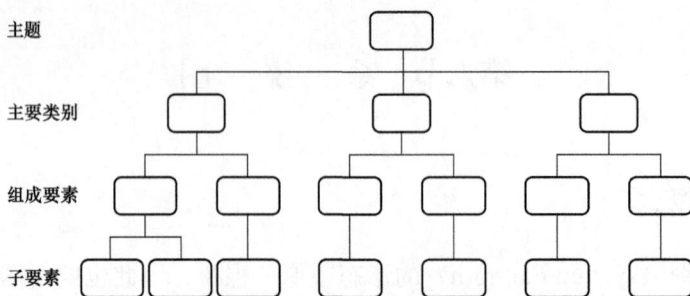

图 5-21　宝塔型系统图的示意图

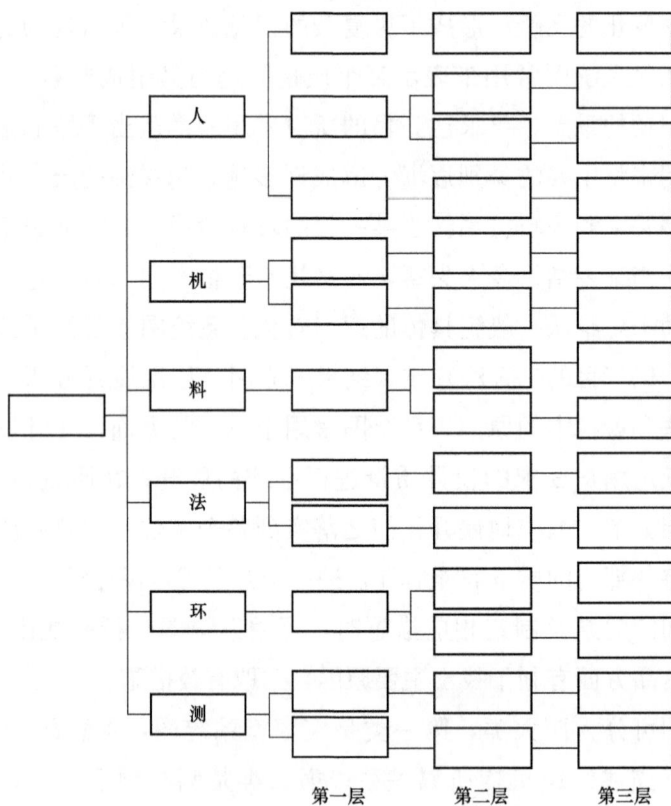

人

机

料

法

环

测

第一层　　　第二层　　　第三层

图 5-22　侧向型系统图的示意图

　　系统图的主要特点是：容易对事项进行展开；易于统一成员意见；上一级手段成为下一级手段的行动目的。

二、应用范围

在质量管理小组活动中，系统图经常用于原因分析环节，将症结逐渐分解成许多越来越详细的层，探究问题的根本原因。系统图还可用于制定对策和对策实施，将对策分解成许多组成要素，以显示出问题与要素、要素与要素之间的逻辑关系和顺序关系。

三、应用步骤

（1）确定要解决的问题，或要达成的目标。

（2）确定问题的主要原因类别，或达成目标的主要方式类别，可以根据具体的质量问题或逻辑关系去选取。

（3）继续展开至主要类别下的子类别。

（4）继续展开至具体原因，或具体措施。

（5）评审画出的系统图，确保无论在顺序或逻辑上，都没有差错和空档。

四、注意事项

（1）用于因果分析的系统图一般是单目标的，即一个主要质量问题用一张系统图。

（2）运用系统图时，切忌做得过细或过快。在第一层次只对目标进行陈述.而且目标应该具有广泛的一般性。下一层次可以开始将一般转化为具体，得到更详细的内容。跟随系统图的结构一步一步地将主题细化。

（3）分支的长度可以不同。一个元素细化需要的层数可能比另一个多。

（4）通过提问考察每一个意见的相关性，如"该因素真的对最初的目标、过程或问题有影响吗？"如果没有，这项就不应该属于该图。

（5）每个分支单独分析，逐渐开展到可采取对策，在完成一个分支后再开始分析其他的枝干。

（6）下一层意见可能与上一层多个项目有关。

（7）主要类别可以不先从 5M1E 出发，可根据其逻辑关系选取。

五、应用实例解析

【例1】 制订对策

根据研发需求和设计思路，小组成员对要研发的烟支检测器专用系统进行部件的肢解分析，制订详细的分解方案（见图 5-23）。

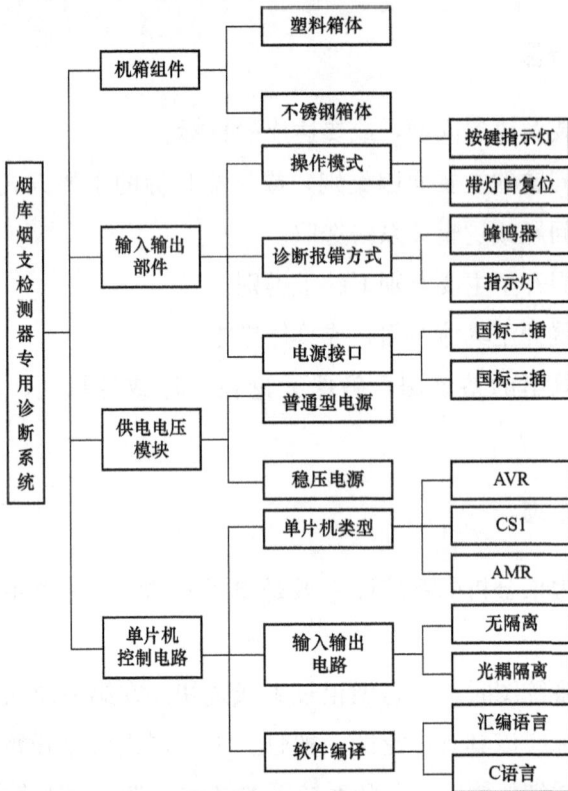

图 5-23　系统图在烟支检测器专用系统分解方案中的应用

【例2】 制订对策

小组提出方案——轻便式电杆挖洞机后，对方案进行分解细化，并绘制方案分解图（见图 5-24）。

【例3】 原因分析

QC 小组找到问题的症结后，对症结"驱动端轴承温度高"展开原因分析（见图 5-25）。

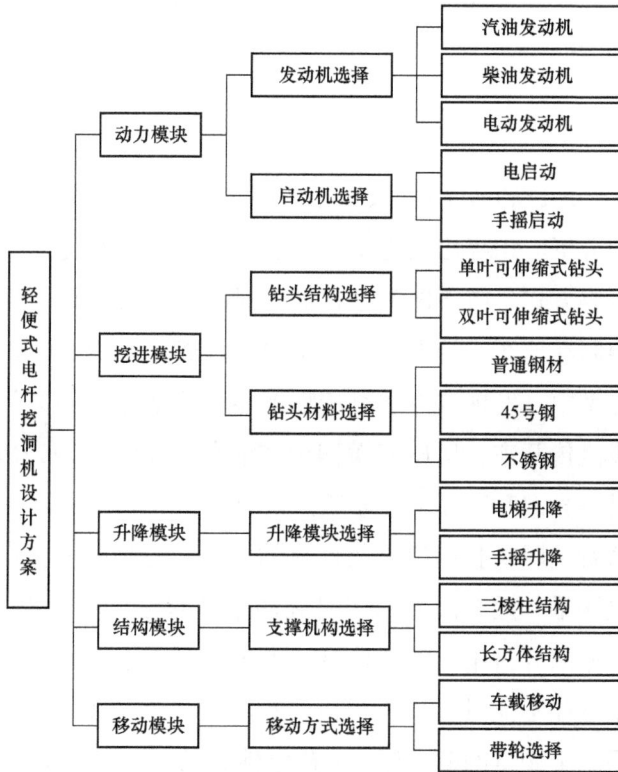

图 5-24 系统图在轻便式电杆挖洞机方案中的应用

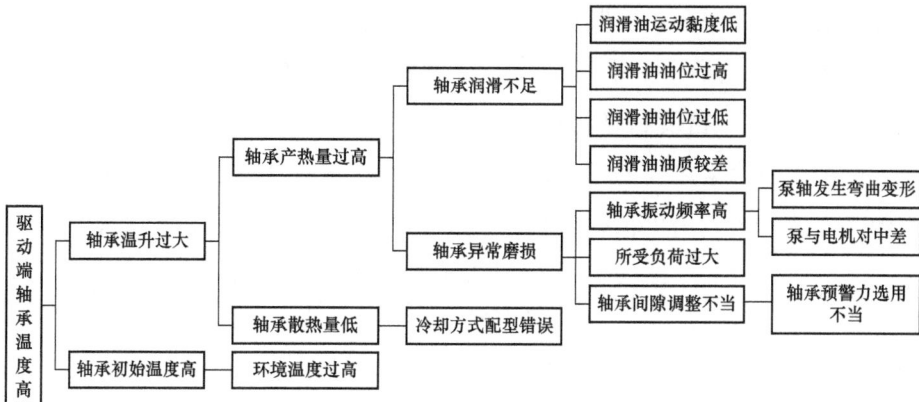

图 5-25 系统图在驱动端轴承温度高的原因分析中的应用

第七节 散 布 图

一、概念

散布图（scatter diagram）又称相关图，19 世纪，随着科技迅速发展，社会对数据的分析应用提出新需求——现代的数据可视化。统计图形开始成为表达的主要方式，散布图就是在那个时期初步形成的。形成初期，散点数据主要绘制在地图、笛卡儿坐标系中。接着，人们开始将散点数据绘制到直角坐标系中，发现该方法可清晰地显示两变量之间的相关关系，散布图开始逐步流传开来。1913 年美国天文学家 Heny Norris Russell 利用散布图，将恒星按光谱和亮度两个参数进行排列分析，发现两个参数之间的强相关性，这就是后来我们熟知的恒星的一生：原恒星—主序星—红巨星—白矮星—黑矮星。散布图常用于研究两个变量之间是否存在相关关系。在质量问题的原因分析中，常会接触到各个质量因素之间的关系。这些变量之间的关系往往不能进行解析描述，不能由一个（或几个）变量的数值精确地求出另一个变量的值，称为非确定性关系（或相关关系）。散布图就是将两个非确定性关系变量的数据对应列出，标记在坐标图上，来观察它们之间的关系的图表，一般可分为五类，强正相关（质量和体积）、强负相关（压强和接触面积）、弱正相关（身高和体重）、弱负相关（海拔高度和温度）、不相关（密度和温度）。

两个质量因素之间的相关性分析判断主要有两种方法。第一种是相关系数判定法，该方法可精确量化两个质量因素的相关程度，相关系数通常用字母 R 表示，$R(X, Y) = \dfrac{\mathrm{Cov}(X, Y)}{\sqrt{\mathrm{Var}[X]\,\mathrm{Var}[Y]}}$，其中，$\mathrm{Cov}(X, Y)$ 为 X 与 Y 的协方差；$\mathrm{Var}[X]$ 为 X 的方差；$\mathrm{Var}[Y]$ 为 Y 的方差。R 的取值范围为 $[-1, 1]$，R^2 越接近 1，表示相关性越强，其中：当 R 为负值时，X 增加 Y 减少，表示负相关；当 R 为正值时，X 增加 Y 也增加，表示正相关。R^2 接近于 0 时，表示不相关。

第二种方法是象限判定法，又叫符号检定判断法、中值判断法。如图 5-26 所示，画一条与 X 轴平行的直线，使线上下两端的数据点数相等。再画一条与 Y 轴平行的直线，使线左右两端的数据点数相等。两条直线把散布图分成 4 个象限区域，分别统计落入各象限区域内的数据点数量（落在线上的数据点可忽略不计）。当 $n_I + n_{III} > n_{II} + n_{IV}$ 时，为正相关；当 $n_I + n_{III} < n_{II} + n_{IV}$ 时，为负相关；当 $n_I + n_{III} = n_{II} + n_{IV}$ 时，为不相关。设 $n_+ = n_I + n_{III}$，$n_- = n_{II} + n_{IV}$，n_+ 与 n_- 中较小者与符号检定表中查出的数进行比较，确定其相关性的强弱。

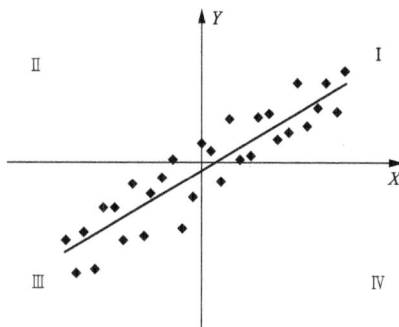

图 5-26　象限判定法

散布图相关性的判定如表 5-31 所示。

表 5-31　　　　　　　　　　散布图相关性判定

强正相关	源数据	X	1.10	1.20	1.30	1.40	1.50	1.60	1.70	1.80	1.90	2.00
		Y	2.21	2.40	2.61	2.80	2.99	3.21	3.41	3.61	3.80	4.00
		X	2.10	2.20	2.30	2.40	2.50	2.60	2.70	2.80	2.90	3.00
		Y	4.19	4.40	4.60	4.82	5.00	5.20	5.40	5.58	5.99	6.20
		X	3.10	3.20	3.30	3.40	3.50	3.60	3.70	3.80	3.90	4.00
		Y	6.20	6.40	6.60	6.79	7.00	7.20	7.42	7.60	7.80	8.02
	散布图											
	结论	$R^2 = 0.9999$，呈现强正相关										

中正相关	源数据	X	1.10	1.20	1.30	1.40	1.50	1.60	1.70	1.80	1.90	2.00
		Y	2.94	1.92	3.21	2.01	3.97	2.98	4.70	3.61	3.12	4.40
		X	2.10	2.20	2.30	2.40	2.50	2.60	2.70	2.80	2.90	3.00
		Y	4.90	5.43	3.33	4.34	5.97	5.76	4.78	6.72	5.44	5.56
		X	3.10	3.20	3.30	3.40	3.50	3.60	3.70	3.80	3.90	4.00
		Y	6.75	6.87	6.12	6.28	7.90	6.54	7.11	7.89	6.98	8.22

散布图

结论 $R^2 = 0.8435$，呈现中正相关

弱正相关	源数据	X	1.10	1.20	1.30	1.40	1.50	1.60	1.70	1.80	1.90	2.00
		Y	3.21	2.01	4.47	3.94	2.98	3.94	2.98	4.70	3.12	5.40
		X	2.10	2.20	2.30	2.40	2.50	2.60	2.70	2.80	2.90	3.00
		Y	5.90	6.43	2.43	3.82	6.97	4.36	3.78	7.72	5.44	7.56
		X	3.10	3.20	3.30	3.40	3.50	3.60	3.70	3.80	3.90	4.00
		Y	7.75	5.87	7.12	5.28	7.90	6.54	7.11	7.89	6.98	8.22

散布图

结论 $R^2 = 0.6228$，呈现弱正相关

续表

不相关	源数据	X	1.10	1.20	1.30	1.40	1.50	1.60	1.70	1.80	1.90	2.00
		Y	3.87	1.92	5.21	2.01	7.47	1.94	0.98	9.70	2.12	4.40
		X	2.10	2.20	2.30	2.40	2.50	2.60	2.70	2.80	2.90	3.00
		Y	10.90	0.43	3.43	5.82	2.97	9.36	0.78	2.72	9.44	2.56
		X	3.10	3.20	3.30	3.40	3.50	3.60	3.70	3.80	3.90	4.00
		Y	3.75	1.87	9.12	3.28	2.90	12.5	2.11	3.89	5.98	2.22

不相关 散布图

结论：$R^2 = 0.0081$，呈现为不相关

强负相关	源数据	X	1.10	1.20	1.30	1.40	1.50	1.60	1.70	1.80	1.90	2.00
		Y	8.11	7.81	7.61	7.72	7.29	7.01	6.81	6.81	6.25	6.26
		X	2.10	2.20	2.30	2.40	2.50	2.60	2.70	2.80	2.90	3.00
		Y	6.29	5.48	5.65	5.42	5.84	5.02	4.75	4.32	4.45	4.43
		X	3.10	3.20	3.30	3.40	3.50	3.60	3.70	3.80	3.90	4.00
		Y	4.61	4.12	3.49	3.75	3.28	3.10	2.68	2.88	2.49	2.32

强负相关 散布图

结论：$R^2 = 0.9848$，呈现强负相关

续表

<table>
<tr><td rowspan="7">中负相关</td><td rowspan="7">源数据</td><td>X</td><td>1.10</td><td>1.20</td><td>1.30</td><td>1.40</td><td>1.50</td><td>1.60</td><td>1.70</td><td>1.80</td><td>1.90</td><td>2.00</td></tr>
<tr><td>Y</td><td>7.11</td><td>7.31</td><td>7.91</td><td>7.32</td><td>7.89</td><td>7.01</td><td>6.91</td><td>5.31</td><td>6.75</td><td>5.36</td></tr>
<tr><td>X</td><td>2.10</td><td>2.20</td><td>2.30</td><td>2.40</td><td>2.50</td><td>2.60</td><td>2.70</td><td>2.80</td><td>2.90</td><td>3.00</td></tr>
<tr><td>Y</td><td>6.59</td><td>5.78</td><td>5.25</td><td>6.32</td><td>5.64</td><td>4.32</td><td>4.65</td><td>3.62</td><td>4.75</td><td>3.43</td></tr>
<tr><td>X</td><td>3.10</td><td>3.20</td><td>3.30</td><td>3.40</td><td>3.50</td><td>3.60</td><td>3.70</td><td>3.80</td><td>3.90</td><td>4.00</td></tr>
<tr><td>Y</td><td>4.21</td><td>4.82</td><td>3.99</td><td>3.15</td><td>3.68</td><td>4.90</td><td>2.98</td><td>3.18</td><td>2.49</td><td>2.82</td></tr>
</table>

中负相关 / 散布图

结论　$R^2 = 0.8500$，呈现中负相关

<table>
<tr><td rowspan="7">弱负相关</td><td rowspan="7">源数据</td><td>X</td><td>1.10</td><td>1.20</td><td>1.30</td><td>1.40</td><td>1.50</td><td>1.60</td><td>1.70</td><td>1.80</td><td>1.90</td><td>2.00</td></tr>
<tr><td>Y</td><td>6.11</td><td>7.81</td><td>5.61</td><td>7.72</td><td>8.29</td><td>5.01</td><td>7.81</td><td>6.81</td><td>4.25</td><td>5.26</td></tr>
<tr><td>X</td><td>2.10</td><td>2.20</td><td>2.30</td><td>2.40</td><td>2.50</td><td>2.60</td><td>2.70</td><td>2.80</td><td>2.90</td><td>3.00</td></tr>
<tr><td>Y</td><td>5.29</td><td>4.48</td><td>4.65</td><td>5.42</td><td>5.84</td><td>4.02</td><td>5.75</td><td>4.32</td><td>6.45</td><td>3.43</td></tr>
<tr><td>X</td><td>3.10</td><td>3.20</td><td>3.30</td><td>3.40</td><td>3.50</td><td>3.60</td><td>3.70</td><td>3.80</td><td>3.90</td><td>4.00</td></tr>
<tr><td>Y</td><td>5.61</td><td>4.12</td><td>4.49</td><td>2.75</td><td>4.28</td><td>3.10</td><td>3.68</td><td>3.88</td><td>2.49</td><td>3.32</td></tr>
</table>

弱负相关 / 散布图

结论　$R^2 = 0.5866$，呈现弱负相关

二、应用范围

在 QC 小组活动中，散布图常用于确定要因环节，用来发现和确认两个变量之间是否存在相关关系，及其相关程度，当两个变量呈现强正（负）相关、中正（负）相关时，该因素可确认为要因。当两个变量呈现不相关时，首先应判断末端原因分析是否透彻，若分析不透彻，继续分析真正的末端原因，若已分析透彻，该因素为非要因。另外，散布图也可用于选择课题、现状调查环节。

三、应用步骤

（1）收集成对数据（X，Y）（至少 30 对）。

（2）绘制 X 轴和 Y 轴，一般用横轴表示自变量，纵轴表示因变量。

（3）找出 X 和 Y 的最大值和最小值，并用这两个值标定横轴 X 和纵轴 Y。

（4）在坐标图上描点（当数据点重合时，可用同心圆表示该数据点）。

（5）分析研究数据点的分布状况，确定两个变量之间的相关关系。

四、注意事项

（1）两组变量的对应数至少在 30 个以上，最好 50 个，100 个最佳。

例：随机选取表 5-31 中不相关的 10 个数据绘制散布图，选取数据点过少的散布图案例如表 5-32 所示。

（2）若变量选择时分析不透彻，未分析出末端原因，会掩盖原本存在的相互关系，发生误判。

（3）通常横坐标轴表示自变量或原因，纵坐标轴表示因变量或效果。

（4）若散布图中出现个别数据点偏离分布曲线，应当对这些特殊点做进一步分析，查明原因，予以剔除。

表 5-32　　　　　　　　　**选取数据点数过少的散布图案例**

源数据	X	1.20	1.40	1.60	1.90	2.50	2.80	3.00	3.10	3.50	3.80
	Y	1.92	2.01	1.94	2.12	2.97	2.72	2.56	3.75	2.90	3.89

续表

散布图	
结论	$R^2 = 0.754$ 呈现弱正相关。该结论与原分析（30 个数据样本时）不一致，由此可见，数据选取不足，会造成结果的误判

（5）散布图相关规律的运用范围仅限于收集数据的范围，不能任意扩大相关推断范围。

五、应用实例解析

【例】确定主要原因

（1）确认一：试验触头接线时间。

试验触头接线时间确认表如表 5-33 所示。

表 5-33　　　　　　　　试验触头接线时间确认表

确认一	试验触头接线时间长								
确认标准	对症结的影响程度大								
通过现场测量、试验对影响程度分析	在 2020 年 1～3 月，抽样选取××、××、××等变电站，对高压断路器试验拆接连接线时间进行试验。通过现场测量、试验采样获得试验触头接线时间与症结"拆接连接线时间"相关情况，如下表所示。								
	序号	接地线安装时间（min）	拆接连接线时间（min）	序号	接地线安装时间（min）	拆接连接线时间（min）	序号	接地线安装时间（min）	拆接连接线时间（min）
	1	14.10	51.90	7	14.70	51.70	13	15.30	51.90
	2	14.20	50.60	8	14.80	52.90	14	15.40	51.80
	3	14.30	52.40	9	14.90	51.70	15	15.50	52.80
	4	14.40	51.30	10	15.00	52.20	16	15.60	52.60
	5	14.50	51.10	11	15.10	51.40	17	15.70	52.60
	6	14.60	51.40	12	15.20	51.40	18	15.80	53.90

续表

序号	接地线安装时间（min）	拆接连接线时间（min）	序号	接地线安装时间（min）	拆接连接线时间（min）	序号	接地线安装时间（min）	拆接连接线时间（min）
19	15.90	52.90	33	16.30	55.00	47	18.00	55.60
20	15.55	53.10	34	16.40	53.70	48	18.10	55.60
21	15.65	52.90	35	16.50	53.90	49	18.20	54.80
22	15.75	52.90	36	16.60	53.50	50	18.30	55.30
23	15.85	54.20	37	16.70	54.70	51	18.40	55.30
24	15.95	53.20	38	16.80	54.80	52	18.50	56.60
25	16.00	53.20	39	16.90	53.60	53	18.90	55.30
26	16.15	52.90	40	17.00	54.50	54	19.00	55.70
27	16.25	52.90	41	17.10	54.70	55	19.10	56.50
28	16.35	55.30	42	17.20	54.20	56	19.20	55.90
29	16.45	54.00	43	17.30	54.40	57	19.30	56.00
30	16.55	54.20	44	17.40	54.40	58	19.70	57.30
31	16.10	52.60	45	17.50	54.20	59	19.90	57.00
32	16.20	52.60	46	17.90	55.30	60	20.00	57.20

通过现场测量、试验对影响程度分析

通过数据分析获得相关关系如下所示。

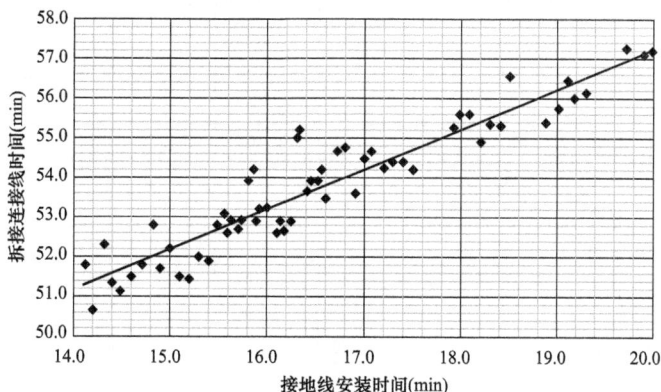

小组进行现场测量、试验、计算，由散布图可以获得 $R^2 = 0.8705$，计算过程见注。发现试验触头接线时间与症结——拆接连接线时间过长呈强正相关性，可见末端因素"试验触头接线时间长"对症结的影响程度大，为要因。

注：接地线安装时间为变量 X，拆接连接线时间为变量 Y，R^2 的计算过程如下。

$$\overline{X} = \frac{\sum_1^n x_i}{n} = \frac{14.1 + 14.2 + 14.3 + \cdots + 19.7 + 19.9 + 20}{60} = 16.6$$

$$\overline{Y} = \frac{\sum_1^n Y_i}{n} = \frac{51.9 + 50.6 + 52.4 + \cdots + 57.3 + 57 + 57.2}{60} = 53.8$$

通过现场测量、试验对影响程度分析	$R(X,Y) = \dfrac{\mathrm{Cov}(X,Y)}{\sqrt{\mathrm{Var}[X]\mathrm{Var}[Y]}} = \dfrac{\sum\limits_{i=1}^{n}(x_i-\overline{X})(y_i-\overline{Y})}{\sqrt{\sum\limits_{i=1}^{n}(x_i-\overline{X})^2}\sqrt{\sum\limits_{i=1}^{n}(y_i-\overline{Y})^2}}$ $= \dfrac{(14.1-16.6)(51.9-53.8)+(14.2-16.6)(50.6-53.8)+\cdots+(20-16.6)(57.2-53.8)}{\sqrt{(14.1-16.6)^2+(14.2-16.6)^2+\cdots+(20-16.6)^2}\sqrt{(51.9-53.8)^2+(51.9-53.8)^2+\cdots+(51.9-53.8)^2}}$ $=0.933$
确认结论	要因

（2）确认二：接地线安装时间。

接地线安装时间确认表如表 5-34 所示。

表 5-34　　　　　　　　　接地线安装时间确认表

确认二	试验触头接线时间长							
确认标准	对症结的影响程度大							
通过现场测量、试验对影响程度分析	在 2020 年 1～3 月，抽样选取××、××、××等变电站，对高压断路器试验拆接连接线时间进行试验。小组通过现场测量、试验对影响程度分析，采样获得接地线安装时间与症结"拆接连接线时间"相关情况，如下表所示。							
	序号	接地线安装时间（min）	拆接连接线时间（min）	序号	接地线安装时间（min）	拆接连接线时间（min）	序号	接地线安装时间（min）	拆接连接线时间（min）

序号	接地线安装时间（min）	拆接连接线时间（min）	序号	接地线安装时间（min）	拆接连接线时间（min）	序号	接地线安装时间（min）	拆接连接线时间（min）
1	3.60	51.90	21	3.80	52.90	41	7.10	54.70
2	1.70	50.60	22	3.30	52.90	42	3.00	54.20
3	3.00	52.40	23	3.20	54.20	43	2.90	54.40
4	1.60	51.30	24	4.40	53.20	44	2.00	54.40
5	3.30	51.10	25	4.40	53.20	45	2.90	54.20
6	3.90	51.40	26	3.30	52.90	46	2.10	55.30
7	3.80	51.70	27	1.90	52.90	47	2.20	55.60
8	2.10	52.90	28	2.90	55.30	48	4.10	55.60
9	3.40	51.70	29	2.20	54.00	49	3.90	54.80
10	1.70	52.20	30	4.20	54.20	50	2.10	55.30
11	1.70	51.40	31	1.90	52.60	51	1.90	55.30
12	3.30	51.40	32	3.70	52.60	52	2.50	56.60
13	1.60	51.90	33	3.10	55.00	53	3.80	55.30
14	2.40	51.80	34	3.40	53.70	54	3.60	55.70
15	4.00	52.80	35	4.00	53.90	55	3.90	56.50
16	2.10	52.60	36	1.80	53.50	56	3.50	55.90
17	2.30	52.60	37	2.40	54.70	57	2.50	56.00
18	1.80	53.90	38	3.70	54.80	58	4.30	57.30
19	2.40	52.90	39	2.50	53.60	59	3.60	57.00
20	1.70	53.10	40	2.90	54.50	60	2.20	57.20

续表

通过现场测量、试验对影响程度分析	通过数据分析获得相关关系如下图所示。 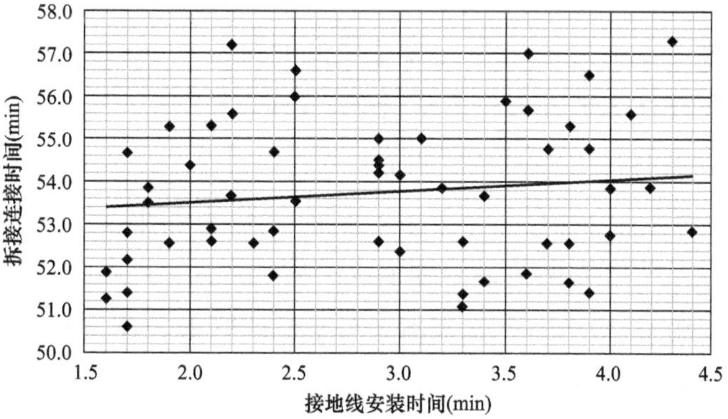 小组进行现场测量、试验、计算，由散布图可以获得 $R^2 = 0.0197$，发现接地线安装时间与症结——拆接连接线时间过长无相关性，可见末端因素"短接连接线收集时间长"对症结的影响程度小，为非要因
确认结论	非要因

第八节 直 方 图

一、概念

直方图（histogram）是频数直方图的简称，1891 年，卡尔·皮尔逊第一次提出"直方图"一词。当时他在做一个关于统计图表的讲座。直方图是从大量数据中随机抽取样本，将从样本中获得的数据按其顺序分成若干间隔相等的组，以组距为底边，以落入各组的频数为高的若干长方形排列的图形。在实际质量生产活动中，虽然工艺条件相同，但生产出的产品质量不完全相同，会在一定范围内上下波动，这种波动是否正常，是我们希望分析掌握的。直方图可将数据的质量分布规律直观形象地表现出来，可根据其形态分布，分析判断过程质量是否稳定，找出质量运动规律，估算工序不合格率。在直方图中，长方形的宽度表示数据范围的间隔，长方形的高度表示在给定间隔内的数据数目，变化的高度形态表示数据的分布情况。直方图也可以被归一化以显示相对频率，它显示了属于几个类别中的每个案例的比例，其高度总和等于 1。直方图常用于：显示质量波动的状态，分析质量原因；较直观地传递有关过程质量状况的信息，测量工序能力，估计工序不合格品率；通过研究质量波动状况，能掌握过程的状况，从而确定在什么地方集中力量进行质量改进工作。

直方图的专用名词解释如下。

（1）全距。一般用 R 表示，其值为收集数据中的最大值与最小值之差，也就是所有数据从最小到最大跨度的区间。

（2）组数。一般用 K 表示，对于所研究的数据进行分组，所分组的个数就是该直方图的组数。

（3）组距。一般用 C 表示，组距表示的是所分成组的跨度区间，在图上体现的则是柱子的宽度，且所有的组距都是相等的。

（4）下组界、上组界、公差中心。一个组的起始点称为下组界，即规格的下限，一般用 T_L 表示；一个组的末点称为上组界，即规格的上限，一般用 T_U 表示；公差中心则是本组最小值与最大值的平均值，即最大值到最小值的中心，公差中心 $M = \dfrac{T_L + T_U}{2}$。

（5）样本分布中心、样本的标准偏差。样本的分布中心是收集到的所有数据的算数平均值，一般用 $\bar{x}$ 表示。样本的标准偏差一般用 s 表示，是一种度量数据分布分散程度的标准，用以衡量数据值偏离算术平均值的程度。标准偏差越小，这些值偏离平均值就越少，反之亦然。标准偏差的大小可通过标准偏差与平均值的倍率关系来衡量。上述两个概念都是统计学上的名词。

从直方图的形状与判断、标准界限两方面展开分析，可获得数据波动情况。观察分析直方图的形状是否属于正常分布，分析过程是否处于稳定状态，判断异常产生的原因，直方图形状主要有表 5-35 所示的 6 种，其特征与原因分析也列在表中。

当直方图的形状呈正常型时，即工序在此时刻处于稳定状态时，还需更进一步将直方图同规格界限（即公差中心）进行比较，以分析判断工序满足公差要求的程度。直方图规格界限分析表将直方图常见几种典型状态，以及其分析、控制要点进行说明（见表 5-36）。

表 5-35　　　　　　　　　　直方图的形状与分析判断

常见类型	特征	图例	分析判断
正常型	中间高、两边低，有集中的趋势，左右几乎对称	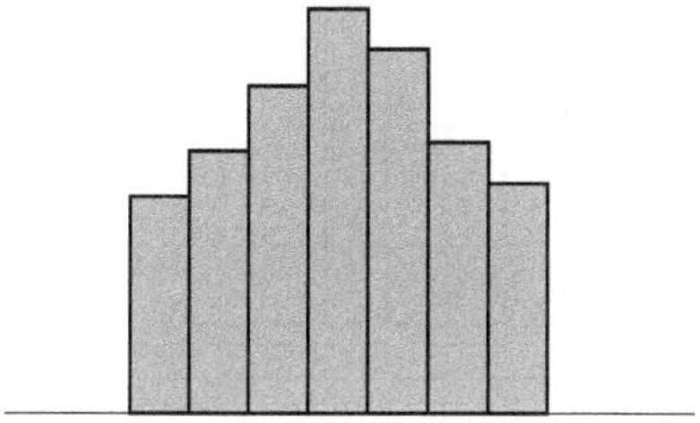	可判定工序运行正常，处于稳定状态
偏向型	偏向型分为左偏向和右偏向，表现为一端不见	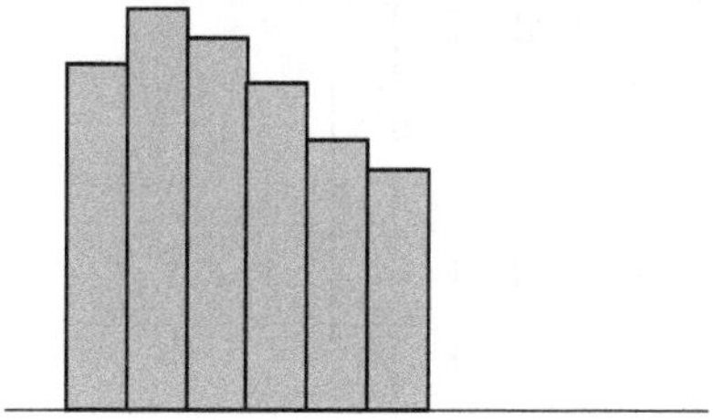	一些有形位公差要求的特性值分布往往呈偏向型；孔加工习惯造成的特性值分布常呈左偏型；轴加工习惯造成的特性值分布常呈右偏型
双峰型	直方图中出现两个尖峰	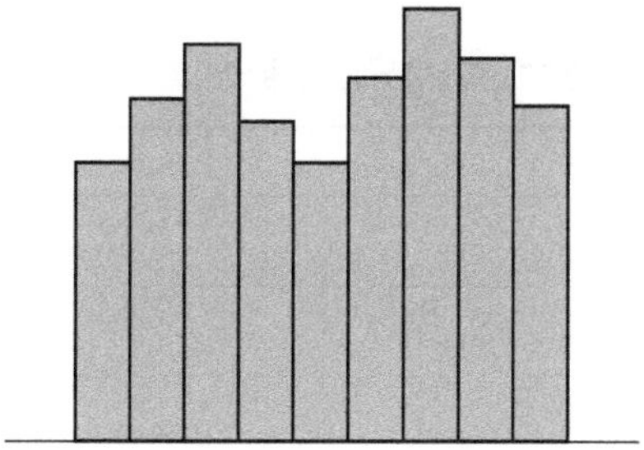	这是由于数据来自不同的总体，如来自两个工人（或两批材料、或两台设备）生产出来的产品混在一起造成的
孤岛型	图的另一端形成另一个小的直方图，类似小岛	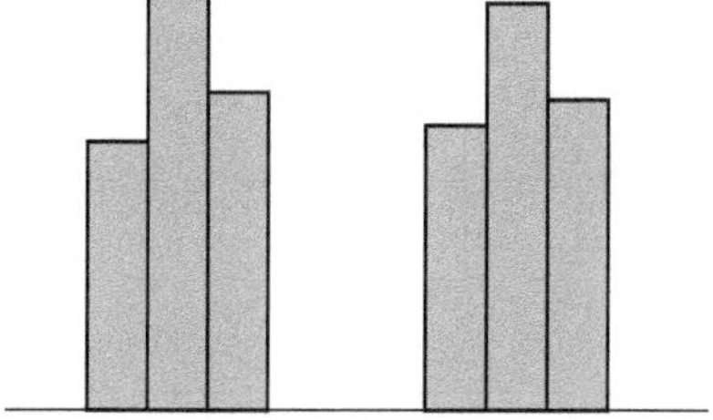	由于直方图分组过多或测量数据不准等原因造成

常见类型	特征	图例	分析判断
平顶型	中间部别高中间部分频数相似，中间部分特且部数		生产过程由缓慢因素作用引起
锯齿型	一高一低规则性，直方图呈现锯齿状		由于直方图分组过多或测量数据不准等原因造成

表 5-36　　　　　　　　　直方图规格界限分析表

图例	图形分析及控制要点
样本图形分布在公差范围内 理想型	图形呈现对称分布态势，样本分布中心$\bar{x}$与公差中心M几乎重合，样本分布在公差范围内，并且两端均有一定余量，属于理想状态。该情况下一般极少出现不合格产品，可保持当前状态，适当加以监督即可

146

图例	图形分析及控制要点
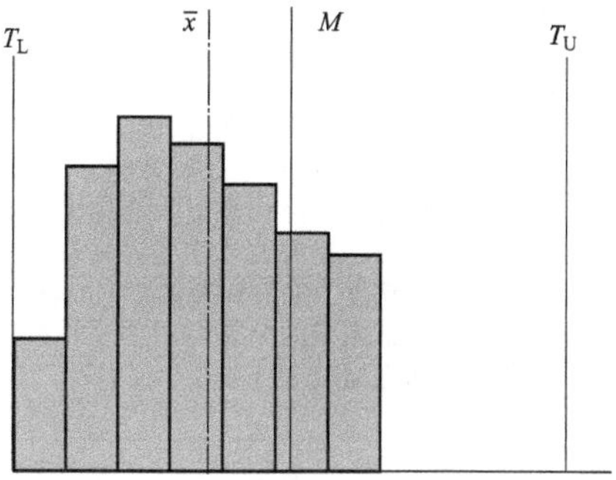 偏向型	样本分布中心 $\bar{x}$ 相对于公差中心 M 存在一个较大偏移量，当前状态下，稍有不慎，就有可能出现不合格产品。因此，需要调整分布中心 $\bar{x}$ 与公差中心 M，使其近似重合
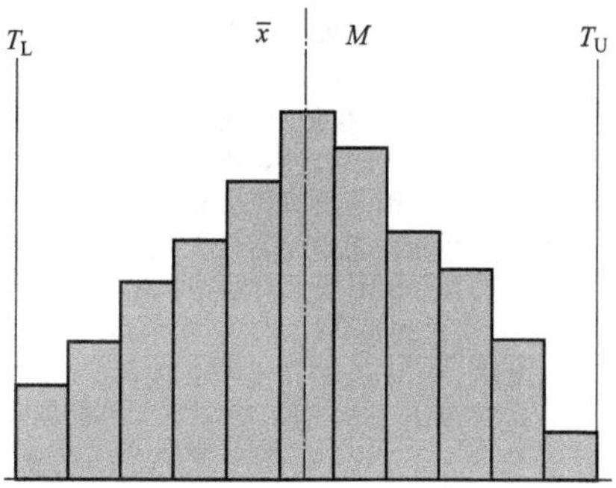 无富余型	样本分布中心 $\bar{x}$ 与公差中心 M 几乎重合，但是两边与规格的上、下限密切相连，无余量，该状态表明过程能力已达到极限，很容易出现失控现象，形成不合格产品。因此，需迅速采取相应措施，提高整体过程能力，减少标准偏差 s
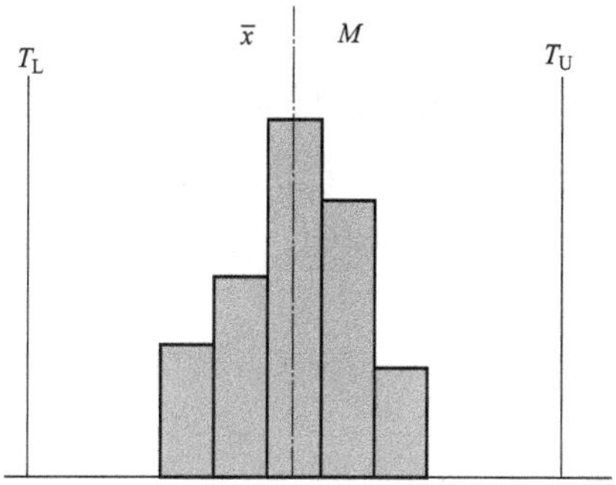 能力富余型	样本分布中心 $\bar{x}$ 与公差中心 M 近似重合，但是样本分布的两端与规格上、下限之间存在很大的余量空间，这说明，此状态工序能力过剩，经济效益较差。因此，可考虑改变工艺过程，加工精度放宽或检验频次降低，来提质增效

样本图形分布在公差范围内

147

图例	图形分析及控制要点
样本图形分布超出公差范围 能力不足型	样本分布中心 $\bar{x}$ 与公差中心 M 几乎重合，但上下分布都超出上、下界限，分布较宽，分散程度偏大。该状态下，已经出现不合格产品。因此，需要改善工艺，采取相应措施提高加工精度，降低标准偏差 s。也可继续进行分析验证规定的公差范围要求是否过于严格，可否适当放宽
能力不足型，左或右超限	样本分布中心 $\bar{x}$ 与公差中心 M 有稍偏移且存在部分分布超出上限或下限，此时，不合格产品已经出现。这类情况相对复杂，可分两种情况讨论。 （1）先调整分布中心 $\bar{x}$，与公差中心 M 近似重合，若调整后，不合格现象消失，这说明系统原因是造成不合格产品的要因，再深入分析过程能力是否需要进一步提升等，即该分布是否属于无富余型状况。 （2）如果调整后，分布中心 $\bar{x}$ 与 M 已近似重合，但不合格产品依然存在，则说明，此时过程能力已严重不足，样本分散程度过大，需要进一步改进工艺，提高加工精度，降低标准偏差 s

二、应用范围

在 QC 小组活动中，直方图可用于现状调查、确定要因、制定对策、对策实施和效果检查环节。通过直方图显示质量波动的状态，分析质量原因、直观地传递有关过程质量状况的信息，从而确定集中力量进行质量改进的工序。

三、应用步骤

（1）收集数据。作直方图的数据一般应大于 50 个。

（2）确定数据的全距（R）。用数据的最大值减去最小值。

（3）确定组距（C）。先确定直方图的组数（K），然后以此组数去除全距，可得直方图每组的宽度，即组距。组数的确定要适当。组数太少，会引起较大计算误差；组数太多，会影响数据分组规律的明显性，且计算工作量加大。

（4）确定各组的界限值。为避免出现数据值与组界限值重合而造成频数据计算困难，组的界限值单位应取最小测量单位的1/2。

（5）编制频数分布表。把多个组上下界限值分别填入频数分布表内，并把数据表中的各个数据列入相应的组，统计各组频数据。

（6）按数据值比例画出横坐标。

（7）按频数值比例画纵坐标。以观测值数目或百分数表示。

（8）画直方图。按纵坐标画出每个长方形的高度，它代表取落在此长方形中的数据数。

四、注意事项

（1）抽取的样本数量过小，将会产生较大误差，可信度低。因此，样本数不应少于50个。

（2）组数 K 选用不当，K 偏大或偏小，都会造成对分布状态的判断有误（见表5-37）。

表 5-37　　　　　　　　　　数组 K 选用表

数据个数（个）	分组数 K（组）	常用组数 K（组）
50～100	5～10	
100～250	7～12	10
250 以上	10～20	

（3）直方图一般适用于计量值数据，但在某些情况下也适用于计数值数据，这要根据绘制直方图的目的而定。

（4）图形不完整，标注不齐全，直方图上应标注公差范围线、平均值的位置（点画线表示）。

（5）直方图与质量分布调查表、柱状图、排列图形式相似，注意区分。

五、应用实例解析

【例】制订对策

直流稳压回路核心元器件就是稳压集成芯片，现进行对策评估，其可选方案见表 5-38。

表 5-38　　　　　　　　直流稳压集成芯片方案选择

具体要求	工作时能提供装置 12V 的电压，要求电压输出的波动误差要小，正常使用的时间尽可能长	
集成芯片方案	L7812	MC7812CTG
电压输出	正常工作电压 12V	正常工作电压 12V
稳压性能	电压输出误差均值 1.84，在直方图 12 上偏离公差中心，标准差 0.7，具体测试结果见表 13	电压输出误差均值 1.48，在直方图 13 上接近公差中心，标准差 0.57，具体测试结果见表 14
输出功率	18W	12W
综合评价	（1）电压输出符合 12V； （2）稳压性能较差； （3）输出功率较大，导致使用时间缩短	（1）电压输出符合 12V； （2）稳压性能较好； （3）输出功率较小，使用时间更长
结论	不采用	采用

时间：2020 年 6 月 19 日　　　地点：××工作室　　　责任人：刘×孟

稳压性能测试：

小组成员在试验室对两种芯片各进行了 100 次测试，并记录所测输出电压与目标电压 12V 的相对误差 $\overline{S}$（$\overline{S} = \dfrac{U_{测} - 12}{12} \times 10\%$，要求相对误差 $\overline{S} \leqslant 3\%$），结果如表 5-39、表 5-40 所示。

表 5-39　　　　　　　　L7812 稳压性能测试表

电压输出误差统计（%）									
1.09	2.44	2.37	2.34	1.51	1.3	1.5	2.40	2.13	2.89
1.35	2.12	1.73	0.4	1.16	3.5	2.19	2.3	1.56	2
2.53	2.61	1.96	2.56	2.64	1.86	1.18	0.91	1.87	1.99

电压输出误差统计（%）									
2.38	2.07	2.04	1.79	0.73	0.9	2.31	2.03	1.22	1.62
1.28	2.26	2.78	2.06	1.80	1.91	0.5	3.01	1.83	2.84
2.80	0.85	0.99	1.57	2.29	2.71	3.2	0.80	2.73	1.93
1.95	1.26	1.91	2.68	2.47	1.67	0.96	0.60	2.23	1.65
3.30	2.59	1.32	1.89	1.97	1.07	2.53	1.48	0.89	1.24
1.59	3.1	1.76	2.17	1.46	1.39	0.1	2.01	1.84	1.12
1.20	1.69	2.5	2.25	1.54	1.43	0.67	0.77	1.65	2.20

表 5-40   **MC7812CTG 稳压性能测试表**

电压输出误差统计（%）									
0.93	1.92	1.63	2.25	1.02	1.51	0.44	1.65	1.86	1.32
1.67	1.34	1.37	0.4	1.63	1.88	1.24	1.07	1.56	1.66
1.43	1.6	1.45	1.02	1.82	1.27	1.89	1.14	2.17	0.73
1.17	2.16	1.06	1.34	2.52	1.05	1.22	1.95	1.61	2.08
2.51	1.58	1.28	0.48	0.76	2.53	2.28	0.53	2.23	0.58
1.4	0.71	2.06	1.8	0.21	1.45	1.94	1.37	1.04	0.91
1.65	0.92	2.35	1.63	1.77	0.82	0.66	1.87	1.94	2.6
1.47	1.99	1.93	1.3	1.09	1.37	0.89	1.61	1.99	0.64
1.91	1.68	1.6	2.5	1.04	0.96	0.91	0.48	2.17	2.46
1.86	0.78	1.38	0.98	2.24	1.61	0.49	1.57	0.36	2.19

根据测试误差，可得到两者的误差直方图，如图 5-27 所示。在 L7812 稳压性能测试表中一共有 100 组数据，根据表 5-40 得，可将数据分成 10 组，组距 $C=\dfrac{3.5-0.1}{10}=0.34\approx0.35$，将第一组的下界限值设定为最小值减去最小测量单位的一半，即 $0.1-0.005=0.095$，第一组的上界值为 $0.095+0.35=0.445$，频数表见表 5-41。

按工艺要求，电压输出误差在 $0\sim3\%$，$T_L=0$，$T_U=3$，

公差中心

$$M=\frac{T_L+T_U}{2}=\frac{0+3}{2}=1.5$$

样本分布中心

$$\bar{x}=\frac{1.09+2.44+\cdots+1.65+2.20}{100}=1.84$$

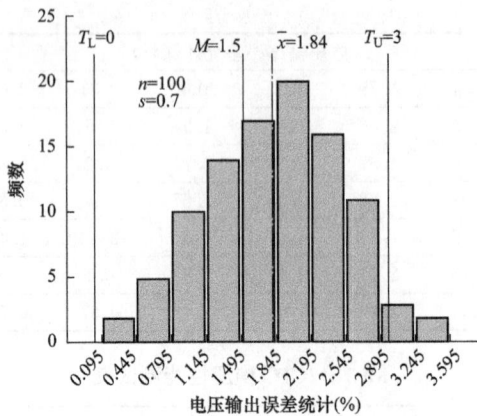

图 5-27　直方图在 L7812 电压输出误差中的应用

表 5-41　　　　　　　　　L7812 电压输出误差频数表

组号	组界值	频数统计	组号	组界值	频数统计
1	0.095～0.445	2	6	1.845～2.195	20
2	0.445～0.795	5	7	2.195～2.545	16
3	0.795～1.145	10	8	2.545～2.895	11
4	1.145～1.495	14	9	2.895～3.245	3
5	1.495～1.845	17	10	3.245～3.595	2

样本标准偏差

$$s = \sqrt{\frac{(1.09-1.84)^2 + (2.44-1.84)^2 + \cdots + (2.20-1.84)^2}{100}} = 0.7$$

从图 5-27 中可以看到，样本分布中心 $\overline{x}$ 与公差中心 M 稍有偏移，且存在部分分布超出上限，此时，不合格产品已经出现。

在 MC7812CTG 稳压性能测试表中一共有 100 组数据，根据表 5-42 得，可将数据分成 10 组，组距 $C = \frac{2.6-0.21}{10} \approx 0.24$，将第一组的下界限值设定为最小值减去最小测量单位的一半，即 $0.21-0.005=0.205$，第一组的上界值为 $0.205+0.24=0.445$，频数表见表 5-42。

按工艺要求，电压输出误差在 0～3%，$T_L=0$，$T_U=3$，

公差中心

表 5-42　　　　　　　　　　　MC7812CTG 电压输出误差频数表

组号	组界值	频数统计	组号	组界值	频数统计
1	0.205~0.445	4	6	1.405~1.645	16
2	0.445~0.685	7	7	1.645~1.885	12
3	0.685~0.925	9	8	1.885~2.125	11
4	0.925~1.165	12	9	2.125~2.365	9
5	1.165~1.405	14	10	2.365~2.605	6

$$M = \frac{T_L + T_U}{2} = \frac{0+3}{2} = 1.5$$

样本分布中心

$$\bar{x} = \frac{0.93 + 1.92 + \cdots + 0.36 + 2.19}{100} = 1.46$$

样本标准偏差

$$s = \sqrt{\frac{(0.93-1.46)^2 + (1.92-1.46)^2 + \cdots + (2.19-1.46)^2}{100}} = 0.58$$

从图 5-28 中可以看出，样本分布中心 $\bar{x}$ 与公差中心 M 几乎重合，样本分布在公差范围内，并且两端均有一定余量，属于理想状态。该情况下一般极少出现不合格产品，可保持当前状态。

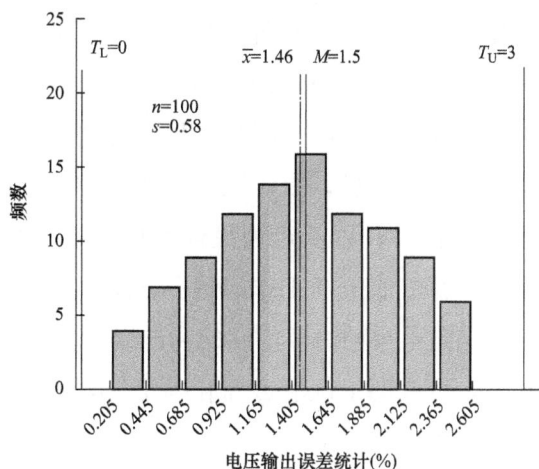

图 5-28　直方图在 MC7812CTG 电压输出误差中的应用

第九节 水平对比法

一、概念

水平对比法（bench making），是欧美各国常用的一种技术，港台地区叫作标杆管理。

水平对比法由美国施乐（Xerox）公司于1979年首创，取得了巨大的成功。20世纪70年代，日本企业在世界各地的企业参观学习，复制了其成功做法，并运用其成功做法改进了自己的产品和流程。20世纪70年代末，美国施乐公司不明白日本为什么能在美国销售成本明显低的复印机，为此公司派小组远赴日本仔细研究了竞争对手的成本和流程情况。小组发现日本企业的效率令人震惊地遥遥领先于自己的企业，于是施乐公司开始以日本同行的高效做法为标准予以效仿，带来了业绩的成倍增长。后来美国生产力与质量中心对水平对比法加以系统化和规范化。随后摩托罗拉、IBM、杜邦、通用等公司纷纷效仿施乐公司采用水平对比法，都成功地获取了竞争优势。

如今，水平对比法是一项重要的质量改进工具。采用水平对比法不是单纯地模仿，而是创造性借鉴。通过深入地思考、研究，集众家之长，开展技术创新，实现产品性能的突破。即组织将自己的产品和服务的过程或性能与公认的领先对手进行比较，以识别质量改进的机会的方法。水平对比法是组织为了改进而针对一些认定为最佳运作典范的组织，以持续的、系统化的过程评估其产品、服务和工作流程。根据水平对比法使用的频率不同，可以将其分为三类：单独的、定期的和连续的。

使用水平对比法，可有助于认清目标和确定计划编制的优先顺序，以使自己在市场竞争中处于有利地位。

水平对比法可根据比较内容和所选的目标实体进行分类。根据比较的内容，水平对比法可分为：①性能水平对比，比较性能（通常是财务上的数据），以此来确定同其他公司相比本公司的经营情况；②过程水平对比，比较经营过程的不同，因为经营过程才是产生性能差的原因所在；③战略水平对比，比较战略决策和安排，以收集信息改进自身的战略计划和定位。根据所选的目标实体，水平对比法可分为：①内部对比，这种类型的水平对比所比较的对象是同一公司或组织内部的部门或分支机构，有助于了解各部门及整个企业的现状，及各部门间的比较和学习、内部沟通网络的建立；②竞争对手对比，直接与最优的竞争对手（生产相同产品或提供相同服务的企业）比较性能、过程等，这种水平对比法是竞争分析的扩展，范围相对来说比较狭窄，但有助于提高整个竞争的层次与追求；③行业对比，与同一行业或技术领域中的非竞争对手比较过程和职能，不会立刻为企业带来实际的革新效果，但会有长远的效果；④通用水平对比，即不考虑行业的限制而与最优的过程进行比较，带来突破的新技术、新方法会给企业带来质的飞跃。

表 5-43 为用水平对比法进行分析，找出差距，提升标准水平和质量水平。

表 5-43　　产品标准（质量）主要技术指标（性能）对比分析表

质量指标名称	国/行标准编号	企业标准技术指标	本企业实物质量水平	国内先进水平	对比国外先进水平	国外先进水平公司

二、应用范围

在 QC 小组活动中，水平对比法常用于设定目标环节，从而有助于小组成员认清目标和确定计划编制的优先顺序，激发主观能动性。水平对比法还可用于选择课题、现状调查、效果检查、总结和下一步打算环节，从而经常性地发现别人的长处和自己的短处，借鉴有利于自己的东西，使自己在市场竞争中处于有利地位。

三、应用步骤

（1）选择用来进行水平比较的项目：要明确自己的产品或服务的过程或性能在哪些方面与领先对手相比，在满足顾客需求方面存在着哪些差距，将其作为水平比较的项目。选择项目时应注意，用来进行水平比较的项目是影响产品或服务的关键特性。要注意比较的项目不能过于庞大，不然会导致最后无法实施。

（2）确定对比的对象：比较的项目（或具体产品质量性能指标）或课题确定后，要选择领先对手，领先对手可能是竞争对手，也可能不是竞争对手，但在对比项目上是公认的领先者。

（3）收集数据：可通过直接接触、考察、访问、人员调查或公开刊物等途径获取有关过程性能数据和顾客需求的数据。需要时，可以组成小组开展活动，要让小组成员都清楚自己的任务，数据的收集方法参见表 5-44。

表 5-44　　　　　　　　　　水平对比法数据收集方法

数据收集方法	直接法	间接法
内部水平比较	对过程直接观察 材料研究	通常不用
外部水平比较	现场调查 问卷调查	市场分析 文化研究 会议 咨询 经验交流

（4）归纳对比分析数据：将获得的数据进行分析对比，以明确与领先者的差距，针对有关项目制定最佳的实践目标。

（5）实施改进：根据顾客的需要和领先者的绩效确定质量改进的机会，并制订实施追赶计划并予以实施。

四、注意事项

水平对比法包括两个重要方面，一方面是制订计划，不断寻找和树立国内外先进水平的标杆，通过对比和综合思考发现自己产品的差距；另一方面是不断采取设计、工艺和质量管理的改进措施，取人之长，补己之短，不断提高产品的技术和质量水平。

同时，在对比时要注意以下两种情况。

（1）经分析，如果竞争对手的对比项目的质量水平已超过了顾客的需要，则对比时至少应把它作为一个直接目标。

（2）经分析，如果竞争对手的对比项目的质量水平没有满足顾客的需要，而非竞争对手的有关项目的质量水平却满足了顾客的需要，则对比应以顾客的需要为准。

水平对比法类似于我们常说的"比学赶超"，是一项系统的持续的改进活动，不是随意的和偶然性的活动，要用于学习，赶超先进。

五、应用实例解析

【例1】 选择课题

随着用户对箱式变压器的需求量逐渐增加，公司2017年度生产箱式变压器1500余台。其环网柜至变压器部分全部采用电缆连接，因此电缆终端制作时间居高不下，所以QC小组结合同行业内优秀企业实际情况，综合分析，合理选择课题。如图5-29所示为水平对比法在选择课题中的应用。

【例2】 现状调查

1. 目标值测算

小组讨论分析，如果能解决酸碱管道法兰结晶类缺陷这个主要故障的85%，那么3ATE凝结水精处理系统缺陷数量可以降低到

$$10.2-6.3\times85\%=4.8次/月$$

2. 目标设定依据

其他电厂的ATE凝结水精处理系统缺陷数量见表5-45。

从表5-45可知，同行业电厂故障次数都不超过5.0次/月，因此可以把目标定为故障次数降低到5.0次/月。

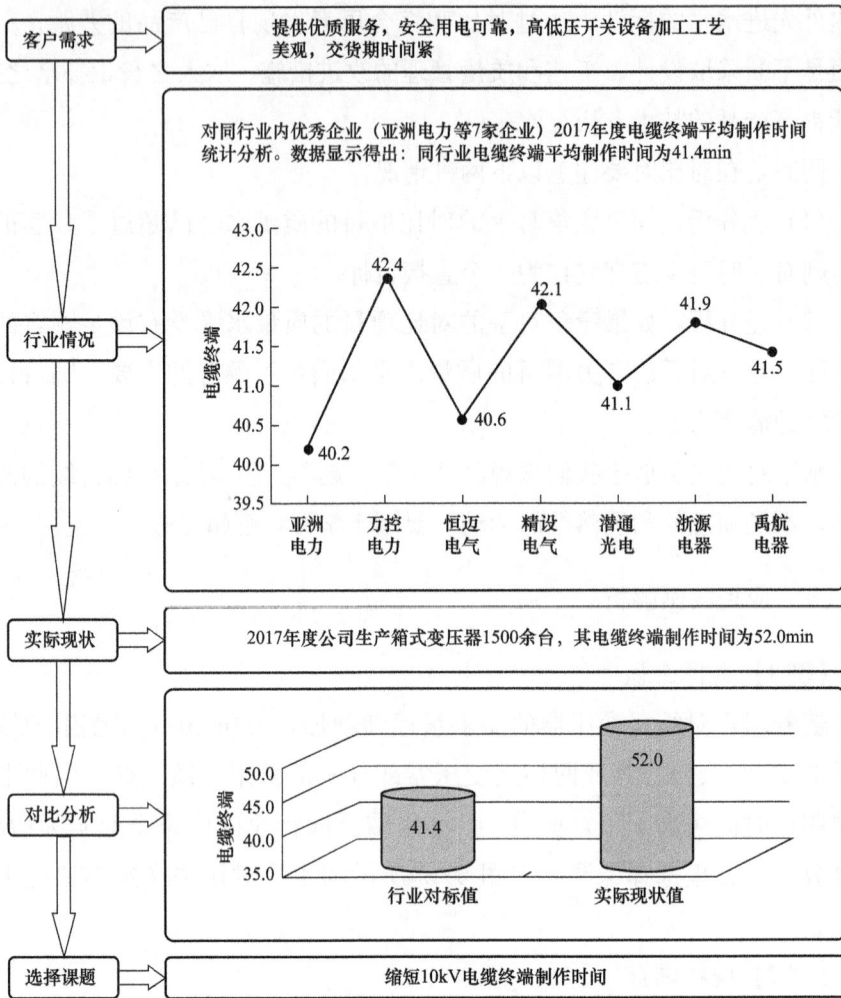

客户需求 → 提供优质服务，安全用电可靠，高低压开关设备加工工艺美观，交货期时间紧

行业情况 → 对同行业内优秀企业（亚洲电力等7家企业）2017年度电缆终端平均制作时间统计分析。数据显示得出：同行业电缆终端平均制作时间为41.4min

实际现状 → 2017年度公司生产箱式变压器1500余台，其电缆终端制作时间为52.0min

对比分析 →

选择课题 → 缩短10kV电缆终端制作时间

图 5-29　水平对比法在选择课题"缩短 10kV 电缆终端制作时间"中的应用

表 5-45　水平对比法在 ATE 凝结水精处理系统缺陷现状调查中的应用

电厂	本单位	A×电厂	B×电厂	C×电厂	D×电厂
1月（次）	10.0	3.5	4.7	4.1	5.1
2月（次）	8.0	3.7	5.0	4.1	4.7
3月（次）	9.0	3.6	4.7	4.4	4.8
月均故障（次）	9.0	3.6	4.8	4.2	4.9

第十节　PDPC法

一、概念

在质量管理中，要达到目标或解决问题，总是希望按计划推进原定各实施步骤。但是，随着各方面情况的变化，当初拟订的计划不一定行等通，往往需要临时改变计划。特别是解决困难的质量问题，修改计划的情况更是屡屡发生。为应付这种意外事件，一种有助于使事态向理想方向发展的解决问题的方法——PDPC法被提出。

PDPC的思考方法，在中国古已有之，现在运用此法分析一下大家熟知的三国故事：诸葛亮的三个锦囊。在《三国演义》中，孙权命鲁肃向刘备讨伐荆州，恰逢刘备夫人的丧礼。鲁肃讨荆州未遂。于是，周瑜献计让孙权把自己的妹妹嫁给刘备，欲用美人计将刘备扣留于东吴。诸葛亮识破周瑜、孙权的计谋，将三个锦囊妙计授予随行的护卫赵云，最后将周瑜、孙权的阴谋击破。这段故事的经过和程序如图5-30所示。

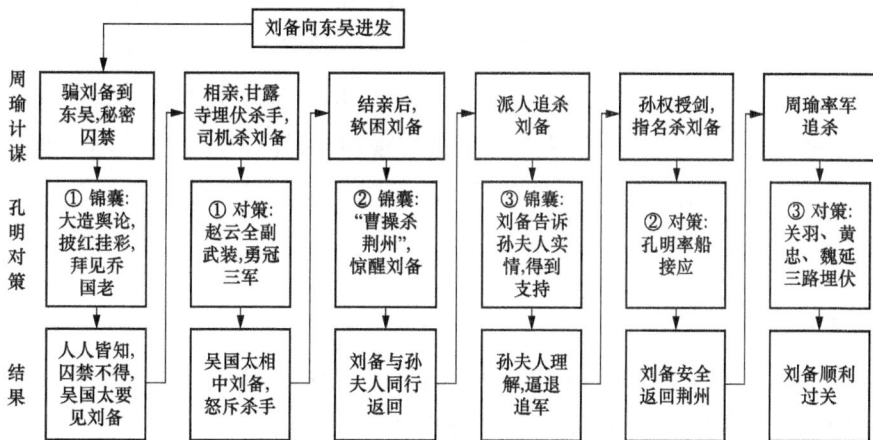

图5-30　诸葛亮三个妙计中的PDPC法

PDPC法的特征是使用预测科学系统论的思想方法，对实现理想目标进行方案设计，在完成某个任务或达到某个目标过程中，制订行动计划或进行方案设计时，预测可能出现的障碍和结果，并相应地提出多种应变计划的一种方法。这样在计划执行过程中遇到不利情况时，仍能按第二、第三或其他计划方案进行，以便达到预定的计划目标。是针对为了达成目标计划，尽量导向预期理想状态的一种手法。通俗地讲该法就是"多做几手准备"，事先想到困难并安排应急措施的一种计划方法。

　　PDPC 法适用于：方针管理中实施项目的计划拟定；制程中不良现象的防止及对策拟定；重大事故预测及防止；新产品、新技术的开发主题的计划决定。PDPC 法具有以下特点：是动态的手法；兼具预见性与临时应变性；能提高目标的达成概率；有利于负责人对整个局势的掌握；能使参与人员的构想、创意得以尽情地发挥。

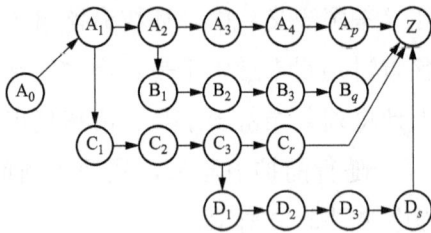

图 5-31　PDPC 基本形式

A₀—初始状态；Z—理想目的；

→—过程流向

PDPC 基本形式如图 5-31 所示。

图 5-31 表示：从初始状态 A_0 实施 $A_1 \rightarrow A_2 \rightarrow A_3 \rightarrow A_4 \rightarrow \cdots \rightarrow Z$ 来实现理想目的是最好的方案。预计 A_2 项目实施把握不大，如果不顺利时则改用 $B_1 \rightarrow B_2 \rightarrow B_3 \rightarrow B_4 \rightarrow \cdots \rightarrow Z$ 这一方案来达到理想目的。假如工作刚开始 A_1 就受到严重阻碍，只有使用 $C_1 \rightarrow C_2 \rightarrow C_3 \rightarrow C_4 \rightarrow \cdots \rightarrow Z$ 这一方案来实现理想目的，此方案虽不如前两个方案，但也能达到目的。若一旦 C_3 受阻，则从 C_3 转入 $D_1 \rightarrow D_2 \rightarrow D_3 \rightarrow D_4 \rightarrow \cdots \rightarrow Z$ 程序，也还是能够实现理想目的的。

二、应用范围

　　在 QC 小组活动中，PDPC 法常用于制定对策和对策实施环节。质量管理小组在实施过程中可使用它来辅助实现对策目标；也可用它在构思新的设计方案时优化方案。在制订计划阶段或进行系统设计时，使用 PDPC 法可事先预测可能发生的障碍、不理想事态或结果，从而设计出一系列对策措施，以最大的可能引向最终目标，达到理想结果。

三、应用步骤

（1）确定所要解决的课题。

（2）提出达到理想状态的手段、措施。

（3）对提出的措施，列举出预测的结果及遇到困难时应采取的措施和方案。

（4）将各研究措施按紧迫程度、所需工时、实施的可能性及难易程度予以分类。

（5）决定各项措施实施的先后顺序，并用箭头向理想状态方案连接起来。

（6）落实实施负责人及实施期限。

（7）不断修订 PDPC。

四、注意事项

（1）要密切注意系统进程的动向，掌握系统输入与输出间的关系，随着新事实的发现或新情况的进展，不断补充、修订计划措施，随时改进 PDPC。

（2）最终实现理想目的，只实施一个方案。

（3）动态管理时，应做好各种方案的资源准备，力争实现第一方案。

（4）需要与系统图区分开，分清层次；不能与关联图混淆，明确关系。

五、应用实例解析

【例1】对策实施

PDPC 法在对策实施中的应用如图 5-32 所示。

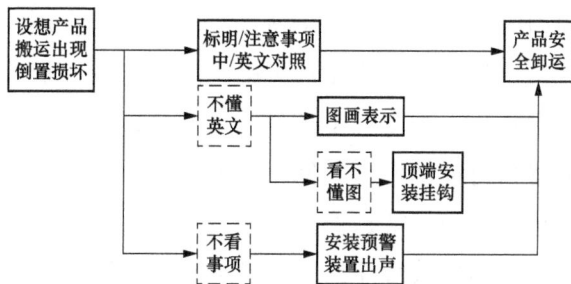

图 5-32　PDPC 法在对策实施中的应用（1）

【例2】 对策实施

PDPC 法在对策实施中的应用如图 5-33 所示。

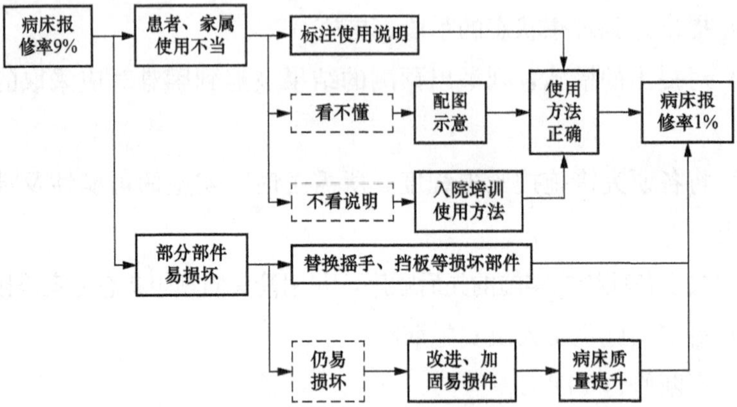

图 5-33　PDPC 法在对策实施中的应用（2）

第十一节　因　果　图

一、概念

因果图（cause-and-effect diagram）由日本管理大师石川馨所发明，故又名石川图，其形状像鱼刺，因此又名鱼骨图。因果图是一种发现问题根本原因的方法，透过现象看本质的方法，它以结果作为特性，以原因作为因素，在它们之间用箭头联系表示因果关系，从而表现质量特性波动与其潜在（隐含）原因的关系，其特点是简捷实用，深入直观。它通过头脑风暴法来追查原因，让员工集思广益地去解决问题，也特别适合于工作小组中实行质量的民主管理。当出现了某种质量问题，未搞清楚原因时，可针对问题发动大家寻找可能的原因，使每个人都畅所欲言，把所有可能的原因都列出来。所谓因果图，就是将造成某项结果的众多原因以系统的方式图解，即以图来表达结果（特性）与原因（因素）之间的关系。

各种原因可归纳为类别原因和子原因（见图 5-34），为解析要因应将要因从大骨一直细分到中骨、小骨、细骨……

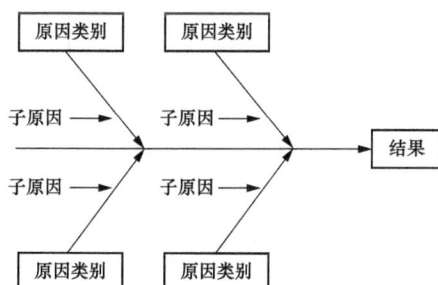

图 5-34　因果图框架

二、应用范围

在 QC 小组活动中，因果图常用于原因分析环节。因果图可用于分析、表达因果关系，通过识别症状、分析原因、寻找解决问题的方法措施，有利于找到问题的症结原因，然后对症下药，解决质量问题。

三、应用步骤

（1）简明扼要地规定结果，即规定需要解决的质量问题，如不良率、尺寸偏差等品质特性。

（2）规定可能发生的原因的主要类别。这时可以考虑下列因素作为主要类别：数据和信息系统、人员、机器设备、材料、方法、测量和环境等。

（3）开始画图。从左往右画一条带箭头的粗线，称为脊椎骨，把结果在右边的矩形框中，然后把各类要因放在它的左边，作为结果框的输入。

（4）寻找所有下一个层次的原因并画在相应的枝上；继续一层一层地展开下去。一张完整的因果图展开的层次至少应有两三层（见图 5-35），三层以上的展开建议用树图。

四、注意事项

（1）聚集全体的知识和智慧来制定：在制作因果图时，应尽可能采取头脑风暴法等方法，让 QC 小组全体成员积极参与，充分交换意见。

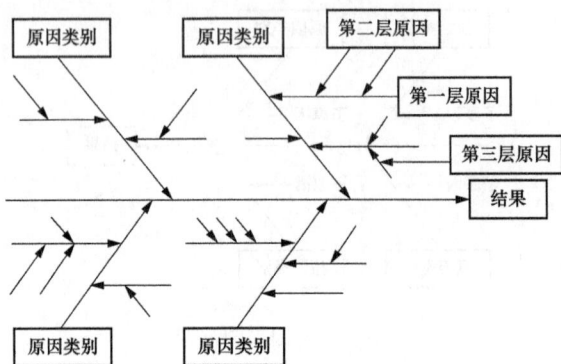

图 5-35　因果图层次展开示意图

（2）确定要分析的主要质量问题（特性）不能笼统，一个主要质量问题只能画一张因果图；多个质量问题则应画多张因果图。因果图只能用于单一目标的分析。

（3）彻底查明原因（多问为什么——5WHY）：不仅只注意到大骨和中骨，追查要因须深入到小骨、细骨的层次。

（4）因果关系的层次要分明，最高层次的原因应寻求到可以直接采取对策为止。

（5）不要用脑去想，而是收集现场的问题点：为了更易找到原因乃至对策，与其把课题本身当作特性，不如对课题进行分层，按分层后的现象收集现场问题点，再追究原因。

（6）因果图绘图过程时填写鱼头，画出主骨，接着画出大骨，填写大要因，画出中骨、小骨，填写中小要因，用特殊符号标识重要因素。在绘图时，应保证大骨与主骨成 60°夹角，中骨与主骨平行。

五、应用实例解析

【例 1】原因分析

运用因果图对造成焊接气孔进行原因分析，如图 5-36 所示。

图 5-36　因果图在焊接气孔原因分析中的应用

【例2】原因分析

运用因果图对充电接触不良进行原因分析，如图 5-37 所示。

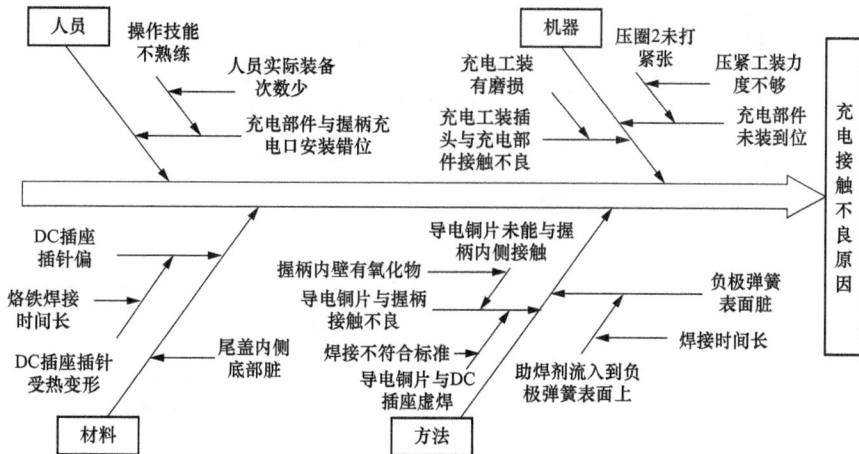

图 5-37　因果图在充电接触不良原因分析中的应用

【例3】原因分析

运用因果图对风速调整机构生产力低进行原因分析，如图 5-38 所示。

165

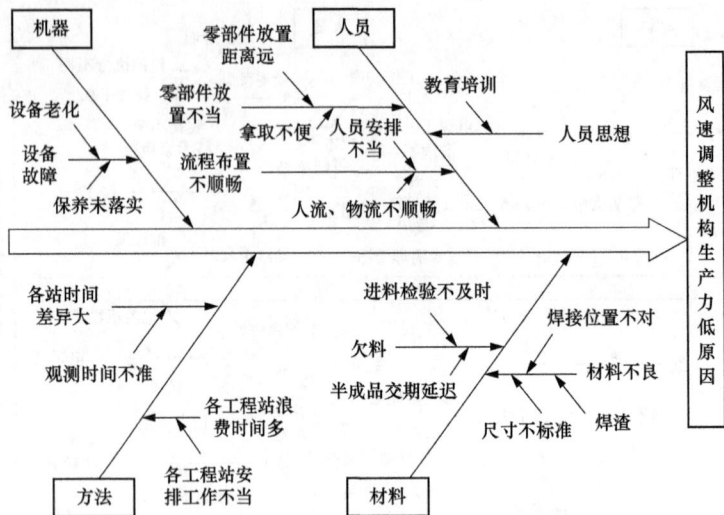

图 5-38　因果图在风速调整机构生产力低原因分析中的应用

【例 4】 原因分析

运用因果图对设备漏油进行原因分析，如图 5-39 所示。

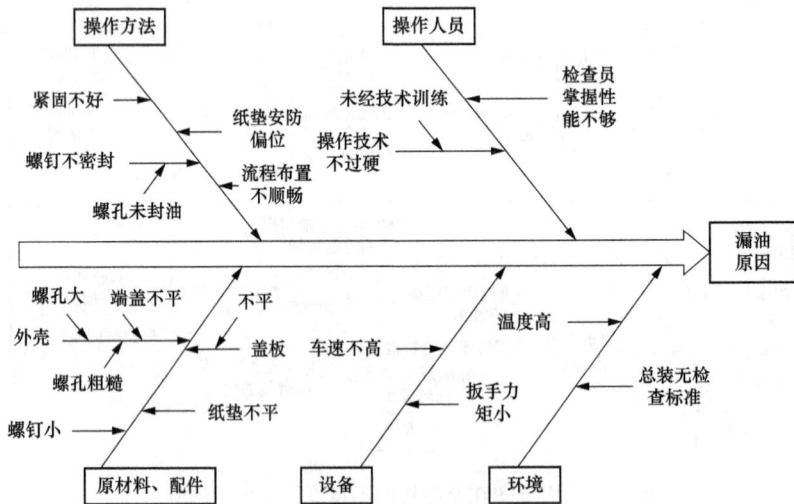

图 5-39　因果图在设备漏油原因分析中的应用

第十二节　流　程　图

一、概念

流程图（flowchart）就是将一个过程（如工艺过程、检验过程、质量改进过程等）的步骤用图的形式表示出来，记录流程的每一步骤、输入 x 及输出 y 以及改善的机会。通过对一个过程中各步骤之间关系的研究，一般能发现故障的潜在原因，知道哪些环节需要进行质量改进。

流程图来源于计算思维。如今，计算思维作为一种解决问题的重要技能，被认为是与阅读、写作、计算一样的当代学习者自我发展必备的基本素养之一，流程图就是一种计算思维加工过程的可视化承载工具。流程图的运用强调为学习者建立一种以计算的视角和方法参与问题解决全过程的全新能力，涉及思维加工过程在问题的识别与理解、问题的分解与重构、方案的设计与实施等多个环节的综合发展。

流程分析技术是一种非常流行的分析过程状况及能力的方法，是在六西格玛管理中用来认识过程，进而对其进行改善的有力工具。

流程图有许多用途：为现状提供细致的描述，以利于讨论及沟通；定义并突破流程中需要改善的地方，也许是减少无价值的步骤或增加需要的步骤，其取决于流程的特定结果；把幕后的工序文件化。

流程图由一系列容易识别的标志构成，一般使用的标志如图 5-40 所示。

二、应用范围

在 QC 小组活动中，流程图可用于选择课题、现状调查、制定对策、对策实施和制定巩固措施环节。流程图可以用于从材料流向产品销售和售后服务的全过程环节，可以用来描述现有的过程，也可用来设计一个新的过程。流程图在 QC 小组活动和质量改进活动中有着广泛的用途。

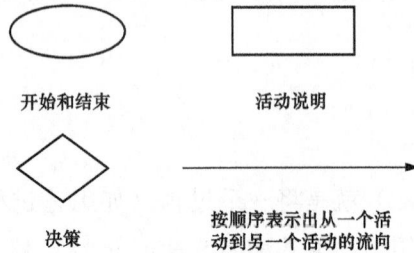

图 5-40　流程图标志

三、应用步骤

描述和分析现有过程的流程图的步骤如下。

（1）判别过程的开始和结束。

（2）观察从开始到结束的整个过程。

（3）规定在该过程中的程序（输入、活动、判断、决定、输出）。

（4）画出表示该过程的流程草图。

（5）与该过程中所涉及的有关人员共同评审该草图。

（6）根据评审结果改进流程草图。

（7）与实际过程比较，验证改进后的流程图。

（8）注明正式流程图的形成日期，以备将来使用和参考（它可用作过程实际运行的记录，也可用于判断质量改进的时机）。

设计新过程的流程图的步骤如下。

（1）判别该过程的开始和结束。

（2）使这个新过程中将要形成的程序（输入、活动、判断、决定、输出）形象化。

（3）确定该过程中的程序。

（4）画出表示该过程的程序草图。

（5）与预计该过程将要涉及的有关人员一起评审该流程草图。

（6）根据评审结果改进流程草图。

（7）注明正式流程图的形成日期，以备将来使用和参考（它可用作过程实际运行的记录，亦可用于判断质量改进的时机）。

四、注意事项

（1）绘制流程图时，为了提高流程图的逻辑性，应遵循从左到右、从上到下的顺序排列。一个流程从开始符开始，以结束符结束。开始符号只能出现一次，而结束符号可出现多次。若流程足够清晰，可省略开始、结束符号。

（2）菱形为判断符号，必须要有"是"和"否"（或 Y 和 N）"两种处理结果，意思是说，菱形判断框一定需要有两条箭头流出；且判断符号的上下端流入流出一般用"是"（或 Y），左右端流入流出用"否"（或 N）。

（3）同一流程图内，符号大小需要保持一致，同时连接线不能交差，连接线不能无故弯曲。

（4）流程处理关系为并行关系的，需要将流程放在同一高度。

（5）必要时应采用标注，以此来清晰地说明流程，标注要用专门的标注符号。

（6）处理流程须以单一入口和单一出口绘制，同一路径的指示箭头应只有一个。

五、应用实例解析（新增）

【例】对策实施

为提高统计月报填报效率，QC 小组针对统计环节多、流程复杂的特点，对统计流程进行规范化处理，报送流程如图 5-41 所示。

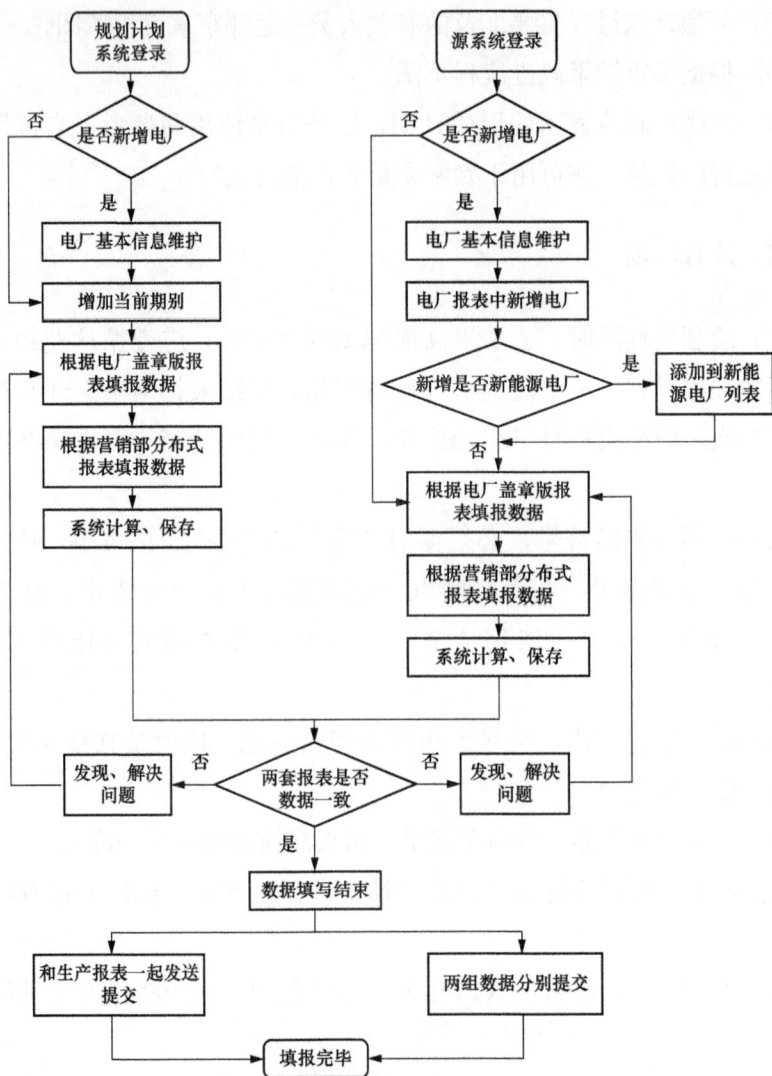

图 5-41　月报报送流程图

第十三节　关　联　图

一、概念

关联图就是把关系复杂而相互纠缠的问题及其因素，用箭头连接起来的一种图示分析工具，从而找出主要因素和项目的方法。关联图于 20 世纪 60 年代由日本应庆大学的千住振雄教授开发出来，正式的全名叫作管理指标间的关联分析。

关联图又称关系图，是用来分析事物之间原因与结果、目的与手段等复杂关系的一种图表，它能够帮助人们从事物之间的逻辑关系中，寻找出解决问题的办法。关联图法是用关联图来整理、分析、解决在原因和结果、目的和手段等方面存在复杂关系的问题的一种方法。关联图法可以用来分析和解决企业活动以至社会活动中的许多复杂问题。

关联图由圆圈（或方框）和箭头组成，其中圆圈中是文字说明部分，箭头由原因指向结果，由手段指向目的。文字说明力求简短、内容确切易于理解，重点项目及要解决的问题要用双线圆圈或双线方框表示。

关联图法适用于多因素交织在一起的复杂问题的分析和整理，它将众多的影响因素以一种较简单的图形来表示，易于抓住主要矛盾、找到核心问题，也有益于集思广益，迅速解决问题。

关联图的基本类型有中央集中型关联图、单侧汇集型关联图，根据最终问题的数量又可分为单一核心问题型关联图和多个核心问题型关联图（见图 5-42～图 5-44）。

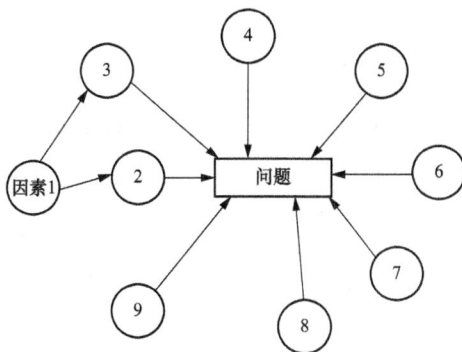

图 5-42　中央集中型关联图示例（单一核心问题型）

二、应用范围

关联图经常用于 QC 小组活动中的原因分析程序，它的应用范围十分广泛，主要有：

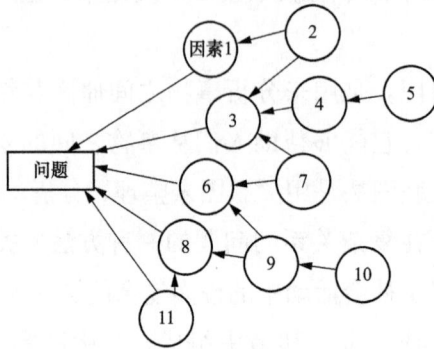

图 5-43　单侧汇集型关联图示例（单一核心问题型）

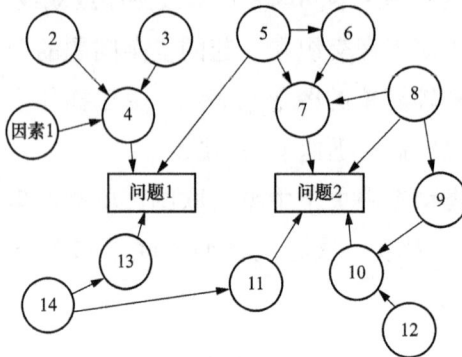

图 5-44　中央集中型关联图示例（多个核心问题型）

（1）研究解决如何提高产品质量和减少不良品的措施。

（2）从大量的质量问题中，找出主要问题和重点项目。

（3）研究满足用户的质量、交货期、价格及减少索赔的要求和措施。

（4）研究解决如何用工作质量来保证产品质量问题。

三、应用步骤

关联图法的使用非常简单，它先把存在的问题和因素转化为短文或语言的形式，再用圆圈或方框将它们圈起来，然后再用箭头符号表示其因果关系，借此来进行决策、解决问题。其具体绘制方法如下。

（1）确定要分析的问题。问题宜用简洁的主语＋谓语的短语表述，一般用粗线方框圈起。一个粗方框只圈一个问题，多个问题则应用多个粗方框圈起来。问题识别规则是箭头只出不进。

（2）召开诸葛亮会。与会者应用头脑风暴法就分析的问题充分发表意见，找因素（手段）。

（3）边记录、边绘制、边反复修改关联图。

（4）用箭头表示原因与结果（目的与手段）的关系；箭头指向是原因指向结果。

（5）原因要深入细致地分析，直至找到末端因素。

末端因素应是可以直接采取对策的原因，其标识标志是箭头只出不进。

四、注意事项

（1）用因果分析关联图时，要因必是对其末端因素逐一经现场验证并做出标识的。

（2）因素查找可从人、机、料、法、环、测等方面考虑。

（3）针对找到的因素排序时，为制图方便可适当调换位置。

（4）中间关键因素也要作为主因对待。

（5）图中一定有若干相互关联的因素。

五、应用实例解析

【例1】原因分析

小组成员召开会议，运用头脑风暴法，针对主要症结"车程耗时"与"静态放电试验"，从"人员、机器、材料、方法、测量、环境"因素的角度找出了10条末端因素。由于末端因素之间有交叉影响，因此绘制中央集中型关联图，如图5-45所示。

【例2】原因分析

小组成员召开会议，运用头脑风暴法，针对主要症结"运杆时间长"，从"人、机、料、法、法、环"等因素的角度找出了8条末端因素。由于末端因素较多，因此绘制中央集中型关联图，如图 5-46 所示。

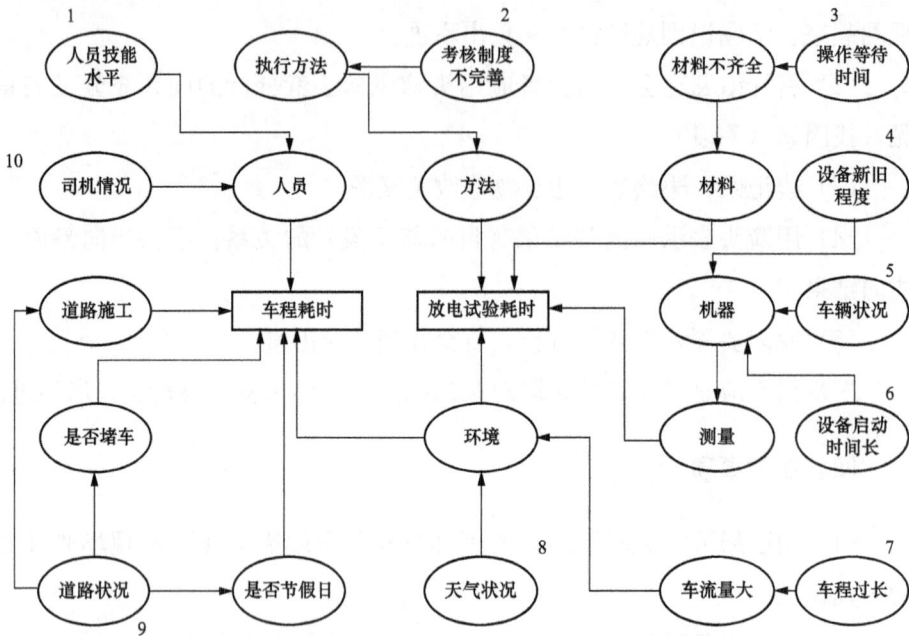

图 5-45　中央集中型关联图在"车程耗时"与"静态放电试验"原因分析中的应用

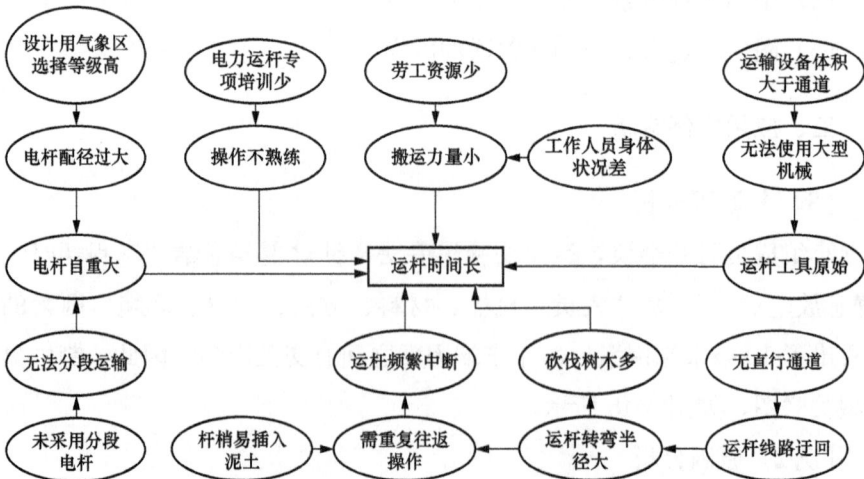

图 5-46　中央集中型关联图在"运杆时间长"原因分析中的应用

第十四节　控　制　图

一、概念

控制图（control chart）又叫休哈特图、管制图，它是美国人休哈特在1924 年创造发明的，在 20 世纪初，生产操作与检验初步分离，然而这种方法存在质量鉴定成本高、无法预防控制的弊端，针对这个问题，休哈特博士利用数理统计学的原理来解决，提出控制与预防相结合的方法，成功创造了控制图，用来测定、记录、评估控制质量特性，区分该质量过程的异常波动（由系统原因引起，属于异常波动）和偶然波动（由过程中的随机原因引起，属于正常波动），从而分析判断过程是否处于控制状态。第一次世界大战后期，美国国防部运用控制图解决了 300 万参战士兵的服装军需供应问题。控制图示意图如表 5-46、图 5-47 所示，有三条平行于横轴的直线：中心线（central line，CL）是所控制的统计量的平均值 $\overline{X}$，图中用实线表示；上控制界限（upper control limit，UCL），通常设置为 $\overline{X}+3\sigma$，图中用虚线表示；下控制界限（lower control limit，LCL），通常设置为 $\overline{X}-3\sigma$，图中用点划线表示。数据点按抽样时间或样本序号依次排开，连接成线。

表 5-46　　　　　　　　　　控制图示意图源数据

样本号	样本统计量	样本号	样本统计量	样本号	样本统计量
1	11.3	6	14.1	11	12.6
2	12.8	7	12.1	12	10.9
3	11.0	8	12.9	13	12.7
4	12.5	9	11.7	14	12.1
5	13.5	10	11.8	15	12.1

控制图的主要作用即通过观察控制图上产品过程质量特性值的分布情况，分析、判断生产过程是否发生异常，一旦出现异常状况，需及时采取

必要的措施以消除异常，令生产过程恢复稳定状态。另外，也可以运用控制图使生产过程达到统计控制的状态。

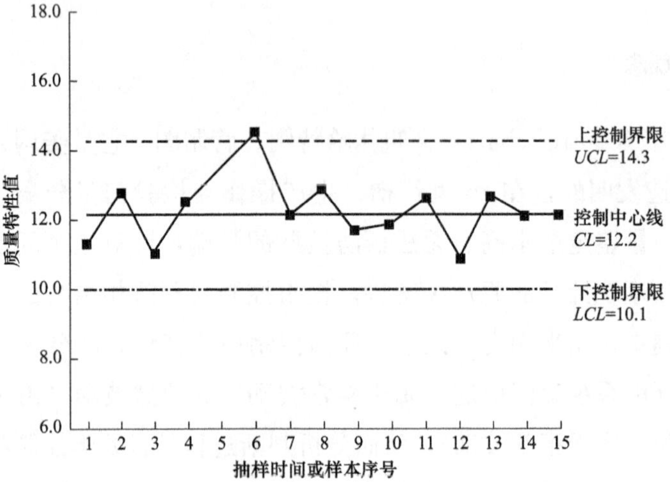

图 5-47　控制图的示意图

控制图根据统计数据的类型，可分为两大类：计量值控制图（包括均值标准差控制图、均值极差控制图、单值移动极差控制图、中位数极差控制图）和计数值控制图（包括不合格品率控制图、不合格品数控制图、缺陷数控制图、单位缺陷数控制图等），其中，平均值和极差控制图是最常用的一种类型。各类控制图的种类及适用场合如表 5-47 所示。控制图异常特性介绍表如表 5-48 所示。

表 5-47　　　　　　　　　　控制图种类及适用场合

类别	名称	符号	特点	适用场合
计量值控制图	均值标准差控制图	$\overline{X}-R$	判断质量过程是否正常的效果好，但计算量较大，是控制图中最常用的一种	适用于样本量大的质量过程
	均值极差控制图	$\overline{X}-s$	判断质量过程是否正常的效果好，但计算量较大	适用于样本量大的质量过程，通常样本容量超过 10

续表

类别	名称	符号	特点	适用场合
计量值控制图	单值移动极差控制图	$X-R_S$	可简单便捷地判断质量过程是否处于正常稳定状态,但发现质量过程分布中心变化的灵敏度较差	需快速发现质量过程异常,且单次仅能得到一个数据
	中位数极差控制图	$\tilde{X}-R$	计算简单便利,但效果不佳	适用于样本量较大的质量过程,对质量控制无过高要求
计数值控制图	不合格品率控制图	np	计算简单便捷且易于理解	样本容量相等
	不合格品数控制图	p	计算量较大,控制线呈现凹凸不平状态	样本容量不等
	缺陷数控制图	c	较常用,计算简单	样本容量相等
	单位缺陷数控制图	u	计算量较大,控制线呈现凹凸不平状态	样本容量不等

表 5-48   控制图异常特性介绍表

序号	异常特性	图例
1	存在数据点超出控制界限范围,大于 UCL 或小于 LCL	
2	连续 6 个数据点呈现递增状态或递减状态	

序号	异常特性	图例
3	连续 8 个数据点位于中心线的同一侧	
4	在选取的样本中相邻数据点总是呈现一上一下的状态	
5	超过 12 个数据点都位于一区范围内	
6	连续 8 个数据点位于一区或二区范围内，且无一落在三区范围	

二、应用范围

控制图可用于 QC 小组活动中的选择课题、现状调查、目标可行性论证、效果检查和制定巩固措施程序中，用来度量质量过程的稳定性，判定质量过程是否得到了有效的改善，确定质量过程何时需要调整，何时质量过程处于稳定状态。

三、应用步骤

（1）选取对象，确定控制图要检测的关键质量特性，如不合格率、质量等。

（2）可根据表 5-47 选用合适的控制图类型。

（3）确定样本容量和抽样间隔。

（4）收集、整理质量过程数据样本，一般收集的记录不少于 20 个样本的数据。

（5）计算样本控制中心线、控制上下界限。

（6）根据样本绘制控制图。

（7）过程受控状态初始分析；可根据表 5-48 判断质量过程是否存在异常状态，若发现异常需要在图中标注明确。

（8）确定下一步行动。对于异常波动：分析原因，采取相应措施，使质量过程恢复正常。对于正常波动：进一步改进，减小变差的一般原因，提质增效。

四、注意事项

（1）当所控制的质量过程产生样本不具备重复性，或仅少数几次具有重复性，该过程不适宜使用控制图分析。

（2）当 5M1E 因素未加控制或过程处于不稳定状态时，不适于用控制图分析。

（3）当一个质量过程中需要控制的质量特性有多个，则选取其中的关键质量特性进行控制，必要时，可进行分层控制。

（4）当 5W1M 发生变化时，应及时调整控制线。

（5）避免因画法不规范或作图不完整导致图示错误。

（6）注意区分控制图与运行图或预控制图，不要混淆。

五、应用实例解析

【例】效果检查

QC 小组新研制了一台装填机，为了解装填结果的控制状态，采用控制图进行分析，判断质量过程是否处于稳定状态。将多装量看成需要控制的对象，收集了大量数据，如表 5-49 所示。

表 5-49　　　　　　　多装量和样本统计量　　　　　　　单位：g

样本号	X_1	X_2	X_3	X_4	X_5	$\overline{X}$
1	4.3	3.1	4.2	3.3	1.8	3.34
2	3.2	2.3	7.2	2.1	0.0	2.96
3	2.3	1.1	7.2	2.3	2.1	3.00
4	7.3	1.0	0.0	2.4	5.2	3.18
5	2.1	4.3	3.0	4.5	5.2	3.82
6	5.3	1.2	4.3	3.1	4.2	3.62
7	0.0	3.2	3.2	2.3	7.2	3.18
8	2.1	5.2	2.3	1.1	7.2	3.58
9	4.3	3.1	4.2	3.3	1.8	3.34
10	3.2	2.3	7.2	2.1	0.0	2.96
11	2.3	1.1	3.2	2.3	1.1	2.00
12	7.3	1.0	0.0	2.8	3.2	2.86
13	4.3	3.1	4.2	3.3	1.9	3.36
14	3.2	2.3	7.2	2.1	0.0	2.96
15	2.2	1.1	2.2	2.3	2.1	1.98
16	1.3	1.0	2.0	2.5	1.2	1.60
17	7.3	3.1	4.6	3.6	1.8	4.08
18	4.2	2.5	7.2	2.1	0.0	3.20
19	2.7	1.1	7.2	2.2	2.7	3.18
20	7.1	0.0	0.0	2.4	5.2	2.94
累计					$CL=3.06$	

第一个样本计算

$$\overline{X} = \frac{4.3 + 3.1 + 4.2 + 3.3 + 1.8}{5} = 3.34$$

$$\sigma = \sqrt{\frac{1}{N}\sum_{1}^{N}(x-x_i)^2} = \sqrt{\frac{1}{20}\left[(3.34-3.06)^2 + \cdots + (2.94-3.06)^2\right]} = 0.59$$

$$UCL = 3.06 + 3 \times 0.59 = 4.83$$

$$LCL = 3.06 + 3 \times 0.59 = 1.28$$

从图 5-48 中可以看出，该控制图处于正常的波动状态。

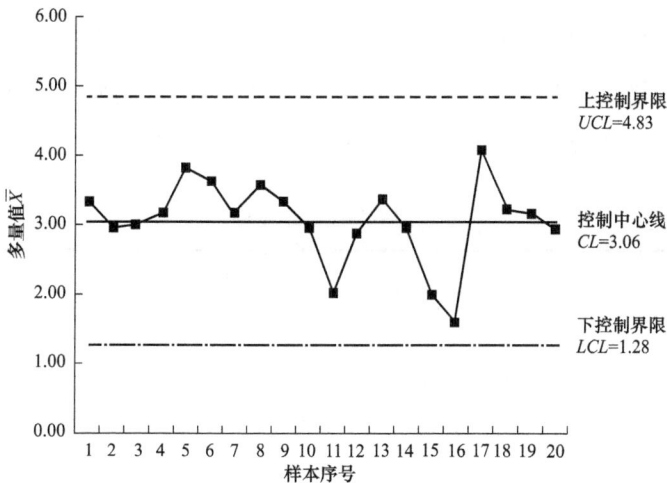

图 5-48　控制图在装填机多装量效果检查中的应用

第十五节　矩　阵　图

一、概念

矩阵图（matrix chart）将复杂纠缠的多维数据，以矩阵的形式分析问题与因素、因素与因素、现象与因素之间的相互关系，然后简化数据使问题点明确。一般把问题、因素、现象放在图中的行或列的位置，而把他们之间的相关关系放在行和列的交点处，并用不同的符号表示出他们的相关程度。矩阵图的最大优点在于，寻找对应元素的交点很方便，而且不会遗漏，显示对应元素的关系也很清楚。常用的相关程度符号有三种：△、○、

181

◎。其中：△代表不相关（或可能有关系）；○代表弱相关（或有关系）；◎代表强相关（或有密切关系）。矩阵图常用于寻找和发现产品质量问题与材料、设备、工艺、人员、环境之间的关系；研究系列产品研制的着眼点，寻找和发现产品质量改进切入点；研究和制定企业的发展战略、方针目标及质量计划。矩阵图一般可分为 L 型、T 型、Y 型、X 型、C 型，其中 L 型矩阵图是矩阵图中最基本的形式，本书仅对 L 型进行说明。

L 型矩阵图：常用于分析若干个目的（或问题）的手段（原因），一般将要分析问题的因素分为两大群（如 A 群和 B 群），把属于 A 群的因素和属于 B 群的因素分别按行和列排列而成（见表 5-50）。

表 5-50　　　　　　　　　　L 型矩阵图的示意图

		A						
		A_1	A_2	A_3	A_4	...	...	A_n
B	B_1							
	B_2							
	B_3							
	...							
	...							
	B_m							

T 型矩阵图：它是由两个 L 型矩阵图组合而成的矩阵图（见表 5-51）。

表 5-51　　　　　　　　　　T 型矩阵图的示意图

					A_n			
					...			
					A_2			
					A_1			
B_m	...	B_2	B_1	...	C_1	C_2	...	C_l

Y 型矩阵图。Y 型矩阵图中有三个因素群，其中两两相对应的因素群分别构成三个 L 型矩阵图，因此 Y 型矩阵图由这三个 L 型矩阵图组合而成（见图 5-49）。

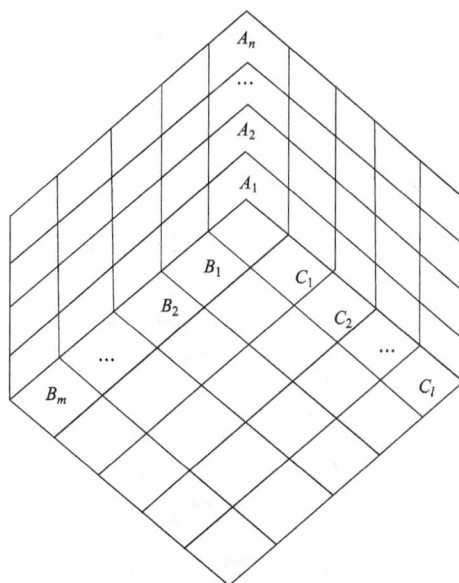

图 5-49　Y 型矩阵图的示意图

　　X 型矩阵图。X 型矩阵图由 4 个 L 型矩阵图组合而成。然而，X 型矩阵图适用范围受到一定限制（见表 5-52）。

表 5-52　　　　　　　　　　　　**X 型矩阵图的示意图**

				A_n				
				···				
				A_2				
				A_1				
B_m	···	B_2	B_1	···	C_1	C_2	···	C_l
				D_1				
				D_2				
				···				
				D_k				

　　C 型矩阵图。它有 3 个因素群 A、B、C，分别以 A 的元素、B 的元素和 C 的元素为边界绘制长方体（或正方体），正因如此，C 型矩阵图中要素的交点是三维空间点（见图 5-50）。

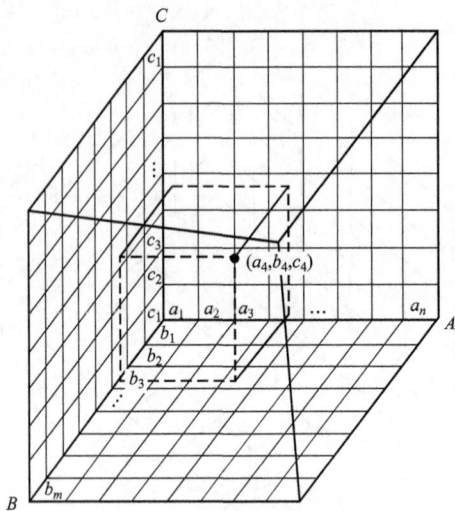

图 5-50　C 型矩阵图的示意图

矩阵图特点如下。

（1）制作与使用矩阵图，可以汇聚多数人的经验，在较短时间内整理出问题的头绪或决策的关键，以确定主要原因。

（2）各因素之间的关系明了确切，可快速掌握全体要素之间的相互关系。

（3）当系统图、关联图、亲和图等质量工器具已分析至极限时，可以使用矩阵图，将潜伏在内部的各项因素凸显出来。

（4）矩阵图对行、列要素综合分析，可避免一个因素群表现得太抽象，而另一因素群又表现得太详细的情形发生。

二、应用范围

在 QC 小组活动中，矩阵图可用于选择课题、确定主要原因、制定对策环节，分析若干个目的（或问题）与实现这些目的（问题）的若干个手段（原因）之间的关系，通过评分判断其重要程度，得分高的因素可判定为有效手段（要因）。

三、应用步骤

(1) 明确目的，确定事项，如性能-影响因素，工序-原料，目的-手段等。

(2) 列出各事项的质量因素，把成对因素排列成行和列，表示其对应关系。

(3) 选择合适的矩阵图类型。

(4) 在成对因素交点处表示其关系程度，可分为三种：不相关（或可能有关系）、弱相关（或有关系）、强相关（或有密切关系），并分别用△、○、◎三种符号表示。

(5) 评价重要程度，对各交叉点标记关联符号所表示的强弱程度分别打分，例如，△为 1 分、○为 3 分、◎为 9 分，按行和列进行统计，以各项内容得分多少来判定其重要性。

(6) 根据关系程度确定必须控制的重点因素。

四、注意事项

(1) 使用矩阵图时，由于会受到主观因素的影响，故评分过程尤为重要，资料评价要准确。

(2) 要根据不同的因素分析选择适合的矩阵型号。

(3) 因素群内的各因素应属于同一层次。

(4) 因素群之间的相关关系应该要明显。

五、应用实例解析

【例】提出并确定最佳方案

QC 小组计划研制一种集成式直流电源转接装置，为确定最佳方案，找出关键质量要素，小组将总体方案分成 7 个模块，并进行质量要素的抽取，如表 5-53 所示。

小组应用 L 型矩阵评估方法，得到各个模块选择的主要特性，如表 5-54所示。关键质量要素列表见表 5-55。

表 5-53　　　　　　　　　　　　质 量 要 素 列 表

模块	质量要素
直流绝缘检测	A1 告警清晰稳定；A2 定值误差小；A3 价格
降压	B1 安装体积、重量；B2 手动及自动调压满足适应性要求；B3 110V 和 220V 电压通用；B4 降压稳定、误差小
告警	C1 异常确认时间短；C2 回路电压满足要求；C3 异常传达准确率高；C4 安装便捷
指示	D1 绝缘电阻；D2 光源功率；D3 价格
电流电压监测	E1 读数误差；E2 读数时间；E3 价格；E4 重量；E5 功率损耗
馈电	F1 安装方便；F2 使用机械寿命；F3 短路分断能力；F4 开关分断后恢复时间
柜体	G1 价格便宜；G2 方便焊接、强度高；G3 重量；G4 体积

表 5-54　　　　　　　L 型矩阵表在各模块选择的主要特性确定中应用

	A1	A2	A3	B1	B2	B3	B4	C1	C2	C3	C4	D1	D2	D3	E1	E2	E3	E4	E5	F1	F2	F3	F4	G1	G2	G3	G4
直流绝缘测量	◎	○	△	△	△	△	△	△	△	△	△	△	○	△	○	△	△	△	△	△	○	○	○	○	○	△	△
降压	△	△	△	◎	△	○	◎	○	△	△	△	△	△	△	△	△	△	△	△	△	△	△	△	△	△	△	△
告警	△	△	△	△	△	△	△	◎	△	○	△	△	△	△	△	△	△	△	△	△	△	△	△	△	△	△	△
指示	△	△	△	△	△	△	△	△	△	△	△	○	◎	△	△	△	△	△	△	△	△	△	△	△	△	△	△
电流电压监测	○	○	△	△	△	△	△	△	△	△	△	△	△	△	○	◎	○	△	△	△	△	△	△	△	△	△	△
馈电	△	△	△	△	△	△	△	△	△	△	△	△	△	△	△	△	△	△	△	△	◎	○	◎	△	△	△	△
柜体	○	△	△	△	△	△	△	△	△	△	△	△	△	△	△	△	△	△	△	△	△	△	△	○	◎	△	△
关键特性确定	19	11	7	19	7	11	17	19	7	9	7	9	15	7	9	25	9	7	7	7	17	11	19	13	19	7	7
	是	是	否	是	否	是	是	是	否	是	否	是	是	否	是	是	否	否	否	否	是	否	是	是	是	否	否

注　强相关◎—9 分；一般相关○—3 分；弱相关△—1 分。

表 5-55　　　　　　　　　　　　关键质量要素列表

模块	关键质量要素
直流绝缘检测	A1 告警清晰稳定；A2 定值误差小
降压	B1 安装体积、重量；B3 110V 和 220V 电压通用；B4 降压稳定、误差小
告警	C1 异常确认时间短；C3 异常传达准确率高
指示	D1 绝缘电阻；D2 光源功率
电流电压监测	E1 读数误差；E2 读数时间
馈电	F2 使用机械寿命；F4 开关分断后恢复时间
柜体	G1 价格便宜；G2 方便焊接、强度高

第十六节　亲　和　图

一、概念

亲和图（affinity diagram）法又叫 KJ 法，其创始人是东京工人教授、人文学家川喜田二郎，KJ 是他的姓名的英文缩写。川喜田二郎在多年的野外考察中总结出一套科学发现的方法，即把乍看上去根本不想收集的大量事实如实地捕捉下来，通过对这些事实进行有机的组合和归纳，发现问题的全貌，建立、假说或创立新学说。后来他把这套方法与头脑风暴法相结合，发展成包括提出设想和整理设想两种功能的方法。使用亲和图法，解决问题过程可以促进团队学习，开拓视野，突破部门藩篱，并获得整体的观点，有助于减轻内部矛盾，并将精力集中于解决问题，而不是内部耗损。

通过亲和图可以从混沌状态中进行归纳问题、整理见解，也可以研究新情况、发现新问题，掌握尚未经历或认识的事实，寻找其内在关系。但是，亲和图法适用于不易解决而又必须解决，而且需要花时间慢慢解决的问题。它不适用于简单的和要求速战速决的问题。

亲和图法的核心是头脑风暴法，是根据结果去找原因，常用于归纳、整理由头脑风暴法所产生的各种意见、观点和想法等语言资料，在 QC 小组活动中可以经常用到，如图 5-51 所示。

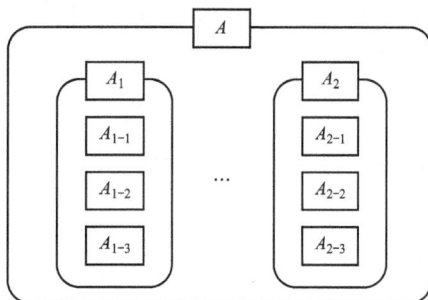

图 5-51　亲和图的示意图

亲和图的特征如下所示。

（1）从混淆的状态中，采集语言资料，将其整合以便发现问题，提高效率，打破现状，产生新思想。

（2）掌握问题本质，让有关人员明确认识。

（3）团体活动对每个人的意见都采纳，提高全员参与意识。

（4）在比较分类的基础上由综合求创新，打破现状产生新思想。

二、应用范围

在质量管理小组活动中，亲和图可用于选择课题环节，对于难以理出头绪的课题进行归纳整理，提出明确的方针和见解，制定推行全面质量管理的方针和目标、需要团队推进的品质课题。

三、应用步骤

（1）确定主题，亲和图适用于解决那种非解决不可，并且允许用一定时间去解决的问题。对于要求迅速解决、急于求成的问题，不宜用亲和图。

（2）确定参会人员：主持人和与会者4～7人。准备好黑板、粉笔、卡片、大张白纸、文具。

（3）针对主题进行语言、文字资料的收集，收集时，要尊重事实，找出原始思想；收集资料一般有以下三种方法：①直接观察法，即到现场去看、听、摸，吸取感性认识，从中得到某种启发，立即记下来；②面谈阅览法，即通过与有关人谈话、开会、访问，查阅文献、集体头脑风暴来收集资料；③个人思考法，即通过个人自我回忆，总结经验来获得资料。

（4）将收集到的信息记录在语言资料卡片上，语言文字尽可能精练。

（5）整理卡片，将已记录好的卡片汇集后充分混合，再将其排列开来。不是按照已有的理论和分类方法来整理，而是把自己感到相似的归并在一起，逐步整理出新的思路。

（6）小组感受资料卡所想表达的意思，将内容恰当地予以表现出来，写在卡片上，此卡被称为亲和卡。

（7）亲和卡制作好之后，以颜色区分，用回形针固定，放回资料卡堆中，继续进行卡片的汇集、分群。如此反复进行本步骤的作业。在汇集卡片的初期，要尽可能地具体化，然后逐步提高其抽象度。

（8）将卡片进行配置排列，把亲和卡依次排在大张纸上，并将其粘贴、固定。

（9）制作亲和图，确定亲和卡和资料卡之间相互关系，用框线连接起来。

（10）确定 QC 课题或解决方案。

四、注意事项

（1）必须按各因素之间的相似性分类。

（2）可慢不可急，亲和图不适于速战速决的问题或简单的问题。

（3）做亲和图尽量避免陷入因果关系之中，因为它不是靠逻辑而是靠联想思考问题。

（4）亲和图一般不与其他 QC 工器具一起使用。

（5）需要较有经验的主管引导，才能有效地促成坦诚与开放的态度，并能在分类与归纳过程形成合理的答案。

五、应用实例解析

【例1】选择课题

光缆故障的平均抢修时间为 277.9min，耗时长、效率低，相关业务需要较长时间才能恢复。为进一步提高电力通信工作效率，缩短光缆故障抢修时间，迅速恢复中断业务，小组拟开展"缩短光缆故障抢修时间"的课题（见图 5-52）。

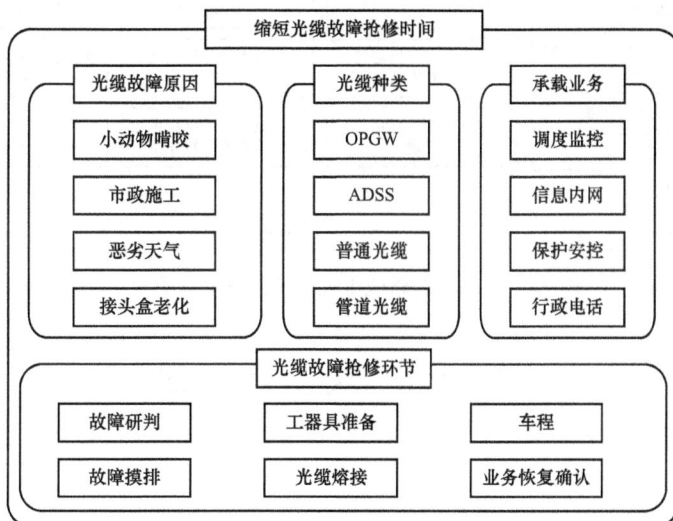

图 5-52　亲和图在课题"缩短光缆故障抢修时间"中的应用

【例2】 提出并确定最佳方案

QC 小组活动的最终目标是研发特高压输电线路施工现场智能化安全管控系统，并应用该系统开展施工现场安全管控工作作为小组活动的成果验证。因此，在方案选择上，小组主要针对系统的实现方式开展调研和分析工作。小组针对提出的三种方案，从功能、开发实现等方面进行分析，形成亲和图（见图 5-53）。

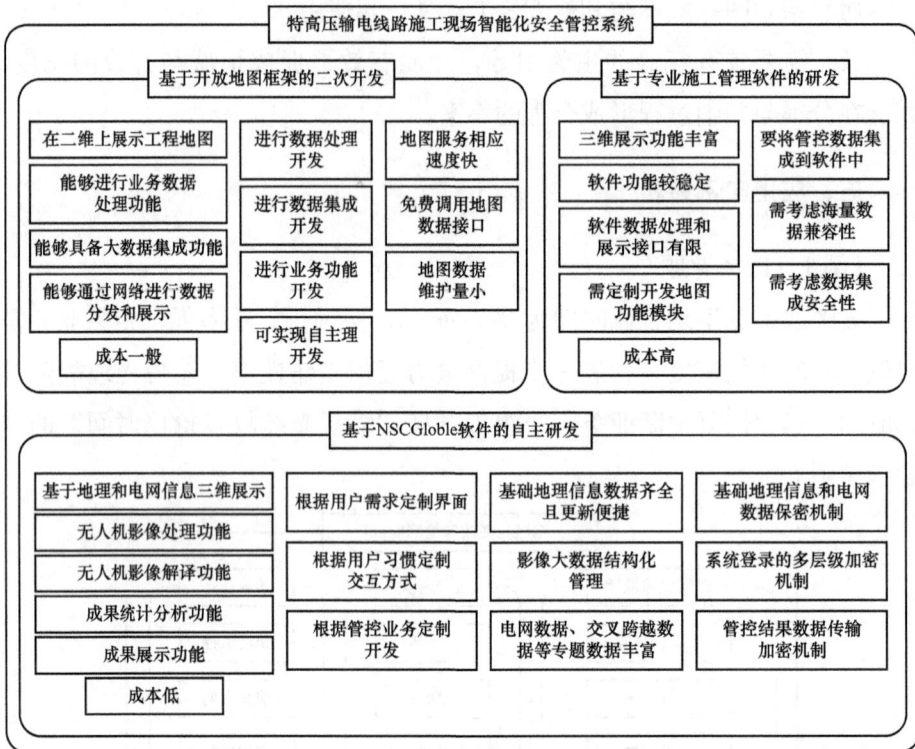

图 5-53 亲和图在确定特高压输电线路施工现场智能化安全管控系统最佳方案中的应用

第十七节 优 选 法

一、概念

优选法是以较少的试验次数，迅速地找到生产和科学实验的最优方案的方法。优选法的核心就是用最少的实验次数，找到最佳的配比方案或者配方。比如说蒸馒头，放多少碱蒸出来的馒头好吃。车床钻头用多大的转数和进刀量，钻出来的孔光洁度又高速度又快。车刀怎样磨，切削效率最高？所有这些问题都涉及配比的问题，这时候就要用到优选法。

优选法中主要方法——黄金分割法源远流长（见图 5-54）。黄金分割法是古希腊造型艺术的重要法则之一。从公元前 6 世纪的《少年立像》到最后一尊女雕像《米罗的维纳斯》，这些正立的个体雕像都是合乎这一法则的，如菲迪亚斯的《命运三女神》由一组成斜三角的群像雕刻而成，斜三角的重心正处于雕像所在四边形的黄金分割点上，《拉奥孔》也有相似的特征。背离黄金分割，希腊艺术要创造伟大而静穆的艺术效果是难以做到的。

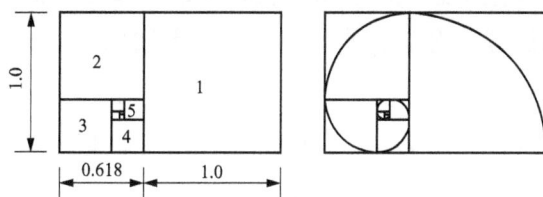

图 5-54　黄金分割法示意图

我国古代人民从自己生活实践中，也积累了黄金分割的思想，孔子称："中庸之为德也，其至矣乎！民鲜久矣。"中庸之道是孔子思想的最重要方法论。朱熹解释"中庸"："盖翻物皆两端，如大小、厚薄之类，于善之中又执其两端，而度量以取中，然后用之。"其中"两端"和"取中"，这和黄金分割法是一致的，正是优选法中黄金分割法寻找优点这一环节。

这种最合适、最好、最合理的方案，一般总称为最优；把选取最合适的配方、配比，寻找最好的操作和工艺条件，给出产品最合理的设计参数，叫作优选。也就是根据问题的性质在一定条件下选取最优方案。最简单的最优化问题是极值问题，这种问题用微分学的知识即可解决。

优选法分为单因素方法和多因素方法两类。单因素方法有对分法、黄金分割法（0.618 法）、分数法、分批试验法等；多因素方法很多，主要有降维法、爬山法、单纯形调优胜。随机试验法、试验设计法等。

对分法又称为取中法、平分法、对折法，即每次试验因素的取值都取前两次试验取值的中点，计算公式

$$X = \frac{a+b}{2}$$

式中：X 为本次试验因素的取值；a、b 为前两次试验对该因素的取值。

根据试验结果，判断本次试验的取值是偏高还是偏低，就将中点以上的一半或者中点以下的一半去掉，这样对因素需要考察的范围就减少了一半。如此再进行试验，每次都可将因素值的范围缩减一半，随着试验的不断进行，可以很快找到因素的最佳取值。

黄金分割法以试验范围的 0.618 处及其对称点作为试验点的选择而得名。两个试验点试验结果比较后留下较好点，去掉较坏点所在的一段范围，再在余下范围内继续用黄金分割法找好点，去掉坏点，如此继续下去直至最优，即黄金分割点。

黄金分割法类同于对分法，但计算上比对分法略显复杂些，它是以试验范围的 0.618 处及其对称点取值选择试验点，因此，比对分法更精确些，QC 小组可根据改进项目的质量特性分别选取，灵活应用。

第二个试验点安排在第一点的对称位置上。这两点的数学表达式是

$$X_1 = a + 0.618(b-a)$$
$$X_2 = a + b - X_1$$

第一次试验做完后，将 X_1、X_2 点的试验结果进行比较。

（1）如果 X_1 点比 X_2 点好，则将 (a, X_2) 的试验范围去掉，留下好点所在的范围 (X_2, a)，在此范围内再找出 X_1 的新的对称点 X_3 的位置，见图 5-55。

（2）如果 X_1 点比 X_2 点差，则将差点所在的范围 (X_1, b) 的试验范围去掉，留下好点所在的范围 (a, X_1)，并在此范围内再找出 X_2 的新的对称点 X_3 的位置，见图 5-56。

图 5-55 X_1 点比 X_2 点好情况示意图　　图 5-56 X_1 点比 X_2 点差情况示意图

在留下的新的试验范围内又有两个试验点可以比较，一个是新的试验点的结果，另一个是原来好点的结果。通过试验对比后又可以留下好点，取掉坏点，试验范围又进一步缩小。随着试验次数的不断增加，试验范围在不停缩小，如此将"留好点，去坏点，取新点，再找好点"的过程继续下去，就可以较快地找到试验范围内的最佳点。

二、应用范围

在 QC 小组活动中，优选法可用于制定对策和对策实施环节。优选法适用于试验指标与因素间不能用数学形式表达，或者表达式很复杂的情况。怎样选取合适的配方、合适的制作过程，使产品质量最好？怎样在质量标准下，使产量最高、成本最低、生产过程最快？已有的仪器怎样调试，使其性能最好？在农业、交通运输、基本建设、医疗卫生等方面，优选法都可以得到广泛运用（见图 5-57）。

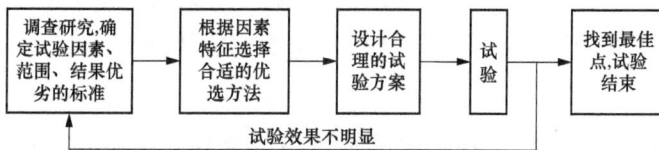

图 5-57　优选法应用示意图

三、应用步骤

（1）选定优化判据（试验指标），确定影响因素，优选数据是用来判断优选程度的依据。

（2）优化判据与影响因素直接的关系称为目标函数。

（3）优化计算。优化（选）试验方法一般分为两类：分析法——同步试验法；黑箱法——循序试验法。

针对单因素优选法：在试验时，只考虑一个对目标影响最大的因素，其他因素尽量保持不变。一般应用步骤如下。

（1）首先应估计包含最优点的试验范围，如果用 a 表示下限，b 表示上限，试验范围为 $[a, b]$。

（2）然后将试验结果和因素取值的关系写成数学表达式，不能写出表达式时，就要确定评定结果好坏的方法。

针对多因素优选法：首先对各个因素进行分析，找出主要因素，略去次要因素，划多为少，以利于解决问题。

四、注意事项

优选的方法有很多种，对于同一问题有时也有不同的优选方式，有的方法虽然能做出优选，但可能涉及因素多，试验时间和周期长，耗费也多，并且试验也不好把握，这时理论上虽行得通，但实际不可取。我们选择的优选方法最好涉及因素尽量少，耗时短，试验周期短，并且考虑经济性，因此选择优选法时可以考虑以下原则。

（1）简化性原则——抓问题的主要因素，去掉次要因素，最好把复杂问题转化为单元素或者双元素问题，然后再用优选方法试验。

（2）目的性原则——选择的优选方法确实能找到最佳点。

（3）实用性原则——有时虽然问题有多种优选方法可以用，但并不是每种方法都适用。比如有些问题虽然可用黄金分割法，但实际产量大，优选范围小，用盲人爬山法会更加好。

（4）经济性原则——选择的优选方法最好试验时间最短，材料最省，试验次数最少。

五、应用实例解析

【例】对分法在对策实施中的应用

某发电厂 QC 小组活动课题为"减少锅炉灭火次数"，现状调查的主要问题是燃烧不稳定。燃烧不稳定这一问题的原因是煤粉过粗，煤粉过粗的原因之一是粗细分离器挡板开度不合理。

对策实施中，该 QC 小组用对分法来调节粗细分离挡板的开度，以提高煤粉细度，达到锅炉燃烧的稳定性，减少锅炉灭火次数（见表 5-56）。

表 5-56　　　　　　　　"减少锅炉灭火次数"试验方案设计

实验项目	粗细分离器挡板开度取值
实验范围	按工艺规程规定，挡板开度应为 45%～85%
实验方法	用对分法计算试验粗细分离器挡板开度，每一个开度试验 5 次，并取值化验，煤粉细度达到工艺参数要求则认为挡板开度取值正确
指标	煤粉细度达到工艺参数要求，$M=14\%\sim16\%$
试验目的	找出使 M 值达到煤粉细度工艺参数要求的挡板开度值 X
验证分析	根据试验结果选的挡板开度，验证煤粉细度能否达到 14%～16%

按工艺规程要求，挡板开度下限 $a=45\%$，上限 $b=85\%$，运用对分法，在上、下限中间取值 X_1。小组成员对挡板开度 X_1 进行了 5 次试验，结果如表 5-57 所示。

表 5-57　　　　　　　　　　　　X_1 试验结果

	工艺参数标准	$X_1=\dfrac{a+b}{2}=\dfrac{45+85}{2}=65\%$				
第一次试验	煤粉细度 M (14%～16%)	试验号	1	2	3	4	5
		煤粉细度	17.0	17.02	17.01	17.02	17.03
		平均值 $\overline{M_1}$	17.02				

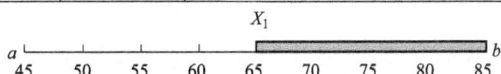

挡板开度为 65% 时，煤粉细度 $\overline{M_1}=17.02\%$，超出工艺参数要求，煤粉过粗，说明挡板开度过大，去掉 (X_1,b) 即 65%～85%，留下 (a,X_2) 即 45%～65%，重新选择新的试验点

根据对分法，X_2 为 a 与 X_1 的中点。小组成员对挡板开度 X_2 进行了 5 次试验，结果如表 5-58 所示。

表 5-58　　　　　　　　　　　　X_2 试验结果

	工艺参数标准	$X_2=\dfrac{a+X_1}{2}=\dfrac{45+65}{2}=55\%$				
第二次试验	煤粉细度 M (14%～16%)	试验号	1	2	3	4	5
		煤粉细度	15.02	15.05	15.04	15.06	15.05
		平均值 $\overline{M_2}$	15.04				

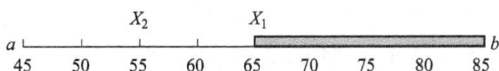

挡板开度为 55% 时，煤粉细度 $\overline{M_2}=15.04\%$，达到了工艺参数标准要求

对试验得出的粗细分离器挡板开度进行跟踪验证，结果如表 5-59 所示。

表 5-59　　　　　　　试 验 方 案 设 计

项目	8月3～5日	8月6～9日	8月10～12日
粗细挡板开度（%）	55	55	55
检测煤粉次数	12	12	12
煤粉细度（%）	15.04～15.07	15.04～15.06	15.04～15.0
煤粉均值（%）	15.06	15.05	15.05
结论	跟踪结果证明，粗细分离器挡板开度 55% 的试验结果符合工艺要求		

该 QC 小组运用对分法，仅用两次选值就找到了粗粉分离器挡板的最佳取值点，快速有效地解决了煤粉细度不符合工艺参数的问题。

第十八节　正交试验设计法

一、概念

第二次世界大战后，试验设计作为质量管理技术之一，受到各国的高度重视，以日本人田口玄一博士为首的一批研究人员在 1949 年发明了用正交表安排试验方案。1952 年田口玄一在日本东海电报公司，运用正交表进行试验取得了全面成功，之后正交试验设计法在日本的工业生产中得到迅速推广。据统计，在正交法推广的前 10 年，试验项目超过 100 万项，其中 1/3 的项目效果显著，获得极大的经济效益。我国从 20 世纪 50 年代开始，以中国科学院数学研究所的研究人员为基础深入研究正交试验设计这门科学，并逐步应用到工农业生产中，其后正交试验设计得到了广泛研究，尤以上海、江苏等地的推广成绩显著。

正交法之所以受到人们的关注，是因为在工农业生产和科学研究过程中，科学试验是必由之路。在生产和科学实验中，都需要做大量的试验，而以多因素试验占绝大多数。如何安排多因素试验，是一个很值得研究的问题。试验安排得好，既可以减少试验次数、缩短时间和避免盲目性，又能迅速得到有效的结果。

正交试验法是研究与处理多因素试验的一种科学方法，它在实际经验与理论认识的基础上，利用正交表，科学地挑选试验条件，合理安排试验。这种方法的优点是，能在很多的试验条件中选出代表性强的少数条件，并能通过少数次的试验，找到较好的生产条件，即最优或较优的方案。

安排任何一项试验，首先要明确试验的目的是什么？用什么指标来衡量考核试验的结果？对试验指标可能有影响的因素是什么？为了搞清楚影响的因素，应当把因素选择在哪些水平上？

指标是用来衡量试验结果的一个特征量，即要考核的项目或效果。产品的质量、成本、产量等都可以作为衡量试验效果的指标。能够用数量表示的试验指标称为定量指标，如重量、尺寸、速度、温度、性能、寿命、硬度、强度等。不能够用数量表示的试验指标称为定性指标，如颜色、外观、味道等。在正交试验中，主要涉及可测量的定量指标，常用 X、Y、Z 来表示。

因素是对试验指标可能有影响的原因，是在试验中要考察的重要内容。在试验中能够人为地加以控制和调节的因素统称为可控因素，如温度、时间、转速等。由于试验条件的限制，暂时还不能够人为地加以控制和调节的因素统称为不可控因素，如机床微小振动、刀具的微小磨损等。正交试验法在设计试验方案时，一般只适用于可控因素，用大写拉丁字母 A、B、C、……来表示。

因素变化的各种状态和条件称为因素的水平。对于定量因素，每一个选定值即为一个水平，水平又叫位级，常用阿拉伯数字 1、2、3、……来表示。在试验中需要考察某因素的几种状态时，称该因素为几个水平。如温度因素中选为 25、30、40℃ 三种状态，称温度因素为三个水平（位级）的因素。

正交表是指一套编印好的标准化表格，是正交试验法的基本工具。最简单的正交表是 L_4 (2^3)，其格式如表 5-60 所示。

正交表记号 L_4 (2^3) 的含义如图 5-58 所示。

表 5-60　　　　　　　　　　　　L_4（2^3）正交表

行号（试验号）	列号		
	1	2	3
1	1	1	1
2	2	1	2
3	1	2	2
4	2	2	1

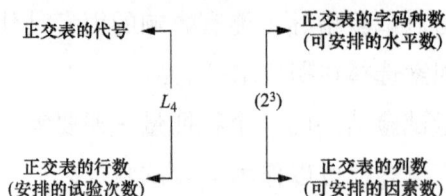

图 5-58　L_4（2^3）的含义

可见，L_4（2^3）是由 4 行、3 列、1 和 2 两种字码组成的一张正交表。

正交表有两种特性，具体如下所述。

（1）均衡分散性。由于每一列中各种字码出现相同的次数，这就保证了试验条件均衡地分散在配合完全的水平组合之中，因而代表性强，容易出现好条件。

（2）整齐可比性。由于任意两列中全部有序数字对出现相同的次数，即对于每列因素，在各个水平的结果之和中，其他因素各个水平的出现次数都是相同的。这就保证了在各个水平的效果之中，最大限度地排除了其他因素的干扰，因而能最有效地进行比较，做出展望。

二、应用范围

在 QC 小组活动中，正交试验设计法可用于制定对策和对策实施环节。

三、应用步骤

（1）明确试验目的。

（2）确定考察的指标。

（3）挑因素，选水平（位级）。

（4）设计试验方案：利用常用正交表设计试验方案，原则是因素顺序上列，水平（位级）对号入座，尽量多排因素，事先不考虑诸因素间的交叉作用；因此可使正交表选得小些，即在同样的参加试验的因素数前提下可以把试验规模降下来。

（5）实施试验方案。

（6）试验结果分析：一般用目测法、极差分析法、画趋势图等；看一看，可靠又方便，算一算，有效又简单。

（7）反复调优试验以逼近最优方案。

（8）验证试验并通过生产验证确认较优方案。

（9）结论与建议。

四、注意事项

（1）不应随便选取非正交表进行正交试验。

（2）当选用日本型正交表做试验时，应按日本型正交试验的程序、方法进行试验设计与分析；当选用中国型正交表做试验时，则应按中国型正交试验的程序、方法进行试验设计与分析。二者不能混用。

（3）试验前要确定考察指标，对多项考察指标要分清主次，最好设法（如综合评分）使之变成单项考察指标。

（4）进行正交试验设计时应尽量多考察因素、水平（位级）。

（5）在试验实施的过程中，因素水平（位级）要严格控制在规定的水平（位级）变化精度内。

（6）正交试验设计不是一次简单利用正交表就可以顺利取得成功的，而应多次反复利用才能取得较佳效果。

（7）试验结果的测试技术和手段的精度要有保证，计算应正确无误，避免发生分析失误。

五、应用实例解析

【例】对策实施

为了减少系统的各种违规操作，保证系统的安全运行，以及能够较快地恢复系统的数据，需要对系统进行加密。小组成员采用正交试验法寻找系统加密最佳组合。首先列好因素位级表，见表 5-61。

表 5-61 因 素 位 级 表

因素/位级	安全备份方式	IP 过滤方式	用户加密方式
位级 1	异地备份 1 份	管理员固定授权 8 个	MD2
位级 2	本地备份 1 份	管理员全部授权 20 个	MD4
位级 3	本地备份＋异地备份（各 1 份，共计 2 份）	管理员随机授权 30 个	MD5

首先，按照因素位级表，小组成员请公司信息专责李芳设置了密码破解程序，进行了 9 次试验，列出试验表。然后对各种方式的组合进行密码破解，以耗时最长为优，试验结果如表 5-62 所示。

表 5-62 正 交 试 验 结 果

因素/位级	安全备份方式 A	IP 过滤方式 B	用户加密方式 C	试验结果 耗时（h）
1	异地备份 1 份（1）	管理员固定授权 8 个（1）	MD2（1）	170
2	1	管理员全部授权 20 个（2）	MD4（2）	355
3	1	管理员随机授权 30 个（3）	MD5（3）	485
4	本地备份 1 份（2）	1	2	375
5	2	2	3	424
6	2	3	1	168
7	本地备份＋异地备份（各 1 份）（3）	1	3	598
8	3	2	1	256
9	3	3	2	203

（1）看一看。由表 5-62 可以直接看出，7 号试验最好，满足耗时最长的要求，其最佳组合为 A3B1C3。

（2）算一算。位级极差 R 的大小决定了因素的主要程度。经计算，$R_C=$

$913 > R_B = 287 > R_A = 90$，位级结果之和的最佳排列组合为 A3B1C3，与看一看结果相同。

（3）画趋势图（见图 5-59）。由图 5-59 可以看出，对因素 1 不同位级造成指标变化的权重较小，并且其权重最小，因此选择最优方案 A3，可不再优化；因素 2 中随着管理员授权数量的增多，都会造成指标的明显减少，因此选择最优方案 B1；因素 3 中不同加密方式对指标的影响非常明显，且 C3 具有明显优势，因此选择方案 C3，若因素 3 再增加，指标可能更优，但将由此带来硬件配置的过高要求，造成使用成本的急剧增长。

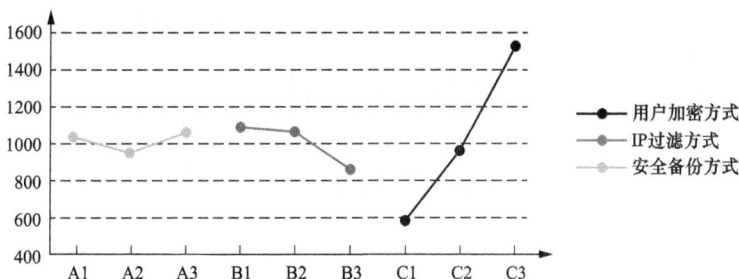

图 5-59　位级因素趋势图

第十九节　矢　线　图

一、概念

矢线图（arrow diagram）又称箭线图或双代号网络图，是计划评审法在质量管理中的具体运用。它用网络的形式来安排一项工程（产品）的日历进度，说明其作业之间的关系，以期高效率管理进度，最早于 1957 年由美国杜邦公司推出而发展而成（见图 5-60）。

矢线图有 4 个要素：①节点，表示工作之间的联结，不占用任何时间和资源，仅表示指向节点的工作全部完成后，该节点后面的工作才能开始，

201

也称为事件；②工作，在矢线图中，工作是一个广义的概念，一项工作是指一个相对独立的具体活动过程，往往需要消耗一定资源和时间，也称活动；③虚工作（逻辑矢线），虚工作是一项虚拟的工作，仅为了准确清楚地表示工作间的逻辑关系，无工作名称，既不消耗时间，也不消耗资源，用虚矢线表示，其持续时间为 0，如用实矢线表示，需标注持续时间为 0；④路线，从矢线图的起始节点出发，沿矢线方向，经过一系列节点和矢线，至矢线图终止节点所经过的通道。

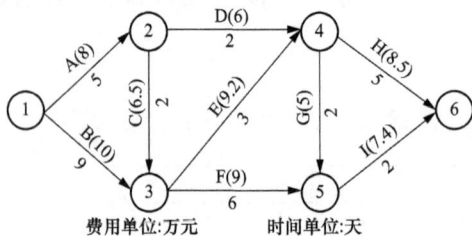

图 5-60　矢线图示意图

二、应用范围

在 QC 小组活动中，矢线图作为一种多功能的制订和管理计划的方法，可用于制定对策环节。矢线图法有利于从全局出发，统筹安排，抓住关键线路，集中力量，按时或提前完成计划。

三、应用步骤

（1）调查工作项目，按先后次序编号。

（2）用箭条→代表某项工作过程，如 0→1、1→2 等。箭条上方可标出该项工作所需时间数，工作时间单位常以日或周表示。

（3）各项工作过程的时间的确定可用经验估计法求出。这种经验估计法公式基于 β 分布，又称三点估计法。工作时间按 3 种情况进行估计：①乐观估计时间，用 a 表示；②悲观估计时间，用 b 表示；③最有可能时间，用 m 表示。经验估计工作时间 T，也称期望时间

$$T = \frac{a + 4m + b}{6}$$

工作时间标准差

$$\sigma = \frac{b - a}{6}$$

（4）绘制矢线图。绘制矢线图有两种方法：①顺推法，按照工作顺序从前往后绘制矢线图；②逆推法，首先观察哪些工作不是其他工作的紧前工作，它们必须与网络终点连接，找出这些工作的紧前工作，再依次往前推，直至最早的再也没有紧前工作的所有工作，它们必须与网络起点连接。

（5）计算每个节点上的最早开工时间。某节点上的最早开工时间是指从始点开始顺箭头方向到该节点的各条路线中，时间最长一条路线的时间之和。

（6）计算每个节点上的最晚开工时间。某节点上的最晚开工时间是指从终点逆箭头方向到该节点的各条路线中，时间差最小的时间。

（7）计算富余时间，找出关键线路。富余时间是指在同一节点上最早开工时间与最晚开工时间之间的时差。有富余时间的节点，对工程进度影响不大，属于非关键工作。无富余时间或富余时间最少的节点，是关键工作。把所有关键工作按照工艺流程顺序连接起来，就是这项工程的关键线路。

四、注意事项

绘制矢线图时必须注意节点与矢线的下列关系：进入某一节点的各项工作必须全部完成，该节点所表示的事件才能出现；某一节点出现后，由该节点引出的各项工作才能开始。两个节点之间只能有一项工作。当两个节点间有两项或以上可以平行进行的工作时，其他一项或几项则用虚矢线表示的虚拟工作来连接，说明此两节点间存在的逻辑关系。矢线图中工作之间的逻辑关系是相对的，只有指定了某一确定工作，考察与之有关各项工作的逻辑联系，才是有意义的。

绘制矢线图有以下规则。

（1）只能有一个起始节点和一个终止节点。

（2）矢线首尾必须有节点。

（3）不允许出现循环路线。

（4）相邻网络节点间只能有一条矢线。

（5）节点编号应正确标注。

（6）正确反映工作间的逻辑关系。

（7）正确表示平行、交叉工作。

（8）避免出现"桥路"，即矢线图中出现的矢线与矢线的交叉。

因此绘制矢线图时须注意以下四个方面。

1. 目标定量

从始节点开始进行第一步作业，至终节点最后一步作业结束，每一步作业，应明确其预期的可测量的结果、理由和时间期限。作业的目标越具体，任务就会越实际，处理起来就越有条理。因此，制订作业目标前要充分了解自己的目前状况，要充分利用经验，总结以往教训，考虑到所需的资源，包括人力、物力、财产等，将各方面的配合考虑周详，一步一个脚印，"拍脑袋定目标"是不可取的。

2. 各作业间的逻辑关系清晰、正确

为按期圆满地完成某个目标，一般行动前需制订活动计划，在计划时根据目标的难易程度分解为若干个作业，理顺这些作业之间的逻辑关系便于找到作业关键线路、分清主次、确定先后顺序。防止拖拉和冒进的现象，改善时间的使用，确保目标如期达到。

3. 做事要留有余地

做计划的时候应该留有余地，例如安排一天的工作时间，不能把 8 小时的时间挤得一分一秒都不差，时间安排要有 20％～30％的富余量。

4. 忌朝令夕改

从现代管理学的角度来分析，如果改的是目标，就不能随意改；但如果改的是计划，就可以修正。对任务的每一个部分，都要明确预期结果和时间限期，计划越具体、越翔实，任务落实起来就越实际，处理起来就越有条理。计划越详细越好，最好是详细到大家都能够听明白，简洁到大家都能够听懂，不会产生歧异，所以在详细和简洁之间，要求得一个平衡。

五、应用实例解析

【例】矢线图在制定对策环节中的应用

新产品生产技术准备矢线图如图 5-61 所示。

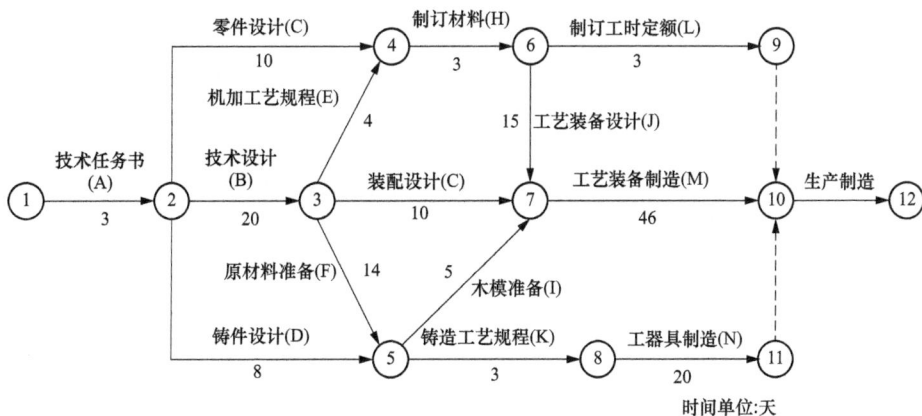

图 5-61　新产品生产技术准备矢线图

第六章

问题解决型优秀案例解析

案例一　缩短高压计量装置现场装接时间

一、前言

电能计量装置是智能电网数据采集的基本设备，承担着电能数据采集、计量和传输的任务，是确保企业与用户电力交易结算准确性的重要器具。小组对××省电能计量装置进行调查，发现智能电能表覆盖率达99%。随着增量电力用户不断攀升，每年新装电能表规模也在大幅上升。2019年某省新装电能表为145.36万套，装接工作量约达157.98万h。

培训中心作为××公司教科研基地，拥有国内领先的电能计量实训室，承担了全省装接工技能培训工作。传统的高压计量装置装接中，存在着辅助工器具手工切剥费力、导线取用易缠绕等问题，影响工作效率；装接的质量未有效管控，导线露铜、压皮等存在着窃电、触电、电表烧毁、电气火灾等重大隐患。此外，导线切剥长度预估不准，互感器对线作业空间受限等困难使计量装置装接耗时过长。为此，小组开展了缩短高压计量装置现场装接时间的研究。

二、小组简介

小组简介如表6-1所示。

表6-1　　　　　　　　　　小组简介表

小组名称	多能星QC小组			
课题名称	缩短高压计量装置现场装接时间			
成立背景	为了将培训中心质量改进与科技创新的理论知识转化为工程实践，激发职工的双创动力，提升企业生产力，培训中心技术技能培训部营销团队联合研发中心组建了多能星QC小组			
课题类型	问题解决型	活动次数	15次	课题指导	×××
注册号	×××	注册日期	2019.1.1	活动时间	2019.1—2019.12

续表

姓名	性别	学历	分工	姓名	性别	学历	分工
×××	女	硕士	组长	×××	男	硕士	组员
×××	男	硕士	副组长	×××	男	本科	组员
×××	男	硕士	副组长	×××	女	硕士	组员
×××	男	硕士	组员	×××	男	硕士	组员
×××	男	本科	组员	×××	男	本科	组员

三、选择课题

课题选择示意图见图 6-1。

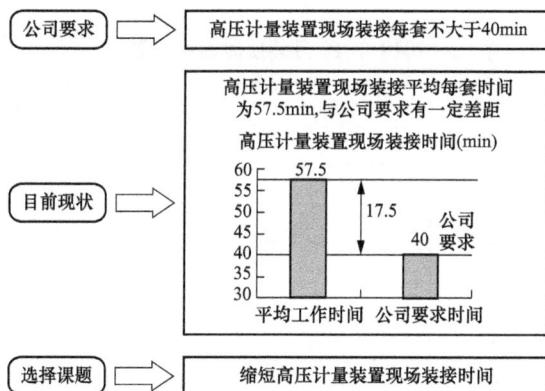

图 6-1 课题选择示意图

四、现状调查

1. 调查一：高压计量装置现场装接时间调查

培训中心装表接电班中，高压计量装置采用的是三相四线经电压、电流互感器接入式，互感器已随配电装置安装到位。学员需要根据要求完成电能表、终端、联合接线盒安装及其二次导线连接和互感器核线（见图 6-2）。

2018 年 12 月，小组对装表接电培训班的高压计量装置现场装接耗时情况进行调查，如表 6-2 所示。

结论一：高压计量装置现场装接时间平均耗时 57.5min，不能达到公司要求，具体情况需进一步调查。

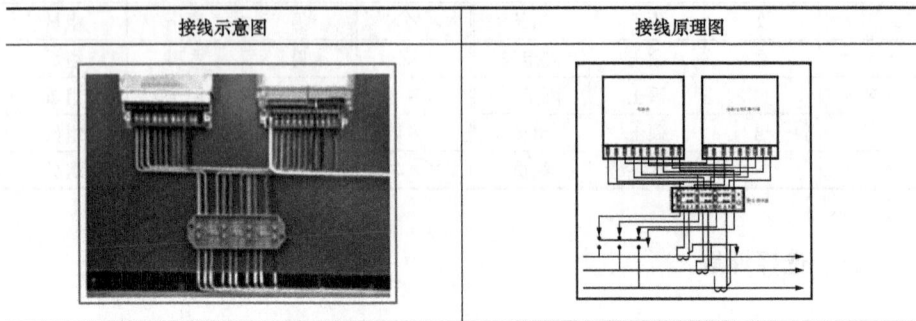

接线示意图	接线原理图

图 6-2　高压计量装置接线方式

表 6-2　　　　　　　　　　2018 年 12 月装接时间调查表　　　　　　单位：min

学员	工作许可	安全交底	操作过程	工作终结	平均耗时
学员 1	1.7	2.4	53.0	1.2	58.3
学员 2	2.0	2.3	52.7	0.9	57.9
学员 3	2.0	2.4	52.4	0.8	57.6
学员 4	2.2	2.2	51.0	0.9	56.3
学员 5	2.3	2.6	55.1	1.1	61.1
学员 6	1.9	2.5	52.2	1.0	57.6
学员 7	1.7	2.7	51.9	1.0	57.3
学员 8	1.8	2.6	52.8	1.1	58.3
学员 9	1.9	2.4	52.0	1.0	57.3
学员 10	2.0	2.3	52.1	0.9	57.3
学员 11	2.1	2.6	51.2	1.0	56.9
学员 12	1.9	2.3	51.8	1.2	57.2
学员 13	2.2	2.5	50.3	1.1	56.1
学员 14	2.0	2.7	53.0	1.1	58.8
学员 15	1.9	2.4	52.0	1.0	57.3
学员 16	2.0	2.5	51.3	1.0	56.8
学员 17	2.4	2.7	52.1	1.2	58.4
学员 18	2.1	2.6	49.8	0.9	55.4
学员 19	2.0	2.5	52.5	1.0	58.0
学员 20	2.2	2.3	51.4	0.9	56.8
平均	2.0	2.5	52.0	1.0	57.5

2. 调查二：高压计量装置现场装接工作流程耗时统计

高压计量装置现场装接工作流程分为工作许可、安全交底、操作过程、工作终结几个环节（见图 6-3），不同环节工作时长不同，小组对各工作环节的耗时情况进行了统计（见表 6-3）。运用分层法，对表 6-3 中的平均工作时间 57.5min 进行不同环节工作流程分析（见图 6-4）。

$$开始 \Rightarrow ①工作许可 \Rightarrow ②安全交底 \Rightarrow ③操作过程 \Rightarrow ④工作终结 \Rightarrow 结束$$

图 6-3 高压计量装置现场装接工作流程

表 6-3 现场装接工作流程耗时调查表

节点号	工序	时间（min）	比例（%）	累计比例（%）
③	操作过程	52.0	90.43	90.43
②	安全交底	2.5	4.35	94.78
①	工作许可	2.0	3.48	98.26
④	工作终结	1.0	1.74	100.00
合计		57.5	100.00	—

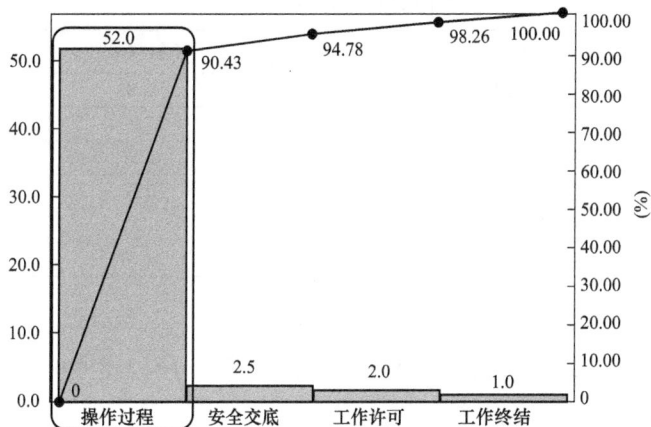

图 6-4 按工作流程排列图

结论二：高压计量装置的操作过程占总时间的 90.43%，远高于其他工作流程所占比例，是重点关注对象。

3. 调查三：高压计量装置操作过程各工序时间统计

高压计量装置操作过程包括现场准备、挂表、接线、计量器具封印、清理现场 5 个部分（见图 6-5），统计如表 6-4 所示。

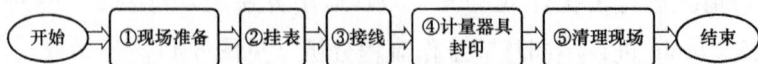

图 6-5　高压计量装置操作过程各工序时间统计

表 6-4　　　　　　　　各工序工作时间统计表　　　　　　单位：min

培训班	现场准备	挂表	接线	计量器具封印	清理现场	合计
培训班 1	2.0	5.1	41.0	26	1.0	51.7
培训班 2	1.9	5.0	44.3	2.5	1.1	54.8
培训班 3	2.1	4.8	42.2	2.7	1.1	52.9
培训班 4	1.8	5.0	41.4	2.4	0.9	51.5
培训班 5	2.1	5.2	40.6	2.4	1.0	51.3
培训班 6	2.1	4.9	39.7	2.5	0.9	50.1
平均值	2.0	5.0	41.5	2.5	1.0	52.0

操作过程各工序时间统计见表 6-5 和图 6-6。

表 6-5　　　　　　　操作过程各工序时间统计表

节点号	工序	时间（min）	比例（%）	累计比例（%）
③	接线	41.5	79.81	79.81
②	挂表	5.0	9.62	89.43
④	计量器具封印	2.5	4.81	94.24
①	现场准备	2.0	3.84	98.08
⑤	清理现场	1.0	1.92	100.00
合计		52.0	100.00	—

结论三：高压计量装置接线工序的时间为 41.5min，占操作过程的 79.81%，是决定现场装接时间长短的重要环节，所以接线时间长是高压计量装置现场装接时间长的症结所在。

五、设定目标

1. 目标设定依据

（1）小组中有经验丰富的工程师和高学历员工，对应的专业技能和研发能力强，有成熟的装表接电实训室条件，解决过多次装表接电现场难题。小组认为有能力将本次课题症结问题解决70%以上，即装接时间为每套 $57.5-41.5×0.7=28.5min$。

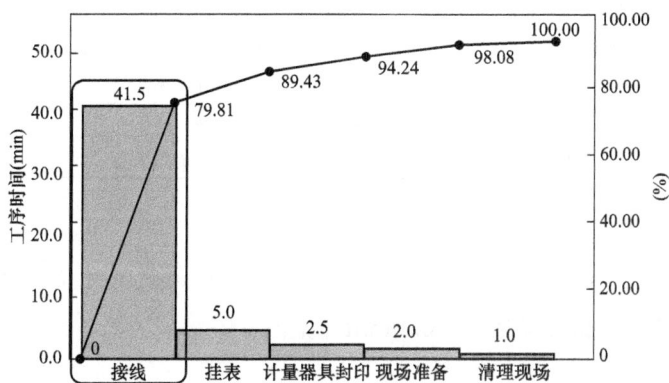

图 6-6　按工序工作时间统计图

（2）小组现场调查发现，传统的计量装置装接过程中因切剥工具原始，切剥长度预估不准以及互感器拆线对线，使接线时间长。经过小组测试、试验、调查分析，采用一系列方法一次性完成导线切剥，免拆线完成互感器对线试验，可将装接时间缩短至每套 29.1min（见表 6-6）。

表 6-6　　　　　　　　高压计量装置现场装接测试　　　　　单位：min

培训班	传统装接时间	测试装接时间
培训班 1	59.3	29.6
培训班 2	60.0	30.8
培训班 3	57.6	29.3
培训班 4	56.2	29.2
培训班 5	55.7	28.1
培训班 6	56.3	27.5
平均值	57.5	29.1

（3）课题所需的知识、技能和小组具有的能力分析如表 6-7 所示。

通过以上分析，小组预计将高压计量装置现场装接时间每套控制在 30min 以内。

表 6-7 项目需要专业知识与小组具备情况表

项目需要专业知识与技能		小组具备情况
知识	装表接电技术	小组具备装表接电技术人员：×××、×××
	电力电子技术	小组具备电力电子技术人员：×××、×××
	设备研发技术	小组具备设备研发技术人员：×××、×××
	电气工程及其自动化技术	小组具备电气工程及其自动化技术人员：×××、×××
	统计专业技术	小组具备统计专业技术人员：×××、×××
技能	QC 课题展开经验	小组具备 QC 课题展开经验人员：×××、×××
	团队管理能力	小组具备团队管理能力人员：×××、×××

2. 目标设定

为满足公司要求，小组将本次课题目标设定为高压计量装置现场装接每套由平均 57.5min 缩短到 30.0min（见图 6-7）。

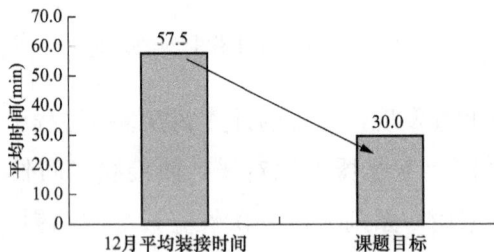

图 6-7　缩短高压计量装置现场装接时间目标设定

六、原因分析

小组运用头脑风暴法，针对主要症结"接线时间长"，从"人员、机器、材料、方法、测量、环境"因素的角度找出了 9 条末端因素。由于末端因素之间有交叉影响，因此绘制集中型关联图（见图 6-8）。

七、确定主要原因

根据关联图可以看出共有 9 条末端因素，由于表计固定螺栓多不在小组能力范畴，直接判定为非要因。小组通过讨论制定了要因确认表，运用不同的调查方法，对每条末端因素要因确认，见表 6-8。

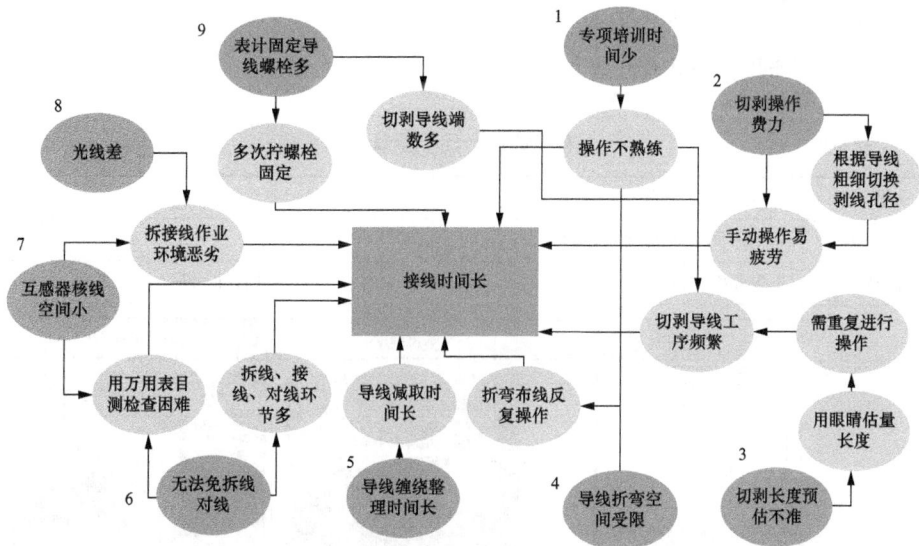

图 6-8 "接线时间长"的因素分析图

表 6-8 要因确认计划表

序号	末端因素	确认标准	确认内容	确认方法	责任人	确认时间
1	专项培训时间少	对症结的影响程度大	对不同专项培训时长的人员进行接线试验	调查分析、试验	×××	2019.1.7
2	切剥操作费力	对症结的影响程度大	调查具有不同握力的人员接线耗时情况	调查分析、现场测量、试验	×××	2019.2.9
3	切剥长度预估不准	对症结的影响程度大	调查不同的切剥不准次数下接线耗时情况	调查分析、试验	×××	2019.2.10
4	导线折弯空间受限	对症结的影响程度大	进行两种不同折弯空间方式下的接线试验	调查分析、试验	×××	2019.2.11
5	导线缠绕整理时间长	对症结的影响程度大	进行导线缠绕后不同整理时长下的接线试验	调查分析、试验	×××	2019.2.14
6	无法免拆线对线	对症结的影响程度大	进行不同拆接线时长下的接线试验	调查分析、试验	×××	2019.2.16
7	互感器核线空间小	对症结的影响程度大	进行不同互感器核线空间下的接线试验	现场测量、试验	×××	2019.2.17
8	光线差	对症结的影响程度大	进行不同光照强度下的接线试验	现场测量、试验	×××	2019.2.18
9	表计固定导线螺栓多	现已有电动旋钉工具加快拧螺栓速度,螺栓数量多非小组能力范畴,直接判定为非要因				

1. 确认一：专项培训时间少

专项培训时间少确认表如表 6-9 所示。

表 6-9　　专项培训时间少确认表

末端因素一	专项培训时间少				
确认内容	对不同专项培训时长的人员进行接线试验				
确认方法	调查分析、试验	责任人	×××	确认时间	2019.1.7

调查分析、试验

培训资料	理论教学	实操练习

小组查阅了装表接电实训项目的培训记录，如下所示。

培训班	培训班 1	培训班 2	培训班 3	培训班 4	培训班 5	培训班 6
人数	31	35	29	33	38	35
参加率（%）	100	100	100	100	100	100
合格率（%）	100	100	100	100	100	100
培训学时（h）	17.5	17.5	21.0	21.0	18.0	18.5

小组对不同培训时长的人员进行接线试验，接线耗时情况如下所示

装接次数	培训班 1	培训班 2	培训班 3	培训班 4	培训班 5	培训班 6
第一次	40.1	41.3	44.6	43.2	43.7	39.5
第二次	42.6	43.7	38.3	38.4	42.3	45.7
第三次	44.3	43.4	45.1	42.2	44.5	42.9
平均	42.3	42.8	42.7	41.3	43.5	42.7

不同培训学时下的接线时间对比

调查分析、 试验	从调查分析结果可以看到，专项培训时间的长短和症结所花时间呈现杂乱无章的变化情况。培训时间长的学员与培训时间短的学员，试验时间十分接近，甚至出现了培训时间长的学员接线时长超过培训时间短的学员的情况。故判定"专项培训少"为非要因
结论	非要因

2. 确认二：切剥操作费力

切剥操作费力确认表如表 6-10 所示。

表 6-10　　　　　　　　　　切剥操作费力确认表

末端因素二	切剥操作费力			
确认内容	调查具有不同握力的人员接线耗时情况			
确认方法	调查分析、现场测量、试验	责任人	×××　确认时间	2019.2.9
调查分析、 试验	小组从装表接电实训人员中随机抽取 50 名，使用同一套剥线钳进行接线操作，现场试验获得具有不同握力人员的接线时间相关情况，如下表所示。 下表内容见下			

学员	最大握力（kg）	接线时间（min）	学员	最大握力（kg）	接线时间（min）
1	29.6	43.0	26	41.7	40.0
2	36.9	36.7	27	46.4	43.4
3	37.0	40.7	28	45.2	44.0
4	43.5	37.9	29	39.0	42.0
5	43.6	38.9	30	33.0	37.9
6	49.0	39.1	31	34.0	40.0
7	49.3	38.4	32	21.7	42.9
8	56.3	40.8	33	34.0	39.8
9	28.6	39.7	34	33.7	42.4
10	31.0	43.4	35	35.2	41.7
11	33.0	44.3	36	30.8	42.4
12	36.0	42.5	37	26.9	41.2
13	21.7	40.1	38	38.0	42.0
14	25.2	43.0	39	27.0	41.7
15	34.6	39.0	40	45.4	42.0
16	27.0	42.7	41	40.2	41.2
17	33.1	38.6	42	48.0	42.0
18	24.4	41.4	43	33.1	41.5
19	25.8	42.5	44	53.5	36.7
20	41.7	41.0	45	50.9	42.5
21	50.5	41.5	46	43.8	43.0
22	36.0	43.0	47	46.4	38.7
23	34.0	38.8	48	24.2	38.2
24	50.2	39.0	49	32.9	43.2
25	52.9	41.0	50	29.7	43.4

续表

调查分析、试验	
	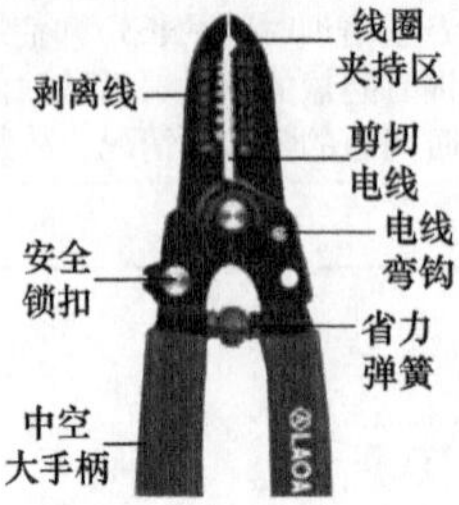 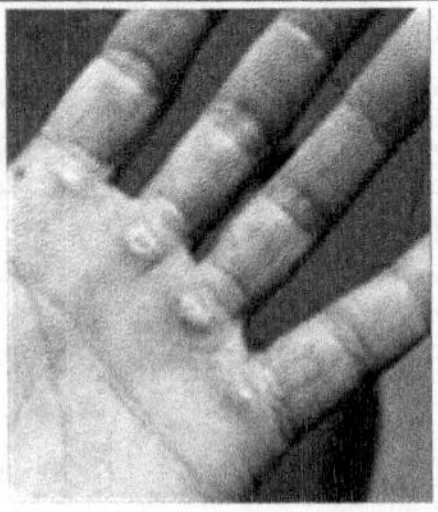 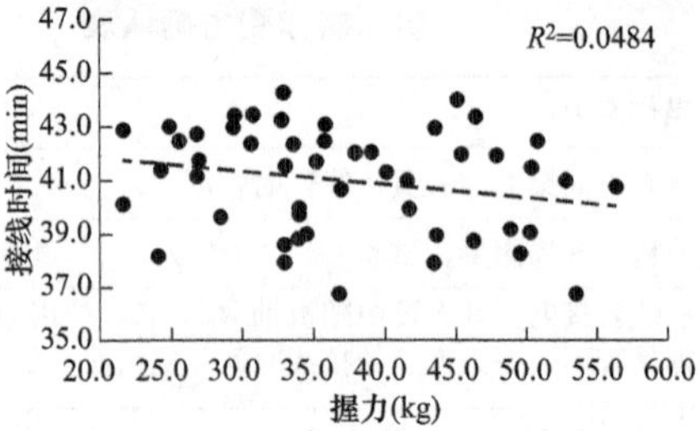 小组进行现场测量、试验，绘制出学员握力大小与接线时间的散布图，可以获得 $R^2=0.0484$，R^2 接近于 0，表明切剥操作费力对症结影响程度小，判定为非要因
结论	非要因

3. 确认三：切剥长度预估不准

切剥长度预估不准确认表如表 6-11 所示。

表 6-11　　　　切剥长度预估不准确认表

末端因素三	切剥长度预估不准			
确认内容	调查不同的切剥不准次数下接线耗时情况			
确认方法	调查分析、试验	责任人	×××	确认时间　2019.2.10
调查分析、试验	正常装接导线剥线长度下，表计螺栓能够有效固定到导线上，导线不露铜、不压皮。不同导线切剥长度的处理方式如下表所示。			

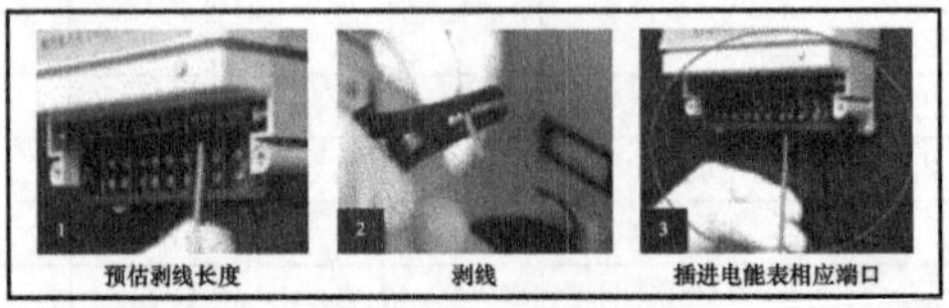

切剥长度	导线剥线过长	导线剥线过短	剥线正常范围
处理方式	会露铜，需要重新截取导线并剥线	会压线，需在现有基础上再次剥线	符合工艺规范，直接使用

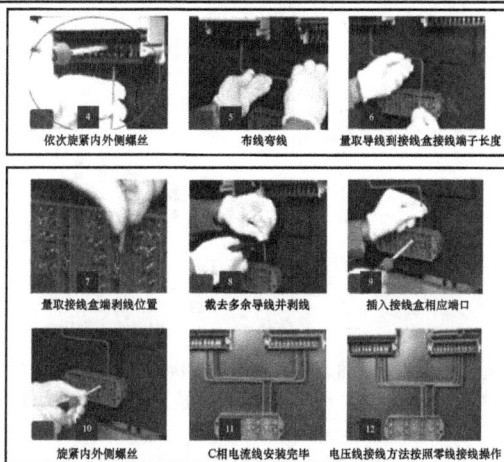

| 依次旋紧内外侧螺丝 | 布线弯线 | 量取导线到接线盒接线端子长度 |

| 量取接线盒端剥线位置 | 截去多余导线并剥线 | 插入接线盒相应端口 |

| 旋紧内外侧螺丝 | C相电流线安装完毕 | 电压接线方法按照零线接线操作 |

小组从装表接电实训人员中随机抽取 60 名开展接线，对切剥线不准次数和接线时长进行统计，如下表所示。

学员	切剥不准次数	接线时间（min）	学员	切剥不准次数	接线时间（min）	学员	切剥不准次数	接线时间（min）
1	20	43.0	21	14	38.5	41	13	37.9
2	15	39.4	22	18	42.1	42	16	39.6
3	19	43.0	23	17	40.4	43	18	42.1
4	18	41.2	24	14	38.5	44	17	41.0
5	15	39.1	25	22	45.3	45	16	40.1
6	19	43.0	26	18	42.1	46	14	37.6
7	17	40.4	27	16	40.6	47	13	37.7
8	18	42.1	28	10	35.2	48	11	35.8
9	18	41.2	29	25	44.7	49	12	36.5
10	16	39.4	30	20	43.0	50	13	37.6
11	15	38.9	31	23	46.1	51	14	38.3
12	26	42.8	32	14	38.5	52	17	42.2
13	14	37.6	33	14	38.5	53	13	38.1
14	15	39.4	34	17	41.1	54	27	45.7
15	18	42.1	35	13	37.6	55	12	37.7
16	15	39.3	36	27	44.5	56	21	44.8
17	15	38.5	37	12	37.7	57	15	39.1
18	15	39.4	38	21	44.7	58	17	39.3
19	12	36.7	39	15	39.4	59	13	36.2
20	9	34.3	40	17	40.5	60	16	39.8

调查分析、试验

调查分析、试验	 小组对切剥线不准次数与接线时长进行了分析。绘制出切剥不准次数与接线时长的散布图，可以获得 $R^2=0.9635$，R^2 接近于 1，说明切剥长度不准次数与接线时间有强正相关性，判定为要因
结论	要因

4. 确认四：导线折弯空间受限

导线折弯空间受限确认表如表 6-12 所示。

表 6-12　　　　　　　　　导线折弯空间受限确认表

末端因素四	导线折弯空间受限			
确认内容	进行两种不同折弯空间方式下的接线试验			
确认方法	调查分析、试验	责任人	×××	确认时间　2019.2.11
调查分析、试验	小组对现有的两种导线折弯空间的操作方式进行了分析，如下所示。 　　　　　　　　 小组从装表接电实训人员中随机抽取 60 名学员分别进行了测试，对两种方式下的接线时间进行了记录。 方式一的接线耗时情况如下所示。			

单位：min

学员	接线时间	学员	接线时间	学员	接线时间	学员	接线时间	学员	接线时间	学员	接线时间
1	43.4	11	39.6	21	38.2	31	42.2	41	42.8	51	43.0
2	42.9	12	38.7	22	38.9	32	41.0	42	44.3	52	41.5
3	41.4	13	40.4	23	41.4	33	37.9	43	42.7	53	40.0
4	38.6	14	44.9	24	41.9	34	38.0	44	42.6	54	40.4
5	39.5	15	41.2	25	39.5	35	39.7	45	45.6	55	38.9
6	40.3	16	43.5	26	40.2	36	42.9	46	41.4	56	39.0
7	37.5	17	42.7	27	39.8	37	41.1	47	39.5	57	43.4
8	43.7	18	40.2	28	43.1	38	41.6	48	44.4	58	40.5
9	39.7	19	40.1	29	39.0	39	37.1	49	40.5	59	41.7
10	40.2	20	40.3	30	41.1	40	43.2	50	40.1	60	40.5

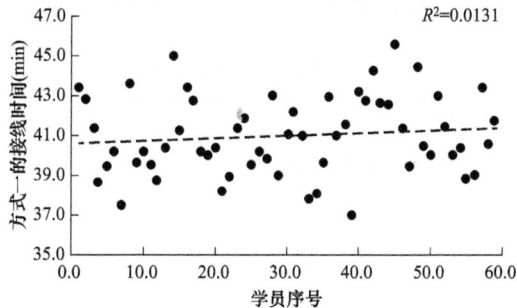

方式二的接线耗时情况如下所示。

单位：min

学员	接线时间	学员	接线时间	学员	接线时间	学员	接线时间	学员	接线时间	学员	接线时间
1	41.6	11	37.1	21	43.1	31	40.3	41	41.0	51	41.8
2	39.1	12	41.4	22	40.8	32	38.3	42	41.8	52	38.4
3	38.5	13	37.0	23	39.2	33	40.2	43	40.8	53	38.6
4	40.5	14	39.2	24	41.4	34	39.5	44	42.5	54	40.0
5	39.9	15	41.7	25	43.5	35	43.3	45	42.9	55	41.1
6	40.6	16	43.0	26	40.1	36	41.1	46	43.6	56	42.4
7	42.0	17	41.2	27	38.1	37	40.7	47	38.7	57	40.8
8	39.5	18	40.9	28	40.2	38	40.5	48	39.4	58	42.0
9	42.7	19	38.4	29	39.3	39	39.2	49	43.7	59	38.9
10	42.1	20	40.2	30	40.5	40	38.8	50	40.2	60	41.9

调查分析、试验

221

调查分析、试验	
	两种不同折弯方式下，散布图获得 R^2 都接近于 0，说明折弯空间大小与接线时长没有明显的正相关性，判定为非要因

结论	非要因

5. 确认五：导线缠绕整理时长

导线缠绕整理时长确认表如表 6-13 所示。

表 6-13 　　　　　　　　　　**导线缠绕整理时长确认表**

末端因素五	导线缠绕			
确认内容	进行不同导线缠绕后整理时长下的接线试验			
确认方法	调查分析、试验	责任人 ×××	确认时间	2019.2.14

调查分析、试验	小组从装表接电实训人员中随机抽取 50 名学员进行接线试验，获得导线缠绕整理时间与接线时间的相关情况，如下所示。

单位：min

学员	导线缠绕次数	导线整理时长	接线时长	学员	导线缠绕次数	导线整理时长	接线时长
1	1	0.8	42.9	13	0	0.0	42.3
2	0	0.0	41.3	14	2	2.7	41.0
3	3	4.3	42.6	15	1	1.3	41.2
4	3	3.7	42.5	16	1	1.5	40.0
5	2	2.0	42.2	17	2	4.3	44.1
6	0	0.0	42.3	18	1	0.5	40.2
7	1	1.9	38.8	19	0	0.0	41.5
8	0	0.0	41.5	20	1	1.8	40.7
9	1	0.9	41.3	21	2	2.4	42.5
10	2	4.1	42.3	22	0	0.0	40.9
11	1	2.1	44.1	23	1	1.6	40.3
12	2	3.2	42.2	24	2	2.2	44.8

续表

学员	导线缠绕次数	导线整理时长	接线时长	学员	导线缠绕次数	导线整理时长	接线时长
25	1	1.9	42.0	38	2	3.1	40.4
26	1	2.8	42.8	39	2	2.5	42.2
27	1	1.3	39.4	40	0	0.0	39.9
28	1	1.1	40.2	41	3	3.1	40.3
29	2	2.7	40.1	42	1	1.4	43.8
30	0	0.0	42.3	43	1	0.7	42.0
31	2	2.5	38.6	44	2	1.8	40.3
32	0	0.0	40.1	45	1	1.5	42.7
33	1	1.6	40.5	46	0	0.0	39.7
34	1	1.3	40.7	47	1	0.9	41.4
35	1	0.8	41.5	48	2	3.9	42.6
36	1	1.1	41.9	49	1	2.3	39.6
37	1	1.3	44.2	50	2	3.1	42.8

调查分析、试验

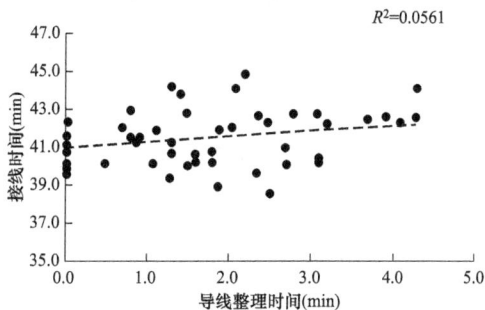

小组对导线缠绕后整理时长与接线时长进行了分析。绘制出导线整理时长与接线时长的散布图，获得 $R^2 = 0.0561$，说明导线整理时间对接线时间的影响度较小，判定为非要因

结论　非要因

6. 确认六：无法免拆线对线

无法免拆线对线确认表如表 6-14 所示。

表 6-14　　　　　　　　　　无法免拆线对线确认表

末端因素六	无法免拆线对线			
确认内容	进行不同拆接线时长下的接线试验			
确认方法	调查分析、试验	责任人	×××	确认时间	2019.2.16

<table>
<tr><td rowspan="19">调查分析、
试验</td><td colspan="8">在装接电能表前，装表接电人员需要核对互感器二次端子至接线盒的接线是否正确，核对方法是先拆除互感器端的导线，对线完成后再将导线与端子连接。</td></tr>
<tr><td colspan="8"></td></tr>
<tr><td colspan="8">小组从装表接电实训人员中随机抽取 66 名学员，现场试验获得互感器拆接线时间与接线时间之间的关系，如下所示。 单位：min </td></tr>
</table>

学员	拆接线时间	接线时间	学员	拆接线时间	接线时间	学员	拆接线时间	接线时间
1	8.7	40.1	17	6.1	38.5	33	8.8	40.1
2	5.5	38.8	18	5.0	37.0	34	9.2	40.3
3	16.2	44.2	19	10.4	41.2	35	11.2	42.1
4	11.0	41.7	20	7.5	39.0	36	12.7	43.7
5	17.5	45.4	21	8.9	40.1	37	7.8	39.1
6	13.9	44.1	22	15.3	45.0	38	9.8	40.5
7	17.2	46.8	23	7.5	38.7	39	12.1	43.0
8	11.9	42.4	24	9.6	40.6	40	12.4	43.4
9	14.2	44.5	25	10.5	41.9	41	11.9	42.2
10	13.9	43.8	26	10.3	41.6	42	10.7	41.7
11	9.0	40.4	27	10.2	40.8	43	9.3	40.1
12	9.0	40.1	28	10.2	41.5	44	10.5	41.2
13	7.5	39.2	29	8.8	39.7	45	7.7	38.9
14	9.7	40.8	30	8.4	39.7	46	13.0	44.2
15	17.0	46.5	31	8.3	39.5	47	6.7	38.3
16	8.2	39.8	32	9.7	40.6	48	11.9	42.2

续表

学员	拆接线时间	接线时间	学员	拆接线时间	接线时间	学员	拆接线时间	接线时间
49	14.2	44.3	55	9.6	40.5	61	8.4	40.0
50	13.9	44.0	56	10.5	41.8	62	8.3	39.9
51	7.5	38.8	57	10.3	41.0	63	9.7	40.7
52	8.9	40.7	58	10.2	41.6	64	8.8	40.2
53	15.0	45.3	59	10.2	41.1	65	9.1	40.7
54	7.5	39.6	60	8.8	40.6	66	11.2	41.8

| 调查分析、试验 |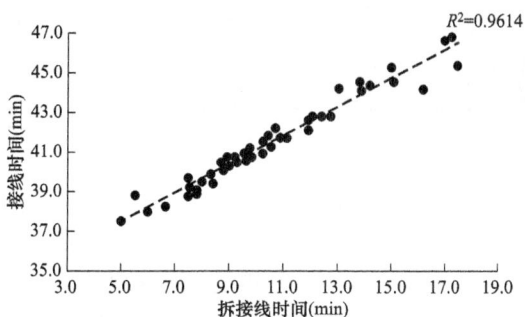

小组对拆接线时间与接线时间进行了分析，绘制出拆接线时间与计量装置接线工序时间的散布图，获得 $R^2=0.9614$，说明需要拆线接线才能对线的方式与接线时间有极大正相关性，判定为要因 |
|---|---|
| 结论 | 要因 |

7. 确认七：互感器核线空间小

互感器核线空间小确认表如表 6-15 所示。

表 6-15　　　　　　　　　互感器核线空间小确认表

末端因素七	互感器核线空间小			
确认内容	进行不同互感器核线空间下的接线试验			
确认方法	现场测量、试验	责任人	×××	确认时间	2019.2.17
现场测量、试验	2019 年 2 月，小组随机选取了不同尺寸的 6 台高压计量装置，对互感器核线空间进行现场测量，调查了不同空间下学员的接线时间，统计结果如下所示。			

现场测量、试验	学员	核线空间（m³）	接线时长（min）
	学员 1	0.0280	44.10
	学员 2	0.0320	42.80
	学员 3	0.020	46.20
	学员 4	0.0310	44.30
	学员 5	0.0250	42.60
	学员 6	0.0390	44.70
	平均值	0.0294	44.12

从小组调查的分析结果来看，核线空间的大小与接线时长呈现杂乱无章的变化，即互感器核线空间大小对接线时间影响度较小，判定为非要因

| 结论 | 非要因 |

8. 确认八：光线差

光线差确认表如表 6-16 所示。

表 6-16　　光　线　差　确　认　表

末端因素八	光线差				
确认内容	进行不同光照强度下的接线试验				
确认方法	现场测量、试验	责任人	×××	确认时间	2019.2.18

根据高压计量装置现场光源的正常光照强度范围，小组通过调整光源强度，试验获得了 16 种光线强度下的接线耗时情况，如下所示。

	学员	光线强度（lx）	接线时长（min）	学员	光线强度（lx）	接线时长（min）
现场测量、试验	1	520	41.4	9	760	41.3
	2	550	42.2	10	790	41.9
	3	580	40.0	11	820	44.7
	4	610	39.1	12	850	38.9
	5	640	42.4	13	880	45.2
	6	670	39.6	14	910	42.7
	7	700	41.4	15	940	43.2
	8	730	40.5	16	970	41.5

续表

现场测量、试验	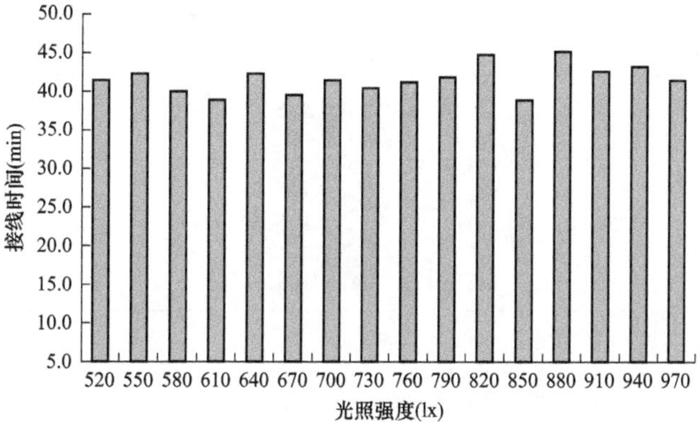 从小组调查的分析结果来看，光线强度与接线时长呈现杂乱无章的变化，即光线强度与接线时间影响度较小，判定为非要因
结论	非要因

结论：确认两条要因如下。

（1）切剥长度不准。

（2）不能免拆线对线。

八、制订对策

1. 提出对策

小组针对要因寻找解决办法，提出了下列要因对策措施，如表 6-17 所示。

表 6-17　　　　　　　　　　　要因与对策对照表

序号	要因	对策
1	切剥长度不准	方案一：制作多功能自动切剥装置
		方案二：制作带计米轮的盘线装置
2	不能免拆线对线	方案一：制作基于线性霍尔传感器技术的互感器免拆线对线仪
		方案二：制作基于数字式转换技术的互感器免拆线对线仪

2. 评估对策

（1）切剥长度不准。切剥长度不准确认表如表 6-18 所示。

（2）不能免拆线对线。不能免拆线对线确认表如表 6-19 所示。

表 6-18　　　　　　　　　　　切剥长度不准确认表

项目	对策	
	制作多功能自动切剥装置	制作带计米轮的盘线装置
图例		
预期目标参数	(1) 价格在 5000 元以内； (2) 重量在 50kg 以内； (3) 切剥长度测量误差不大于±2mm	
方案描述	内置精密的测量控制模块，根据设定的导线长度，实现导线自动切剥	内置计米轮，测量拉过的导线长度，并显示在屏幕上，并人为观测屏幕长度进行手动剥线
可执行性	根据不同导线切剥长度需要，快速自动切剥导线	只能测量导线切线的长度，无法测量剥线的长度
调查统计参考类型原理装置的误差	类似装置 / 误差大小（mm） 装置 1：−1.31 / 1.27 装置 2：−1.57 / 1.22 装置 3：1.29 / −1.34 误差范围：−1.57～1.29	类似装置 / 误差大小（mm） 装置 1：3.52 / 2.86 装置 2：−3.80 / 3.76 装置 3：−4.57 / −4.60 误差范围：−4.60～3.76
便携程度	外形体积约 0.3m^3，质量约 45kg，不便携带	随手拎取，便于携带
制作成本	一套约 4000 元	一套约 600 元
方案优缺点	优点： (1) 测量准确度高； (2) 不需要人工切剥导线。 缺点：制作成本高	优点： (1) 制作成本低； (2) 制作简单。 缺点：测量误差大，不能测量剥线长度
是否采用	是	否

表 6-19　　　　　　　　　　　不能免拆线对线确认表

项目	对策	
	制作基于线性霍尔传感器技术的互感器免拆线对线仪	制作基于数字式转换技术的互感器免拆线对线仪

续表

图例		
预期目标参数	(1) 价格在 1000 元以内； (2) 接线操作在 1min 内； (3) 信号偏差不大于±10％	
方案描述	利用干电池测量互感器极性的原理，在一次回路中加入一个脉冲信号，在互感器正常工作时，经磁电转换后二次侧能测量出感应信号	利用主机与接收器配合使用，在互感器正常工作时，二次侧能测量到经过模数转换后的感应信号
可执行性	线路连线少，易操作，接线 1min 内完成	码制转换部分电路连线较多，容易出错，接线时间大于 1min

调查统计两种技术的误差	次数	偏差（％）	次数	偏差（％）
	1	6.8	1	12.6
	2	−7.7	2	−11.9
	3	−7.9	3	13.1
	4	7.1	4	−12.4
	5	7.3	5	12.9
	误差范围	−7.9～7.3	误差范围	−12.4～13.1

互感器拆线、接线	完全免去	完全免去
制作成本	一套约 400 元	一套约 300 元
方案优缺点	优点： (1) 电路信号偏差相对小； (2) 仪器接线简单。 缺点：制作成本高	优点：制作成本相对低。 缺点： (1) 电路信号偏差大； (2) 仪器接线复杂
是否采用	是	否

3.制订对策计划表

对策措施计划表如表 6-20 所示。

表 6-20　　　　　　　　　　　　　对策措施计划表

要因	对策	目标	措施	负责人	地点	完成
切剥长度不准	制作多功能自动切剥装置	（1）每分钟切剥导线数量不小于50根；（2）导线切剥长度误差绝对值不大于2mm	（1）借鉴手工剥线原理设计结构图、计量原理图等各类图纸；（2）加工制作剥线刀具和装置结构件；（3）现场试验自动切剥功能；（4）整理图纸、编写指导书等资料；（5）效果验证	×××	实训基地408	2019.4
不能免拆线对线	制作基于线性霍尔传感器技术的互感器免拆线对线仪	（1）正反向信号最大偏差不大于10%；（2）电路正常工作时，蜂鸣器响；非正常工作时，蜂鸣器不响	（1）利用干电池测量互感器极性的原理，绘制对线仪原理图；（2）加工制作对线仪结构件；（3）现场试验免拆线对线功能；（4）整理图纸、编写指导书等资料；（5）效果验证	×××	实训基地408	2019.5
试验验证	—	设备检测合格率100%	（1）进行第三方检测（2）验证无负面影响	×××	实训基地408	2019.5

九、对策实施

按照对策计划表，逐条实施。

1. 实施一：制作多功能自动切剥装置，实现导线按照设定长度准确地自动切剥

制作多功能自动切剥装置实施表如表 6-21 所示。

表 6-21　　　　　　　　　制作多功能自动切剥装置实施表

步骤	实施方法	图纸与数据
1. 借鉴手工剥线原理设计结构图、计量原理图等各类图纸设计图纸	根据自动切剥装置的功能要求，合理设计结构和功能模块	小组设计了多功能自动切剥装置的具体图纸，如下所示。 结构设计　　　算法逻辑

步骤	实施方法	图纸与数据		
1. 借鉴手工剥线原理设计结构图、计量原理图等各类图纸设计图纸	根据自动切剥装置的功能要求,合理设计结构和功能模块	计量模块原理图		外观设计
2. 加工制作剥线刀具和装置结构件	严格按照图纸的设计制作切剥装置并进行组装	小组委托厂家组合生产实物,如下所示		
3. 现场试验自动切剥功能	通过现场环境完成多功能自动切剥装置的功能测试和试验	如下所示为现场试验情况		
4. 整理图纸、编写指导书等资料	按照多功能自动切剥装置的功能编制资料成果	如下所示为编制资料成果		

5. 效果验证	根据设定的目标值进行效果的验证	目标	每分钟切剥导线数量不小于50根(根)	导线切剥长度误差绝对值不大于2mm(mm)	图例
		目标值	50	2	
		实测值1	64	1.14	
		实测值2	66	1.20	
		实测值3	64	1.41	
		实测值4	67	1.23	
		实测值5	62	1.20	
		实测值6	63	1.15	
		实测值7	65	1.27	
		实测值8	64	1.19	
		实测值9	62	1.07	
		实测值10	63	1.13	
		平均值	65	1.09	
		结论	符合要求	符合要求	

2. 实施二：制作基于线性霍尔传感器技术的互感器免拆线对线仪

制作互感器免拆线对线仪实施表如表 6-22 所示。

表 6-22　　　　　　　　　制作互感器免拆线对线仪实施表

步骤	实施方法	图纸与数据
1. 利用干电池测量互感器极性的原理，绘制对线仪原理图	设计互感器免拆线对线仪的原理，并绘制原理图、系统原理图和电路图	利用干电池测量互感器极性的原理，在核对互感器接线时，在二次侧互感器远端加入一个信号，在近互感器端检测信号（见对线仪原理图）。采用线性霍尔传感器在磁场检测中进行磁电转换，将电磁信号转换成电压信号，有效检测弱磁场，如下所示 干电池法测量互感器极性 (a)互感器二次网路　　(b)等电位网路 对线仪原理图
2. 加工制作对线仪器结构件	按照原理图制作 PCB 板，选取电源模、信号检测及结果输出模块、焊接元器件	小组委托厂家根据电路图制作实物
3. 现场试验免拆线对线功能	通过现场实际环境完成对互感器免拆线对线仪的试验	如下所示为现场试验情况

步骤	实施方法	图纸与数据
4.整理图纸、编写指导书等资料	按照互感器免拆线对线仪的功能编制资料成果	如下所示为编制资料成果

5.效果验证 — 根据设定的目标值进行效果的验证

目标	正向信号最大偏差不大于10%（%）	电路正常工作时，蜂鸣器响	目标	正向信号最大偏差不大于10%（%）	电路正常工作时，蜂鸣器响
目标值	10.0	蜂鸣器响	目标值	10.0	蜂鸣器不响
实测值1	6.6	蜂鸣器响	实测值1	7.6	蜂鸣器不响
实测值2	6.3	蜂鸣器响	实测值2	7.3	蜂鸣器不响
实测值3	7.5	蜂鸣器响	实测值3	7.4	蜂鸣器不响
实测值4	5.9	蜂鸣器响	实测值4	8.2	蜂鸣器不响
实测值5	7.2	蜂鸣器响	实测值5	7.4	蜂鸣器不响
实测值6	6.3	蜂鸣器响	实测值6	7.2	蜂鸣器不响
实测值7	6.5	蜂鸣器响	实测值7	8.5	蜂鸣器不响
实测值8	5.9	蜂鸣器响	实测值8	7.5	蜂鸣器不响
实测值9	7.1	蜂鸣器响	实测值9	7.1	蜂鸣器不响
实测值10	6.4	蜂鸣器响	实测值10	8.4	蜂鸣器不响
平均值	6.57	—	平均值	7.66	—
结论	符合要求	符合要求	结论	符合要求	符合要求

正向信号最大偏差

反向信号最大偏差

3. 试验验证

为保证成果安全、可靠投入使用，进行了装置第三方专业检测。小组将设备送至第三方专业检测机构检测认证，检测结果如表 6-23 所示，各项数据合格率 100%。

表 6-23 检 测 报 告

装置名称	实物图	检测报告	检测结果
多功能自动切剥装置			检测合格
基于线性霍尔传感器技术的互感器免拆线对线仪			检测合格
结论	符合要求	符合要求	

同时，本成果在培训中心实训基地现场应用，效果良好，经公司相关部门认证，本成果设备在安全、质量、管理、成本等方面均无负面影响（见图 6-9、图 6-10）。

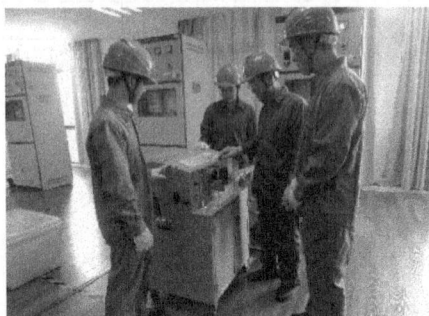

图 6-9　成果现场使用场景

十、效果检查

1. 目标检查

对策实施后，QC 小组在 2019 年 8 月对高压计量装置现场装接时间进行了调查统计（见表 6-24）。

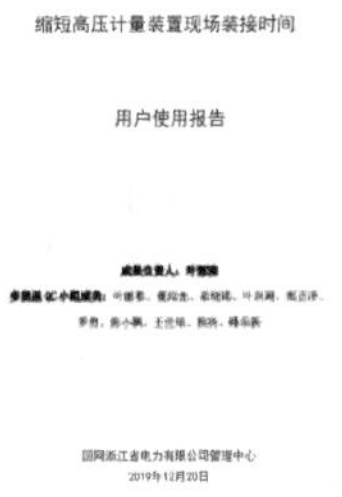

缩短高压计量装置现场装接时间

用户使用报告

国网浙江省电力有限公司管理中心
2019年12月20日

图 6-10　用户使用报告

表 6-24　　活动后高压计量装置现场装接耗时统计表　　单位：min

学员	工作许可	安全交底	操作过程	工作终结	平均耗时
学员 1	2.1	2.1	21.4	1.2	26.8
学员 2	2.3	2.6	21.1	1.1	271
学员 3	2.4	2.4	24.3	1.0	30.1
学员 4	2.0	2.3	21.9	0.8	27.0
学员 5	2.0	2.4	21.6	1.3	27.3
学员 6	2.0	2.3	20.7	0.8	25.8
学员 7	1.8	2.6	19.6	1.1	25.1
学员 8	2.2	2.5	22.7	1.0	28.4
学员 9	2.3	2.4	24.3	0.9	29.9
学员 10	1.7	2.5	22.8	0.9	27.9
学员 11	2.1	2.5	23.3	1.0	28.9
学员 12	2.0	2.6	21.5	1.2	27.3
学员 13	2.1	2.5	19.4	1.0	25.0
学员 14	1.9	2.5	21.2	0.9	26.5
学员 15	1.7	2.6	21.7	1.0	27.0
学员 16	1.8	2.2	21.9	1.3	27.2
学员 17	2.2	2.5	20.4	1.2	26.3
学员 18	1.9	2.5	23.1	0.8	28.3
学员 19	2.0	2.4	19.5	1.1	25.0
学员 20	1.8	2.6	22.1	1.2	27.7
平均	2.0	2.5	21.7	1.0	27.2

由表 6-24 可知，2019 年 8 月高压计量装置现场装接的平均时间为 27.2min（见图 6-11）。

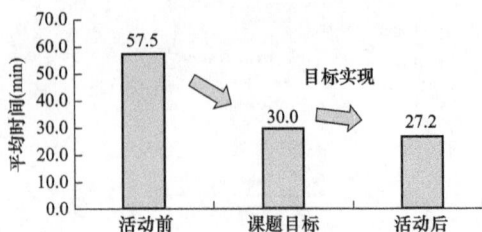

图 6-11　缩短高压计量装置现场装接时间的目标完成情况

结论：经过小组的活动，高压计量装置现场装接时间由 QC 活动前的 57.5min 缩短到了活动后的 27.2min。2019 年度 QC 课题目标已经完成。

为了进一步确认高压计量装置接线时间长的症结已经有效改善，我们对 2019 年 8 月份的操作过程中各工序时间进行了统计并与课题前进行比对（见表 6-25、图 6-12、图 6-13）。

表 6-25　　　　成果使用前后的操作过程各工序耗时情况对比

活动前（2018 年 12 月）			活动后（2019 年 8 月）		
工序	时间（min）	比例（%）	工序	时间（min）	比例（%）
接线	41.5	79.81	接线	11.2	51.61
挂表	5.0	9.61	挂表	5.0	23.04
计量器具封印	2.5	4.81	计量器具封印	2.5	11.52
现场准备	2.0	3.85	现场准备	2.0	9.22
清理现场	1.0	1.92	清理现场	1.0	4.61
合计	52.0	100.00	合计	21.7	100.00

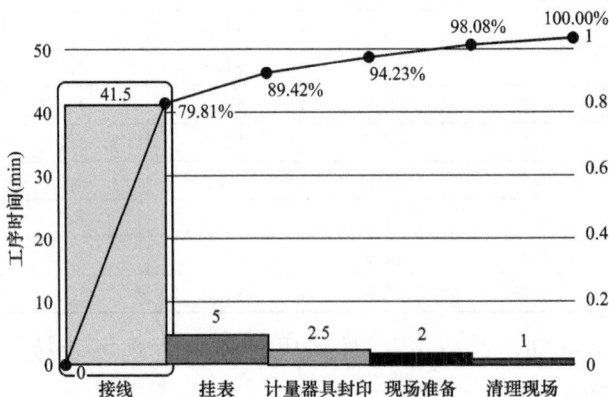

图 6-12　活动前的排列图

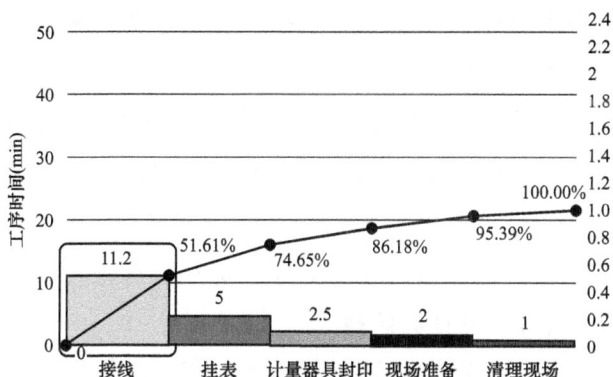

图 6-13 活动后的排列图

结论：从排列图可以看出，主要症结已经得到了很好的解决，接线工序时长从原来的 41.5min 缩短到 11.2min。

2. 经济及社会效益检查

（1）直接经济效益是为企业节约成本。成果从 2019 年 8 月 1 日投入使用，截至 2019 年 12 月 1 日，4 个月内直接降低成本 5.93 万元（见表 6-26）。

表 6-26　　　　　　　　QC 成果使用前后的经济效益对比

活动前（2018 年 12 月）			活动后（2019 年 8 月）		
工序	时间（min）	比例（%）	工序	时间（min）	比例（%）
接线	41.5	79.81	接线	11.2	51.61
挂表	5.0	9.61	挂表	5.0	23.04
计量器具封印	2.5	4.81	计量器具封印	2.5	11.52
现场准备	2.0	3.85	现场准备	2.0	9.22
清理现场	1.0	1.92	清理现场	1.0	4.61
合计	52.0	100.00	合计	21.7	100.00

（2）导线绿色利用与人身、设备安全带来间接社会效益。自动切剥装置代替了人工切剥操作，剥取导线绝缘时能够确保不伤线芯，避免了人工切剥划伤手臂等事故的发生。标准化的切剥物料生成，助力优化营商环境，可以缩减装接时间，减少客户通电等待；可以提高电能表安装质量，提升

电能表安装美观度，杜绝导线露铜、压皮、错接线引起触电、电能表烧毁和电气火灾，提高供电可靠率。

使用基于线性霍尔传感器技术的互感器免拆线对线仪，装接工不必再进入狭小空间进行作业，避免了碰擦伤事故。4 个月内，本课题成果共降低了人员时间 $1424 \times (57.5 - 27.2) / 60 = 719.12h$，节约铜芯导线长度 $1424 \times (0.524 - 0.031) = 702.03m$，减少导线资源浪费，服务绿色生态，带来了可观的经济效益和社会效益。

（3）额外收获：预制装接用标准化导线物料，简化装接操作。利用多功能自动切剥，可以借鉴建筑工程中预制件的模式，对于表位固定的低压批量新装（见图 6-14）、三相四线、三相三线电能表至接线盒（见图 6-15）等导线长度相对固定的生产现场，事先将导线按预设长度切剥，装接人员带至现场直接安装即可，改变了以往携带整捆导线现剥现用的方式，操作省力，缓解装表高峰期工作压力。

图 6-14　低压居民批量新装图　　　　图 6-15　三相四线、三相三线电能表

3. 项目的先进性及推广应用价值

（1）先进性。项目受理发明专利 1 项，获得实用新型专利 2 项。项目成果运用于科技项目"多源融合下的计量基础技术研究"中，得到了省公司专家的一致认可。

（2）推广应用价值。项目成果效果明显、易于复制、推广性强，具有很好的推广应用价值。目前成果在多个地市公司装表接电班组应用。此外，该成果也适用于电力领域的变电站二次接线，以及通信领域的机房机柜网络线、光纤线加工与装配。如能在更广泛的范围内推广应用，创造的经济、社会效益不可估量。

4. 项目的示范作用

（1）作为劳模培训教材供装表接电行业借鉴运用。本项目实施后，由于其效果明显、易于复制、推广性强等特点，运用于《用电信息采集系统计量异常分析及处理》中，供整个计量装置装表接电行业借鉴运用（见图 6-16）。

出版证明

由国网浙江省电力有限公司组编的"跟着电网企业劳模学"系列图书共12本(书名、作者及项目号见附件)已通过中国电力出版社选题论证，正式进入出版流程，特此证明！

中国电力出版社有限公司
2019 年 11 月 26 日

图 6-16　培训教材

（2）纳入××公司装表接电培训用工器具。小组 QC 成果在××省装表接电竞赛集训、装表接电工技能鉴定培训以及××公司 A 级劳模创新工作室中使用，获得了竞赛选手与学员的一致好评。

十一、制订巩固措施

1. 巩固措施

小组将对策表中实施证明有效的措施纳入公司相关标准，归档了设计图纸，制定了工艺标准、操作说明书、作业指导书，并开展了装置使用培训来巩固课题（见表 6-27）。

表 6-27　　　　　　　　　　　巩固措施汇总表

对策措施	巩固项目	巩固内容	巩固方法	文件编号	相关资料
制作多功能自动切剥装置	设计图纸	图纸归档	图纸方案、工程样机等设计文件由项目负责人审定后签字归档，交档案室负责保管	JXEP-BYQC 201912××	—
	工艺文件	编制装置制作标准	已编制《多功能自动剥线机制作标准》	YJ-2019204539 ×××	
	操作手册	制定说明书	已编制《多功能自动剥线机说明书》	Q/ZDP/02-1025-20××	
	作业指导书	编制作业指导书	已编制《多功能自动剥线机标准化作业指导书》	YJ-08210210××	

续表

对策措施	巩固项目	巩固内容	巩固方法	文件编号	相关资料
制作多功能自动切剥装置	装置培训	开展专项培训	已分别在实训指导老师和装接工中开展装置操作培训1次	JP1800××	
制作基于线性霍尔传感器技术的互感器免拆线对线仪	设计图纸	图纸归档	图纸方案、工程样机等设计文件由项目负责人审定后签字归档，交档案室负责保管	JXEP-BYQC 201911××	
	工艺文件	编制装置制作标准	已编制《互感器免拆线对线仪制作标准》	YJ-2019234033 ××.×	
	操作手册	制定说明书	已编制《互感器免拆线对线仪说明书》	Q/ZDP/01-1001-20××	

续表

对策措施	巩固项目	巩固内容	巩固方法	文件编号	相关资料
制作基于线性霍尔传感器技术的互感器免拆线对线仪	作业指导书	编制作业指导书	已编制《多功能自动剥线机标准化作业指导书》	YJ-03114520××	
	装置培训	开展专项培训	已开展专项培训2次	JP180××D	

　　小组进行了国内、外科技查新，本课题的研究内容在目前还是空白的科技领域（见图 6-17）。不仅如此，小组成员通过查新进一步了解了科技前沿知识，为小组的课题研究提供了新的思路和启发。小组还通过发明专利申请进行知识产权保护。

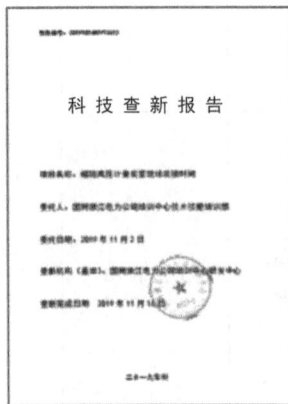

图 6-17　科技查新报告

2. 巩固措施回头看

小组对活动实施前、实施后、巩固期高压计量装置现场装接的时间进行了持续效果跟踪，调查结果见表 6-28、图 6-18。

表 6-28　　　　　　　2019 年 11 月装接时间统计表

时间	2018.12	2019.8	2019.9	2019.10	2019.11
活动阶段	活动前	活动后	巩固期		
平均时间（min）	57.5	27.2	26.9	27.1	26.2

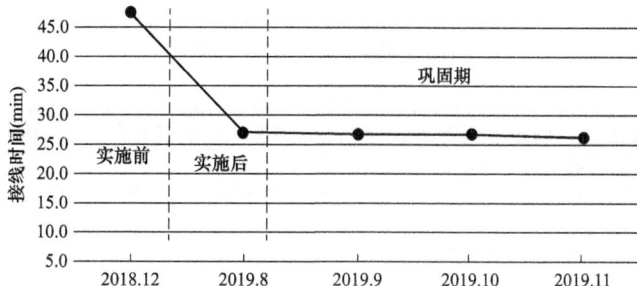

图 6-18　实施前后与巩固期高压计量装置装接时间折线图

从表 6-28 可以看出，2019 年 9～11 月高压计量装置现场装接平均时间为 26.9、27.1、26.2min，满足公司要求，巩固效果良好。

十二、总结和下一步打算

1. 总结

本次课题"缩短高压计量装置现场装接时间"，以缩短高压计量装置现场装接时间、提高装接工作效率为目的，通过调查研究并运用调查表、直方图等方法，对数据进行整理、分类、统计。小组成功设计并制作出多功能自动切剥装置替代人工切剥导线，制作了基于线性霍尔传感器技术的互感器免拆线对线仪，免去互感器拆线核对步骤，减少人力、物力、财力，缩短高压计量装置现场装接时间，进一步提高了装接工作效率，本次活动的总结如表 6-29 所示。

表 6-29　　　　　　　　　活 动 总 结 表

分类	创新特色	不足之处
小组专业技术方面	（1）小组具有质量改进与创新的思路与理念，以现场问题为导向，在专业技术上有重大突破。通过调查分析公司装接时间目标与目前装接过程中存在的难题，选择了本次课题"缩短高压计量装置现场装接时间"。 　　课题以缩短高压计量装置现场装接时间为目的，调查发现症结为高压计量装置的接线时间长，运用散布图、直方图等方式进行原因分析，发现切剥长度不准、不能免拆线对线两个要因，通过制作多功能自动切剥装置和基于线性霍尔传感器技术的互感器免拆线对线仪，将高压计量装置现场装接时间从平均 57.5min 降到了 27.2min，最后通过标准规范、专利、培训来巩固此次小组 QC 活动。 　　（2）在对策实施上，小组对于逻辑性分析有了很大的提升，小组将项目进行模块化分析，并做方案细究研究，依托群创成果加以巩固应用，使项目更具可信度与可行性。通过严密科学的活动程序，学习了解了 PDCA 质量改进的方法。 　　（3）课题技术具有先进性，有专利链、专利池知识产权的保护特色。已申请受理"一种剥线机剥线方法"发明专利一项，"一种具有放线座的剥线机"和"剥线机"实用新型专利两项。 　　（4）应用范围广泛。多功能自动切剥装置能够按照预先的程度自动切剥导线，可以适用于高低压计量装置装接过程，特别是对同规格、大规模批量安装的居民小区单相表，可以实现导线切剥的量产化，在更大范围代替人工操作	自动切剥导线的刀口有碰伤的可能，需要加防护套；装置的散热性能需要提升

分类	创新特色			不足之处
管理技术提升	通过本次 QC 活动实施过程，小组成员明确每个人的职责，相互之间配合默契，凝聚了团队精神，管理技术水平得到提升，如下表所示。			不能熟练地使用排列图、饼图等常用 QC 工器具

活动内容	优点	运用工具
课题选择	课题针对性强，能有效解决现场实际问题	调查表、直方图
现状调查	现场调查深入，确定基本目标	调查表、流程图、排列图
目标设定	根据现状调查，通过试验、测试的数据确定目标	直方图、调查表
原因分析	开展头脑风暴，集思广益，深度剖析现场，分析所有可能原因	关联图
要因确认	通过调查分析、试验、测试，用数据说话，根据对症结的影响程度，分析并确认要因	调查表、直方图、散布图等
制定对策	提出了对策的多种方案，通过试验、测试、调查统计，确定最佳方案，提出有效的实施措施	调查表
对策实施	逐条实施并检查实施效果，数据充分	调查表、折线图等
效果检查	通过对课题效果、经济效果、社会效果等方面进行检查	调查表、排列图、直方图等

续表

分类	创新特色	不足之处
小组成员素质提升	小组成员质量改进能力，应用质量工具分析问题、解决问题能力得到提升，各方面技能、技术得到了全面的发展，如下表所示。 	小组成员	活动前	活动后
×××	对 QC 工作了解较少	学习了 QC 发布的技巧，掌握了撰写 QC 论文的方法
×××	对 QC 工作了解较少	学习了 QC 知识，调动了创新积极性，掌握了撰写专利的方法
×××	对 QC 工作了解较少	提高了团队精神，激发了对科技创新的积极性
×××	有 QC 小组活动经验	创新能力、QC 发布 PPT 的编排能力得到提升
×××	多次组织 QC 活动，经验丰富	对 QC 小组活动的科学性加深了认识，增加了对企业管理的投入
×××	有较少的 QC 小组活动经验	各方面技能、技术以及综合素质都得到了提升
×××	对 QC 工作了解较少	学习鱼刺图、FMEA 法、折现图等 QC 工器具的使用
×××	有 QC 小组活动经验	掌握了撰写 QC 论文的方法，学会了应用 QC 工具分析问题、解决问题
×××	刚刚入职，不了解 QC 工作	学会运用 QC 工具，解决生产生活中的技术难题
×××	不了解 QC 工作	学习鱼刺图、FMEA 法、折线图等 QC 工器具的使用		需进一步对新规范、新标准进行学习领会，提高创新能力

　　通过本次 QC 活动，小组成员不仅解决了计量装置装接耗时难题，同时小组成员的质量改进能力，应用质量工具分析问题、解决问题能力得到提升，对 QC 小组活动的科学性加深了认识，增加了小组成员对企业管理的投入，提高了团队精神，尤为重要的是在 QC 活动过程中，培养了小组成员各个方面的技能与素质，为员工的成长、成才提供了强有力的推动力。

2. 下一步打算

小组针对本 QC 成果进一步研究，发现仍存在有待提高的地方，小组在下一步将对其不断提升，并制定方案，确定完成时间节点，落实到人，下一步打算如表 6-30 所示。

表 6-30　　　　　　　　　下 一 步 打 算

不足	改进措施	预期目标	负责人	完成时间
针对技术上的不足	采用切剥刀口封装装置，防止人员误碰危险区域	完成刀口封装改造，提升设备安全性	×××	2020.6.31
	采用散风装置改善切剥装置长期工作的散热性能	加装散热装置，提升装置的可靠性	×××	2020.7.31
针对管理上的不足	增加 QC 工器具的学习培训，增强小组成员 QC 活动水平	深入学习鱼刺图、排列图等 QC 工器具的使用，开展该类专项培训 2 次	×××	2020.8.31
针对小组成员素质提升上的不足	需进一步对新规范、新标准进行理解，更进一步提高创新能力	开展质量管理标准培训 2 次，邀请质量管理专家讲解质量管理、创新活动开展新方法 1 次	×××	2020.9.31

针对当前切剥装置笨重、不易携带等问题，改善模块配置，改造成紧凑型、便携式装置，小组计划以"研制便携式自动切剥装置"为课题继续开展 QC 活动。

今后小组将在实际工作中，更广泛地开展 QC 活动，不断创新，不断用 PDCA 循环的方法来解决电力生产实践中发现的问题，为企业生产发展添砖加瓦。

十三、案例一点评

本 QC 小组针对传统的高压计量装置装接中存在"辅助工器具手工切剥费力""导线取用易缠绕影响工作效率""导线露铜、压皮等存在着窃电、触电、电表烧毁、电气火灾等重大隐患""导线切剥长度预估不准""互感器对线作业空间受限等困难使计量装置装接耗时过长"等突出问题，以"缩短高压计量装置现场装接时间"为课题，遵循 PDCA 循环，开展 QC 小组活动，活动类型为问题解决型。活动全过程思路清晰、流程规范、成效显著，突出体现了"小、实、活、新"的特点，值得广大 QC 小组学习和借鉴。此次活动具体优点介绍如下。

（1）本 QC 小组通过设计制作多功能自动切剥装置和基于线性霍尔传感器技术的互感器免拆线对线仪，将高压计量装置现场装接时间由 QC 活动前的 57.5min 缩短到了活动后的 27.2min，圆满完成了课题目标。采用课题成果后，自动切剥装置代替了人工切剥操作，剥取导线绝缘体时不但能够确保不伤线芯，而且避免了人工切剥划伤手臂等事故的发生，装接工也不必再进入狭小空间进行作业，避免了碰擦伤事故，保证了人员和设备的安全。另外采用预制装接用标准化导线物料，简化了装接操作。总的来说，此次活动从根本上解决了传统的高压计量装置现场装接存在的诸多问题，活动成果较显著，具有极强的可复制、可推广性。

（2）QC 成果按照问题解决型（自定目标）课题 10 个部分进行阐述，选择课题、现状调查、目标制定、原因分析、对策制定、对策实施、效果检查、巩固措施、总结打算等环节环环相扣，逻辑严密。各个环节都论述严密，且做到了前后呼应。现状调查环节层层递进，层层深入，较清晰地呈现了寻找症结的整个过程，为后续原因分析提供了指引。在要因确认过程中，QC 小组广泛采用试验、测试、调查分析的方法，针对末端因素对症结的影响程度，使用客观数据进行详细分析论证，从而确定要因所在。对策实施过程中，及时收集数据，与对策表中设定的目标值进行比较验证，以明确对策实施的有效性，同时小组对成果进行了第三方检测，确保装接工具的改进对安全、质量、管理、成本等均无负面影响。效果检查过程中，不仅针对性地对 QC 小组活动前后情况与课题目标值进行了效果比较和检查，而且对问题的症结也进行了活动前后的比较和检查，结果显示主要症结已经得到了很好的解决。

（3）小组将对策表中实施证明有效的措施，纳入公司相关标准，归档了设计图纸，制定了工艺标准、操作说明书、作业指导书，并开展了装置使用培训来巩固课题。且在 2019 年 8 月的效果检查期后，小组又在

9—11月开展了巩固措施"回头看"工作，对巩固期高压计量装置现场装接的时间进行了持续效果跟踪，调查结果显示仍满足公司要求，巩固效果良好。

（4）课题较灵活地运用调查表、直方图、关联图、散布图、折线图等QC小组活动常用的统计方法，且严格地遵循"用数据说话"这一质量管理基本原则，充分运用试验、测试、调查分析得到的详细数据进行分析和阐述，使论证精确严谨，结论有力。对策目标中也合理地设定了可量化的目标值，便于在对策实施过程予以验证，以及对实施效果完成情况及时掌控。

本QC小组成果存在着以下几个方面的问题，宜持续加以改进。

（1）前言针对性不强，没有直接针对高压计量装置装接的现状进行概括，而是笼统地阐述"每年新装电能表"的规模，新装电能表高、低压均有涉及，且高压计量装置不等同于电能表，还包括电压、电流互感器等其他设备，应直切主题，言简意赅。

（2）现状调查全过程选取对象的一致性未交代清楚。"调查一"中调查的是20位学员装接时间的数据，得到高压计量装置现场装接时间平均耗时57.5min，"调查二"未交代调查对象，对57.5min进行不同环节工作流程分析，得到高压计量装置的操作过程占总时间（57.5min）的90.43%，为52.0min，而"调查三"统计的是6个不同班级的现场准备、挂表、接线、计量器具封印、清理现场各部分的数据，得到高压计量装置接线工序的时间为41.5min，占52.0min的79.81%。只有当这20位学员即为6个不同班级选取的学员时，统计数据上才能保持前后的一惯性，否则分析存在较大漏洞，宜加以注意。

（3）在设定目标环节，小组列出了目标设定的依据，认为"小组中有经验丰富的工程师和高学历员工，对应的专业技能和研发能力强，有成熟的装表接电实训室条件，解决过多次装表接电现场难题"，所以"有能力将本次课题症结问题解决70%以上"，较为主观，未经过严格推敲测算分析，缺乏说服力。

（4）课题针对主要症结"接线时间长"，从"人员、机器、材料、方法、测量、环境"因素的角度进行原因分析时，问题和原因之间逻辑关系的清晰性、紧密性上有待加强，如"接线时间长——切剥导线工序频繁——需重复进行操作——用眼睛估量长度——切剥长度预估不准"，因果关系存疑。

（5）在要因确认过程中，多个环节用到了对标的方法加上对依据末端因素对症结的影响程度判断是否为要因，如培训合格率、参加率、技术资格等，对标的方法多余，应予剔除。同时多个地方用到了散布图，在确认末端因素与症结存在强正相关性时，应进一步进行极差值分析（最大值与最小值的差距），如极差较明显，才能判断为要因，本课题缺少此环节。

（6）对策表制订时，措施的制定应不含"效果验证"环节，应予剔除。

（7）在总结与下一步打算中，描述多泛泛而谈，缺乏课题针对性，专业技术总结应紧紧围绕本次 QC 课题中的技术改进与创新点进行针对性总结，各个技术改进与创新点有论文、专利、转件著作权等知识产权支撑更佳。

案例二 减少 220kV 变电站蓄电池静态放电时间

一、前言

在电力系统中，直流供电系统是变电运检的心脏，而蓄电池作为直流供电电源，承担着为二次系统负载提供电力的重要任务。当变电站发生全停、失电等故障时，蓄电池为保护装置、通信装置、控制装置提供电源，以确保故障可靠切除。蓄电池作为变电站的应急电源，若维护不善，将存在保护装置误动作甚至导致整个变电站瘫痪的风险。因此，蓄电池的运行维护尤为重要。

蓄电池静态放电标准化作业是保证安全运行的有效手段，通过静态放电可以分析蓄电池的实际状态，及时发现存在的重要缺陷。根据标准，220kV 变电站须每 3 个月进行一次静态放电。传统的放电工作须现场人工手动进行，费时费力、效率低下。为了提升工作效率，精益化生产管理队伍，计划对蓄电池放电工作方式进行改善。

二、小组简介

小组简介如表 6-31 所示。

表 6-31   小 组 简 介 表

小组名称	××公司女职工 QC 小组						
课题名	减少 220kV 变电站蓄电池静态放电时间						
成立背景	为践行"企业主体、工会主导、女职工主角"理念，激发女职工的双创激情与活动，提升女职工质量改进、技术创新意识和能力，成立本 QC 小组						
课题类型	问题解决型		活动次数	16 次	课题指导	×××	
注册号	JDNZW2019××		注册日期	2019.1.1	活动时间	2019.1—2020.6	
姓名	性别	学历	分工	姓名	性别	学历	分工
×××	女	硕士	组长	×××	女	本科	组员
×××	女	硕士	副组长	×××	女	硕士	组员
×××	女	硕士	组员	×××	女	本科	组员
×××	女	硕士	组员	×××	女	本科	组员
×××	男	硕士	组员	×××	男	硕士	组员

三、选择课题

在精益化管理与"变电设备主人制"的实施背景下，小组将"减少 220kV 变电站蓄电池静态放电时间"选定为课题，课题选择流程图如图 6-19 所示。

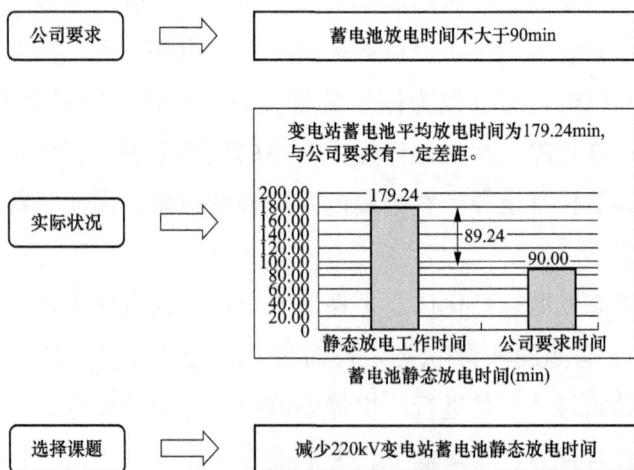

图 6-19　课题选择流程图

四、现状调查

1. 调查一：各变电站蓄电池静态放电所有环节时间调查

各变电站蓄电池静态放电所有环节时间调查如图 6-20 所示。

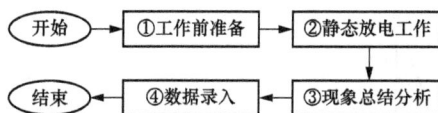

图 6-20　蓄电池静态放电所有环节流程图

2019 年 1 月 1～31 日，小组对班组所辖范围内的蓄电池静态放电所有环节耗时情况进行统计，单位为分钟，结果如表 6-32、表 6-33、图 6-21 所示。

表 6-32　　2019 年 1 月 1～31 日各变电站蓄电池静态放电所有环节耗时
统计表　　　　　　　　　　　　　　　　单位：min

变电站	工作前准备	静态放电工作	现象总结分析	数据录入	其他	合计
××变电站	14.6	82.0	9.9	3.1	2.1	111.70
××变电站	16.7	138.1	9.2	3.4	1.9	163.90
××变电站	15.6	155.4	10.2	3.1	2.0	186.30
××变电站	13.4	174.2	11.5	3.2	2.1	204.40
××变电站	16.3	179.6	11.9	3.1	2.0	212.90
××变电站	16.8	159.7	9.3	3.2	1.9	190.90
××变电站	15.3	155.6	10.4	3.2	2.1	186.60
××变电站	14.9	142.3	10.9	3.3	2.1	173.50
××变电站	16.5	146.2	9.6	3.1	2.1	177.30
平均时间	15.6	148.1	10.3	3.2	2.0	179.24

表 6-33　2019 年 1 月 1～31 日变电站蓄电池静态放电所有环节耗时调查表

节点号	业务类型	时间（min）	占总时长比例（%）	累计占比（%）
②	静态放电工作	148.1	82.67	82.67
①	工作前准备	15.6	8.68	91.35
③	现象总结分析	10.3	5.76	97.11
④	数据录入	3.2	1.78	98.89
	其他	2.0	1.11	100.00

结论一：变电站蓄电池静态放电工作占总时间的 82.67%，远高于其他流程所占比例，是重点关注对象。

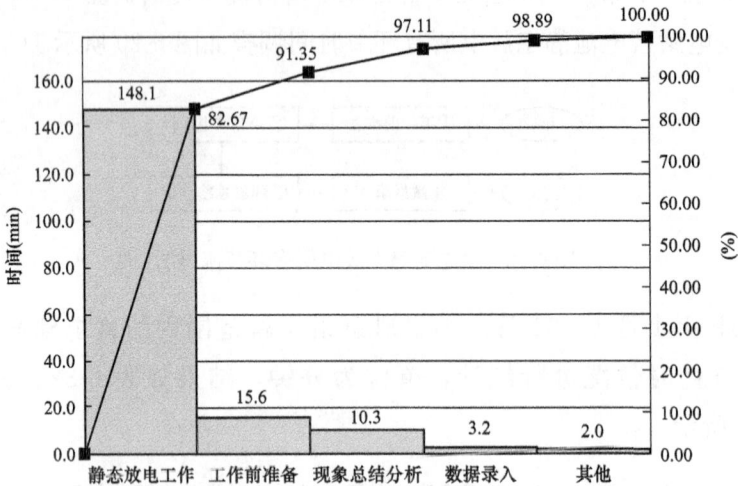

图 6-21　各变电站蓄电池静态放电所有环节耗时排列图

2. 调查二：各变电站蓄电池静态放电工作时间调查

各变电站蓄电池静态放电工作时间调查如图 6-22 所示。

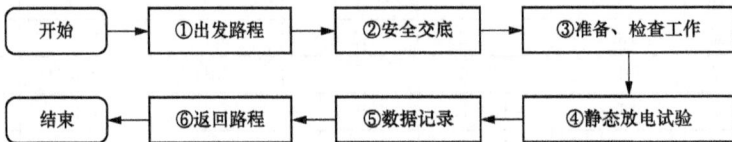

图 6-22　蓄电池静态放电工作流程图

2019 年 1 月 1～31 日，小组对班组所辖范围内的蓄电池静态放电工作耗时情况进行统计，结果如表 6-34 所示。

变电站蓄电池静态放电工作试验工作流程分为乘车出发、安全交底、准备与检查工作、试验过程、记录工作、返回路程、工作终结这几个环节，不同环节工作时长不同，小组对各工作环节的工作时间也进行了统计。运用分层法，对表 6-34 中的平均工作时间 148.17min 进行不同环节工作流程分析（见表 6-35，图 6-23）。

表 6-34 **2019 年 1 月 1～31 日各变电站蓄电池静态放电**

工作耗时统计表 单位：min

变电站	出发路程	安全交底	准备、检查工作	静态放电试验	数据记录	返回路程	其他	合计
××变电站	5.00	5.00	5.00	60.00	2.00	4.00	1.00	82.00
××变电站	25.00	6.00	5.00	62.00	2.00	25.00	1.00	126.00
××变电站	40.00	6.00	5.00	61.00	2.00	39.00	1.00	154.00
××变电站	45.00	4.00	6.00	63.00	3.00	44.00	2.00	168.00
××变电站	44.00	4.00	4.00	66.00	2.00	43.00	1.00	1164.00
××变电站	38.00	4.00	5.00	65.00	2.00	37.00	2.00	153.00
××变电站	45.00	6.00	4.00	63.00	3.00	44.00	1.00	166.00
××变电站	43.00	4.00	5.00	61.00	2.00	44.00	2.00	159.00
××变电站	42.00	5.00	6.00	64.00	2.00	40.00	2.00	161.00
平均	36.33	5.00	5.00	62.83	2.21	35.30	1.50	148.17

表 6-35 **2019 年 1 月 1～31 日变电站蓄电池静态放电工作环节**

各流程耗时调查表

节点号	业务类型	时间（min）	时间占比（%）	累计占比（%）
①、⑥	车程耗时	71.63	48.36	48.34
④	静态放电试验	62.83	42.42	90.75
②	安全交底	5.00	3.38	94.12
③	准备、检查工作	5.00	3.38	97.50
⑤	数据记录	2.21	1.49	98.99
	其他	1.50	1.01	100.00

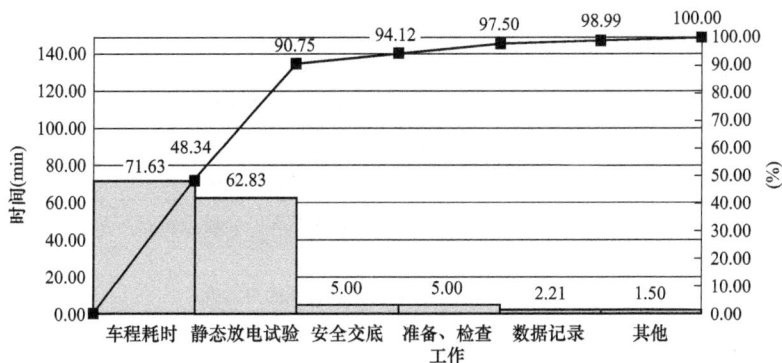

图 6-23　各变电站蓄电池静态放电工作环节各流程耗时排列图

结论二："车程耗时"与"静态放电试验"累计时间占试验过程时间的90.75％，因此"车程耗时"与"静态放电试验"是变电站蓄电池静态放电工作过程时间长的症结所在。

五、设定目标

1. 目标设定依据

小组调查资料发现，基于互联网的蓄电池管控系统能够实现前端感知，实时获取蓄电池静态放电工作时的数据信息，及时了解蓄电池的健康状态，避免了在切换周期内出现蓄电池故障问题，同时通过网络层的信息传输，实现应用站控层互联，达到远程静态放电工作的目的，经过小组测试、试验、调查分析，若能采用一系列方法实现基于互联网的蓄电池远程管控系统，完成症结的80％可将时间缩短至 $179.24-（71.63+62.83）×0.8=71.672min$。

同时类比参照智能站远程倒闸操作一键顺控方法将路程耗时与工作时间压缩在12min内，从理论上计算出总时间为 $179.24-71.63-62.83+12=56.78min$。通过以上分析，结合项目需要的专业知识以及小组成员具备的知识技能情况，认为该目标具有可行性。

小组中有经验丰富的工程师和高学历员工，具有对应的专业技能和实际经验研发能力强，具体情况如表6-36所示。

表6-36　　　　　　项目需要专业知识与小组具备情况表

	项目需要专业知识	小组具备情况
知识	信通技术	小组具备信通技术人员：×××、×××
	计算机技术	小组具备计算机技术人员：×××
	继电保护技术	小组具备继电保护技术人员：×××、×××
	电气工程及其自动化技术	小组具备电气工程及其自动化技术人员：×××、×××
	统计专业技术	小组具备统计专业技术人员：×××
技能	QC课题展开经验	小组具备QC课题展开经验人员：×××、×××、×××、×××、×××、×××
	团队管理能力	小组具备团队管理能力人员：×××、×××

2. 目标值设定

为满足公司要求，计划将变电站蓄电池静态放电全流程时间由平均

179.24min 缩短到 75.00min，如图 6-24 所示。

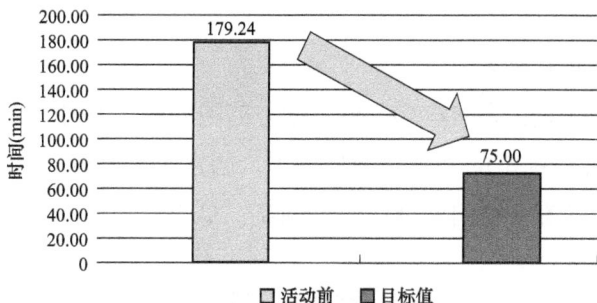

图 6-24 课题"减少蓄电池静态放电全流程时间"目标设定柱状图

六、原因分析

小组成员召开会议，运用头脑风暴法，针对主要症结"车程耗时"与"静态放电试验"，从"人员、机器、材料、方法、测量、环境"因素的角度找出了 11 条末端因素。由于末端因素之间有交叉影响，因此绘制中央集中型关联图，如图 6-25 所示。

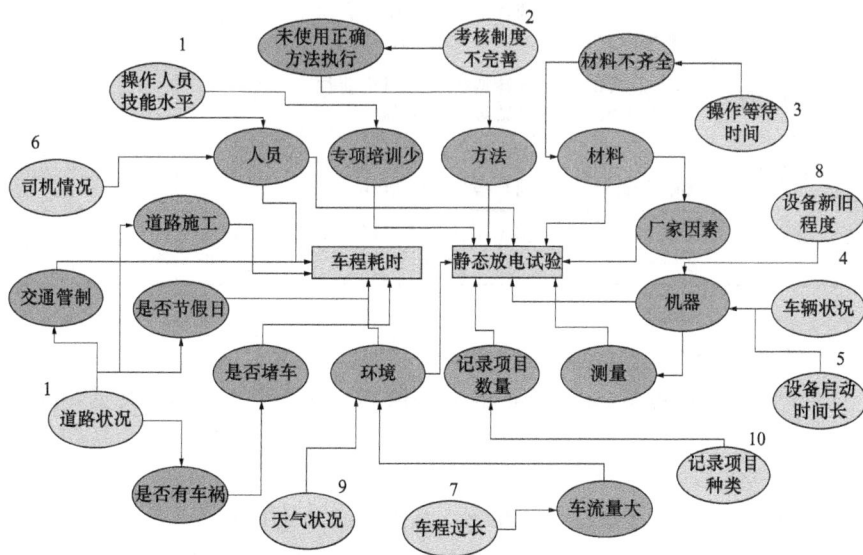

图 6-25 原因分析图

七、要因确认

1. 要因确认计划表

小组通过讨论后去除本 QC 小组能力范围外的客观原因，即天气状况、道路状况、（五通规定的）记录项目种类，制定了要因确认表，运用不同的调查方法，对每条末端因素进行要因确认，见表 6-37。

表 6-37　　　　　　　　　　要因确认计划表

序号	末端因素	确认标准	确认内容	确认方法	责任人	确认时间
1	操作人员技能水平	对症结的影响程度大	调查分析静态放电工作人员技能水平的高低对症结的影响	调查统计、试验	×××	2019.2
2	考核制度不完善	对症结的影响程度大	对增加考核力度前后查询时间进行统计	调查分析、试验	×××	2019.5
3	操作等待时间	对症结的影响程度大	调查统计各试验中的操作等待时间对症结的影响	试验	×××	2019.4
4	车辆状况	对症结的影响程度大	调查统计不同车辆来去时间对症结的影响	调查分析	×××	2019.4
5	设备启动时间	对症结的影响程度大	调查统计不同设备启动时间长短对症结的影响	试验	×××	2019.4
6	司机情况	对症结的影响程度大	统计调查不同司机前往变电站对症结的影响	调查分析	×××	2019.4
7	车程过长	对症结的影响程度大	调查统计不同距离下的不同车程对症结的影响	试验	×××	2019.4
8	设备新旧程度	对症结的影响程度大	调查统计不同新旧程度的不同设备对症结的影响	试验、调查分析	×××	2019.4

2. 要因确认

（1）确认一：操作人员技能水平。操作人员技能水平确认表如表 6-38 所示。

表 6-38　　　　末端因素一"操作人员技能水平"确认表

确认一	操作人员技能水平
确认标准	对症结的影响程度大

续表

| 调查统计、试验 | | | | | | | | | | |
| | | 基础知识培训照片 | | | | 现场培训照片 | | | | |

小组针对不同技能水平的 6 位操作人员对静态放电工作时间进行调研，得到不同技能水平操作人员耗时表，如下表所示。

单位：min

操作人员	技术资格	××变电站	××变电站	××变电站	××变电站	××变电站	××变电站	××变电站	××变电站	××变电站	平均值
×××	技师	67	123	140	144	148	145	142	143	145	133.17
×××	技师	65	126	142	154	151	149	152	148	145	136.83
×××	高级工	66	125	148	143	144	150	146	147	149	135.33
×××	高级工	68	127	143	142	148	146	141	143	147	133.83
×××	高级工	67	124	138	140	142	144	141	142	142	131.17
×××	中级工	68	125	148	149	146	147	149	151	144	136.33

不同技能水平操作人员耗时对比

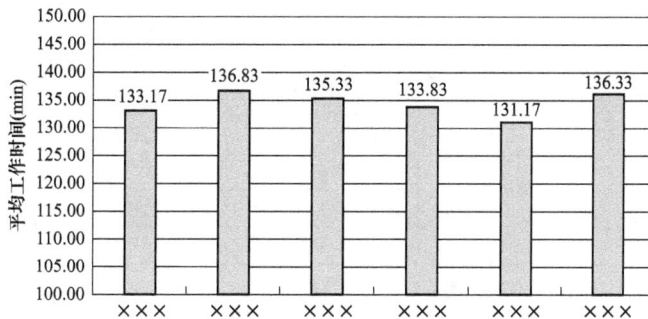

从小组调查分析的结果可以看到，操作人员的技能水平和症结所花时长呈现杂乱无章的变化情况：技能水平高和技能水平低的操作人员，试验时间十分接近，甚至出现了技能水平高的操作人员试验时间高于技能水平低的操作人员的情况，故"操作人员技能水平"对症结无影响

确认结论	非要因

（2）确认二：考核制度不完善。考核制度不完善确认表如表 6-39 所示。

表 6-39   末端因素二"考核制度不完善"确认表

确认二	考核制度不完善
确认方法	对症结的影响程度大

调查分析、试验	公司规定,对进行数据记录整理和静态放电工作的人员考核次数动态放电不少于 1 次/月、静态放电不低于 1 次/季、考核率不低于 100%。对静态放电工作,小组对工作人员与数据库记录人员加强了考核力度,除完成公司人员考核次数动态放电不少于 1 次/月、静态放电不低于 1 次/季、考核率不低于 100% 的规定外,额外增加考核次数,后对静态放电工作时间进行统计,具体情况如下表所示。

工作地点	考核时间	考核情况	考核率（%）
所辖各变电站	2019 年 1 月 2 日	已考核	100
	2019 年 1 月 25 日	已考核	100
所辖各变电站	2019 年 2 月 2 日	已考核	100
	2019 年 2 月 10 日	已考核	100
所辖各变电站	2019 年 2 月 15 日	已考核	100
	2019 年 2 月 20 日	已考核	100
	2019 年 2 月 23 日	已考核	100
所辖各变电站	2019 年 3 月 2 日	已考核	100
	2019 年 3 月 10 日	已考核	100
	2019 年 3 月 15 日	已考核	100
	2019 年 3 月 20 日	已考核	100
	2019 年 3 月 23 日	已考核	100
所辖各变电站	2019 年 4 月 2 日	已考核	100
	2019 年 4 月 10 日	已考核	100
	2019 年 4 月 15 日	已考核	100
	2019 年 4 月 20 日	已考核	100
	2019 年 4 月 23 日	已考核	100

增加考核次数前后对比图如下图所示。

工作地点	考核时间	症结时间（min）	平均值（min）
所辖各变电站	2019 年 1 月 2 日	138.73	134.88
	2019 年 1 月 25 日	131.02	
所辖各变电站	2019 年 2 月 2 日	136.17	134.48
	2019 年 2 月 10 日	138.40	
	2019 年 2 月 15 日	130.91	
	2019 年 2 月 20 日	131.72	
	2019 年 2 月 23 日	135.17	

续表

工作地点	考核时间	症结时间（min）	平均值（min）
所辖各变电站	2019 年 3 月 2 日	135.20	133.83
	2019 年 3 月 10 日	133.20	
	2019 年 3 月 15 日	138.22	
	2019 年 3 月 20 日	130.59	
	2019 年 3 月 23 日	131.94	
所辖各变电站	2019 年 4 月 2 日	138.73	135.42
	2019 年 4 月 10 日	131.02	
	2019 年 4 月 15 日	136.17	
	2019 年 4 月 20 日	138.40	
	2019 年 4 月 23 日	130.91	

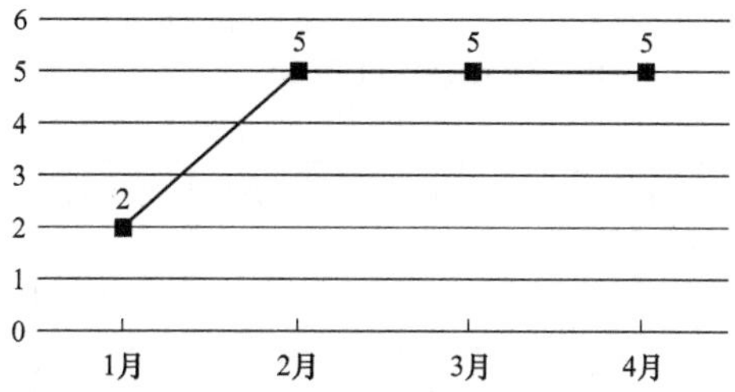

调查分析、试验

考核次数（次/季度）－所辖各变电站

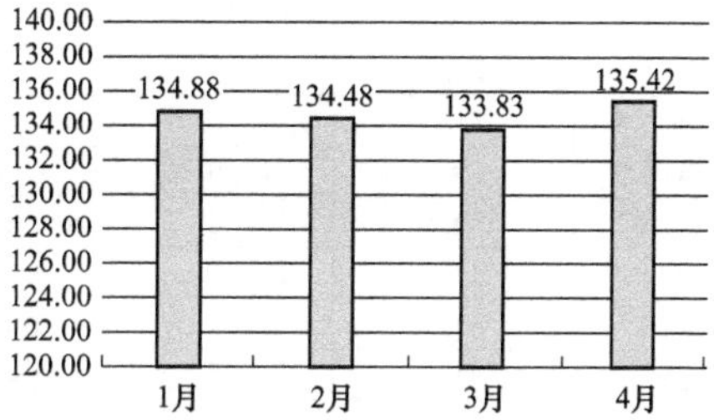

症结所花时间（min）－所辖各变电站

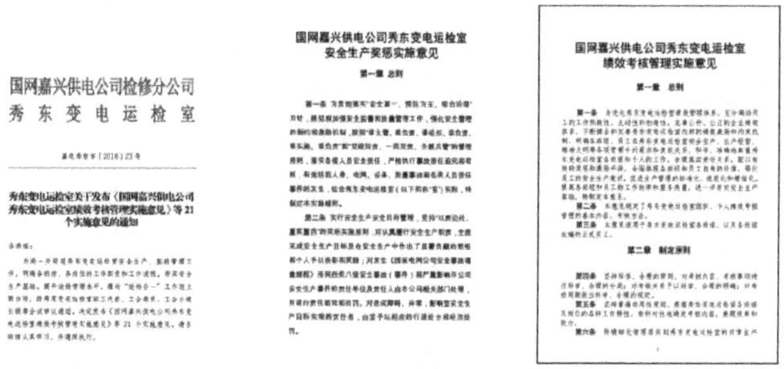

工作人员需考核的各项规章制度

调查分析、试验	对比增加考核前后的静态放电工作总体时间，显示考核力度与考核制度的严格程度与症结所耗工作的时间没有显著影响，甚至出现考核次数与力度增加的时候工作人员出于安全考虑，症结所花时间反而增多的情况
确认结论	非要因

（3）确认三：操作等待时间。操作等待时间确认表如表 6-40 所示。

（4）确认四：车辆状况。车辆状况确认表如表 6-41 所示。

表 6-40　　　　　末端因素三"操作等待时间"确认表

确认三	操作等待时间				
确认方法	对症结的影响程度大				
试验	在 2019 年 1～3 月，抽样选取 6 次××变电站、××变电站、××变电站、××变电站、××变电站、××变电站等变电站蓄电池静态放电工作中操作等待时间，对静态放电工作时间进行调研，统计结果如下所示				

单位：min

变电站/第 n 次	操作等待时间	症结耗时	变电站/第 n 次	操作等待时间	症结耗时
××变电站1	9.0	70.7	××变电站2	10.2	68.3
××变电站3	8.2	67.6	××变电站4	11.1	71.1
××变电站5	8.5	69.6	××变电站6	9.4	71.5
××变电站1	62.4	116.7	××变电站2	64.1	122.2
××变电站3	59.3	118.6	××变电站4	61.3	119.0
××变电站5	64.8	118.7	××变电站6	58.5	113.7
××变电站1	78.3	140.4	××变电站2	82.3	138.3
××变电站3	84.7	143.6	××变电站4	82.1	139.4
××变电站5	79.9	142.9	××变电站6	80.3	143.9
××变电站1	80.5	137.4	××变电站2	81.2	145.3
××变电站3	83.8	143.0	××变电站4	84.7	143.4
××变电站5	81.4	140.7	××变电站6	81.1	140.9
××变电站1	94.0	151.6	××变电站2	94.1	152.8
××变电站3	90.5	151.5	××变电站4	94.7	149.0
××变电站5	91.8	152.9	××变电站6	94.4	151.2
××变电站1	94.5	153.6	××变电站2	92.0	152.2
××变电站3	100.2	155.9	××变电站4	102.4	154.7
××变电站5	95.2	160.1	××变电站6	100.2	155.8
××变电站1	97.2	157.9	××变电站2	95.7	161.7
××变电站3	102.5	163.7	××变电站4	98.5	155.0
××变电站5	98.4	160.0	××变电站6	96.9	155.8
××变电站1	81.1	139.3	××变电站2	76.9	137.3
××变电站3	80.3	144.5	××变电站4	77.6	134.2
××变电站5	77.6	141.7	××变电站6	79.3	140.7
××变电站1	75.6	140.3	××变电站2	81.9	141.0
××变电站3	78.1	137.7	××变电站4	82.9	137.6
××变电站5	79.8	142.8	××变电站6	78.2	141.1

试验	根据小组调查，小组查阅资料、现场调查分析，通过现场调查记录得出操作等待平均时间占静态放电工作时间的比值，在 2019 年 1～3 月所测，如下表所示。 通过数据分析获得相关关系如下图所示。 操作等待时间与症结所耗时间相关图 小组进行现场试验、计算，由散布图可以获得 $R^2 = 0.9874$，发现操作等待时间与症结所耗时间呈强正相关性，且极差值较大，约为 6，可见末端因素"操作等待时间"对症结的影响程度大，为要因
确认结论	要因

表 6-41 **末端因素四"车辆状况"确认表**

确认四	车辆状况
确认方法	症结的影响程度大

调查分析

在 2019 年 1～3 月，抽样选取所辖变电站 3 辆全勤车与 2 辆白班车前往所辖各变电站所花时间，此 5 辆车车龄不等，各统计 3 次时间如下表所示。

单位：min

车龄	次数	××变电站	××变电站	××变电站	××变电站	××变电站	××变电站	××变电站	××变电站	××变电站	各站均耗时	平均时间
低于2年	1	8.1	59.8	76.6	84.5	95.0	72.5	77.7	75.9	75.7	69.5	70.03
	2	11.0	61.0	73.9	85.5	96.3	69.8	79.9	79.8	77.8	70.6	
	3	9.7	56.3	72.7	87.8	94.3	74.7	80.8	77.2	76.9	70.0	
2～4年	1	9.3	55.6	76.5	86.4	93.8	74.7	83.5	79.0	78.5	70.8	70.86
	2	11.2	64.1	78.2	84.9	91.2	75.3	75.7	75.8	77.9	70.5	
	3	10.3	62.4	76.9	84.8	96.2	76.5	78.9	79.2	76.3	71.3	
4～6年	1	11.4	59.5	75.9	85.7	93.0	71.9	77.2	77.1	76.0	69.7	69.39
	2	8.5	59.5	73.9	84.6	92.0	73.4	77.6	79.8	75.2	69.4	
	3	8.7	58.4	74.2	85.1	92.6	75.0	77.1	76.0	74.3	69.0	
6～8年	1	11.2	59.5	77.2	84.6	90.5	72.7	80.0	81.0	75.2	70.2	69.92
	2	8.7	59.3	74.8	82.5	92.3	73.2	78.1	82.4	76.3	69.7	
	3	8.9	58.7	75.1	86.7	94.1	74.2	77.4	77.4	76.1	69.8	
8～10年	1	9.2	55.7	78.7	87.5	91.3	72.3	78.2	81.8	79.2	70.4	70.91
	2	11.4	64.2	79.2	86.8	92.7	76.9	80.5	77.7	77.3	71.9	
	3	11.0	62.6	78.7	82.1	94.2	74.2	76.3	78.1	76.7	70.4	

续表

调查分析、试验	
	通过数据分析可以发现，路程耗时与车龄无明确影响，反而出现车辆较新行程时间较长的现象。因此"车辆状况"为非要因
确认结论	非要因

（5）确认五：设备启动时间。设备启动时间确认表如表 6-42 所示。

表 6-42　　　　　　　末端因素五"设备启动时间"确认表

确认五	设备启动时间							
确认方法	对症结的影响程度大							
试验	小组通过试验获得××变电站症结所耗时间与设备启动时间相关情况，如下所示。							

单位：min

序号	设备启动时间	症结所耗时间	序号	设备启动时间	症结所耗时间	序号	设备启动时间	症结所耗时间
1	4.1	157.2	17	3.9	159.8	33	5.5	152.7
2	5.6	148.5	18	5.6	152.4	34	16.4	53.7
3	6.5	151.4	19	3.7	151.7	35	16.5	53.9
4	5.1	143.4	20	6.2	157.2	36	16.6	53.5
5	4.2	150.0	21	3.6	148.2	37	16.7	54.7
6	5.7	151.6	22	4.8	149.4	38	16.8	54.8
7	6.1	142.6	23	5.0	151.1	39	16.9	53.6
8	4.2	148.1	24	5.2	158.4	40	17.0	54.5
9	3.7	153.9	25	4.6	148.9	41	3.3	146.5
10	4.5	141.3	26	5.2	157.9	42	4.2	142.4
11	5.0	142.7	27	5.4	158.2	43	4.9	158.7
12	3.7	150.7	28	3.4	141.8	44	6.7	148.5
13	4.6	146.5	29	3.2	148.8	45	4.9	153.6
14	6.5	148.9	30	5.2	156.4	46	3.1	144.7
15	3.2	159.7	31	4.4	156.4	47	4.7	151.4
16	5.3	157.0	32	3.2	150.6	48	5.1	150.1

续表

续表

序号	设备启动时间	症结所耗时间	序号	设备启动时间	症结所耗时间	序号	设备启动时间	症结所耗时间
49	4.8	141.0	53	6.8	152.6	57	19.3	56.0
50	3.5	156.5	54	19.0	55.7	58	19.7	57.3
51	6.8	146.2	55	19.1	56.5	59	19.9	57.0
52	6.8	156.8	56	19.2	55.9	60	20.0	57.2

试验

蓄电池静态放电症结所耗时间与设备启动时间相关图

小组进行现场测试验、计算，由散布图可以获得 $R^2=0.0016$，发现蓄电池静态放电工作时间与设备启动时间数据上显示无关，对症结的影响程度小，为非要因

确认结论：非要因

（6）确认六：司机情况。司机情况确认表如表 6-43 所示。

表 6-43　　　　　末端因素六"司机情况"确认表

确认六	司机情况
确认方法	对症结的影响程度大

调查分析

在2019年1～3月期间，抽样各位司机去往××变电站、××变电站、××变电站、××变电站、××变电站、××变电站等变电站正常道路状况行驶时间，统计如下所示。

单位：min

变电站/司机	××变电站	××变电站	××变电站	××变电站	××变电站	××变电站	××变电站	××变电站	××变电站	平均时间	总平均时间
司机1	33	44	45	50	51	41	44	42	46	44.0	
司机2	33	43	44	53	52	43	46	43	48	45.0	
司机3	35	45	46	55	53	43	46	44	49	46.2	44.12
司机4	30	42	41	51	52	40	43	40	45	42.6	
司机5	35	43	40	46	50	42	42	41		42.8	

263

续表

调查分析	小组通过对比各位司机去往各站时间分析可以发现，去往各站的时间相差无几，因此为非要因
确认结论	非要因

（7）确认七：车程过长。车程过长确认表如表 6-44 所示。

表 6-44　　　　　末端因素七"车程过长"确认表

确认七	车程过长
确认方法	对症结的影响程度大
试验	在 2019 年 1~3 月，抽样选取 6 次××变电站、××变电站、××变电站、××变电站、××变电站、××变电站等变电站蓄电池静态放电工作中路程耗时，对静态放电工作时间进行调研，统计如下所示。

单位：min

变电站/ 第 n 次	路程耗时	症结耗时	变电站/ 第 n 次	路程耗时	症结耗时
××变电站 1	36.3	140.3	××变电站 2	37.4	139.6
××变电站 3	40.0	140.4	××变电站 4	36.4	140.1
××变电站 5	37.9	142.1	××变电站 6	37.9	145.1
××变电站 1	38.6	143.0	××变电站 2	38.5	143.1
××变电站 3	35.1	139.7	××变电站 4	36.6	139.7
××变电站 5	35.1	144.5	××变电站 6	37.1	143.6
××变电站 1	35.4	138.3	××变电站 2	36.2	144.0
××变电站 3	35.6	141.1	××变电站 4	37.3	142.7
××变电站 5	37.9	143.2	××变电站 6	39.1	139.3
××变电站 1	38.4	140.3	××变电站 2	36.5	143.5
××变电站 3	35.6	140.8	××变电站 4	39.5	139.6
××变电站 5	37.0	137.4	××变电站 6	38.5	143.5
××变电站 1	35.6	142.7	××变电站 2	36.3	139.7
××变电站 3	38.9	141.5	××变电站 4	36.8	139.9
××变电站 5	38.8	140.2	××变电站 6	38.6	144.4

变电站/ 第 n 次	路程耗时	症结耗时	变电站/ 第 n 次	路程耗时	症结耗时
××变电站 1	35.7	141.7	××变电站 2	35.8	141.2
××变电站 3	39.7	140.0	××变电站 4	38.7	145.5
××变电站 5	35.6	139.6	××变电站 6	38.9	141.3
××变电站 1	37.8	138.7	××变电站 2	36.7	141.8
××变电站 3	38.4	139.8	××变电站 4	39.3	145.0
××变电站 5	35.9	144.0	××变电站 6	38.6	142.5
××变电站 1	36.3	142.8	××变电站 2	36.1	142.7
××变电站 3	39.4	141.6	××变电站 4	35.3	144.8
××变电站 5	38.3	138.4	××变电站 6	35.4	144.6
××变电站 1	39.3	138.9	××变电站 2	35.6	140.5
××变电站 3	37.2	142.9	××变电站 4	38.3	142.6
××变电站 5	39.0	144.3	××变电站 6	37.8	143.2

（左侧栏标注：试验）

小组查阅资料、现场调查分析，通过现场调查采样获得车程过长与症结所耗时间的相关情况，通过数据分析获得相关关系如下所示。

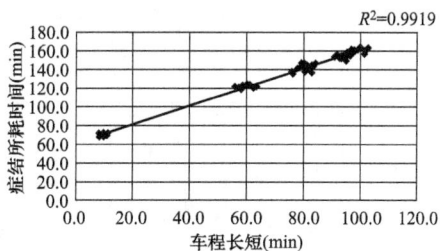

车程长短与症结所耗时间相关图

小组进行现场试验、计算，散布图可以获得 $R^2=0.9919$，发现车程过长与症结所耗时间呈强正相关性，且极差值较大，约为 90，可见末端因素"车程过长"对症结的影响程度大，为要因

确认结论	要因

（8）确认八：设备新旧程度。设备新旧程度确认表如表 6-45 所示。

表 6-45　　　　　末端因素八"设备新旧程度"确认表

确认八	设备新旧程度
确认方法	症结的影响程度大
试验、调查分析	在 2019 年 1～3 月，按蓄电池静态放电设备的使用年限，将其分为 5 组，分别为低于 2 年、2～4 年、4～6 年、6～8 年、8～10 年。通过现场试验获得设备新旧程度与蓄电池静态放电工作症结所耗时间之间的关系，如下表所示。

单位：min

年限	序号	××变电站	××变电站	××变电站	××变电站	××变电站	××变电站	××变电站	××变电站	××变电站	平均症结耗时
0~2年	1	70.9	118.5	138.7	143.9	145.1	139.8	142.2	138.1	140.6	
	2	68.8	119.7	139.7	143.7	140.1	140.3	141.4	140.5	141.1	130.44
	3	68.3	117.7	138.7	144.9	142.8	138.5	139.3	138.2	138.7	
2~4年	1	67.4	120.1	139.8	142.8	145.9	135.2	143.2	142.9	141.2	
	2	69.4	118.6	140.8	143.8	142.1	140.1	141.3	138.8	139.1	130.32
	3	68.7	119.4	138.9	140.5	141.4	133.9	142.1	141.9	140.2	
4~6年	1	69.1	122.9	139.8	141.6	141.8	137.8	139.4	139.7	141.6	
	2	67.4	121.5	137.2	142.9	142.8	142.9	140.2	142.8	139.3	130.70
	3	67.3	120.8	138.9	140.5	145.8	136.8	141.5	141.7	142.8	
6~8年	1	68.4	117.9	143.9	142.4	140.9	137.1	139.8	140.1	142.4	
	2	69.4	118.6	138.4	140.3	141.9	141.3	143.7	142.3	139.6	130.32
	3	67.3	119.6	139.8	141.9	142.9	132.9	141.6	144.1	140.3	
8~10年	1	69.5	120.7	142.7	142.7	143.9	136.1	140.1	143.9	140.2	
	2	66.8	116.8	141.8	143.9	142.3	142.9	139.7	140.7	141.3	130.65
	3	66.9	118.7	139.7	141.8	143.5	135.0	144.8	139.4	139.4	

（试验、调查分析）

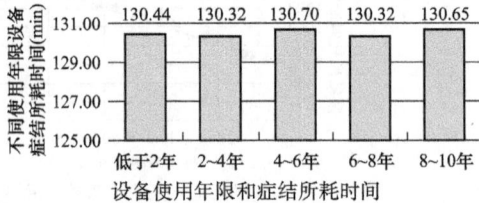

设备使用年限和症结所耗时间

通过数据分析可以发现，设备使用年限与症结所耗时间无明确影响，因此"设备新旧程度"为非要因

确认结论	非要因

结论：确认有两条要因。

（1）车程过长。

（2）操作等待时间长。

八、制订对策

1. 提出对策

要因及对策确认表见表6-46。

表 6-46　　　　　　　　　　　　要因及对策确认表

要因	对策
车程过长	制作基于互联网的远程充放电系统； 制作基于电力电缆通信的远程充放电控制系统
操作等待时间长	改进蓄电池静态放电充放电特性； 自动进行蓄电池静态放电工作

2. 对策评估

（1）车程过长。车程过长的对策评估表见表 6-47。

表 6-47　　　　　　　　　　　　车程过长的对策评估表

序号	项目	方案 1：制作基于互联网的 远程充放电系统	方案 2：制作基于电力电缆通信 的远程充放电控制系统
1	图例		
2	方案描述	以超五类屏蔽双绞线为传输介质，利用前端感知技术，借助智能辅控平台，通过远程控制实现蓄电池静态放电工作	以现有电力电缆为传输介质，利用电力载波技术实现信号传输，将数据上传至后台，通过后台远程遥控进行蓄电池静态充放电工作的启停
3	可执行性	利用华云平台专网通信，不需要重新布线，接入方便	用电力线作为网络接入方案，电力线网络分布广泛，不需要重新布线，接入方便
4	车程	完全免去	完全免去
5	抗干扰能力	超五类屏蔽双绞线外层自带金属屏蔽层，可以有效抗电磁干扰	电力线存在本身固有的脉冲干扰。 电力电缆负荷过重时，线路阻抗可达 1Ω，对载波信号造成高消减
6	传输带宽	10～100Mbit/s	10kbit/s～1Mbit/s
7	传输时延	1～10ms	10～100ms
8	建设成本	5 万元	4 万元

方案优缺点	优点： （1）节省人、车资源； （2）信号质量好； （3）传输带宽较宽； （4）抗干扰能力强。 缺点：建设成本较高	优点： （1）无需重新布设通信线缆； （2）节省人、车资源； （3）建设成本相对较低； （4）覆盖范围广。 缺点： （1）信号质量差； （2）传输带宽窄； （3）电力线路停运检修时，无法进行数据传输
是否采用	是	否

（2）操作等待时间长。操作等待时间长的对策评估表见表 6-48。

表 6-48　　　　　　　操作等待时间长的对策评估表

序号	项目	方案 1：改进蓄电池静态放电充放电特性	方案 2：自动进行蓄电池静态放电工作
1	图例		
2	方案描述	查询各类电池性能，比较充放电效率，改进原先的蓄电池充放电特性	制作基于互联网的远程充放电系统，设置蓄电池静态放电自行工作，并生产数据
3	实现难度	6 个月以上研究	1 周调试
4	可执行性	在相同的温度下，采用不同倍率的放电电流，其放电输出特性差别大，造成动力不稳定，可执行性较差	通过程序化设计，实现 GUI 界面可视化人机交互，人机交互技术较成熟，可执行性较强
5	时间成本	改进蓄电池静态放电充放电特性，减少放放电时间	可实现多站同时充放电，多线程工作，提升工作效率
6	实现成本	2 万元	2000 元

续表

方案优缺点	优点： （1）改进特性； （2）减少放电时间。 缺点： （1）难以实现； （2）成本较高	优点： （1）定期自动进行充放电工作； （2）减少人力、物力； （3）自动形成报告； （4）多站同时充放电，多线程工作，提升工作效率。 缺点：设计制作较复杂
是否采用	否	是

3. 制订对策计划表

对策实施如表 6-49 所示。

表 6-49　　　　　　　　　　对　策　实　施　表

序号	要因	对策	目标	措施	地点	负责人	完成日期
1	车程过长	制作基于互联网的远程充放电系统	软件操作时间小于5min	（1）完成各类传感器接线布置； （2）采集蓄电池电压电流数据上传； （3）网络集成后，编程实现软件所需功能； （4）定制 GUI 界面实现人机可靠交互； （5）效果验证	班组	×××	6 月 15 日
2	操作等待时间长	自动进行蓄电池静态放电	打开软件报告时间小于5min	（1）设计自动充放电程序； （2）GUI 界面制作相应功能选项； （3）自动生成数据报告； （4）效果验证	班组	×××	6 月 20 日
3	—	试验验证	设备检测合格率100%	（1）对各装置的各项数据进行检测，各项数据合格 100%； （2）验证有无负面影响	班组	×××	6 月 30 日

九、对策实施

1. 实施一：制作基于互联网的远程充放电系统

制作基于互联网的远程充放电系统实施表如表 6-50 所示。

2. 实施二：自动进行蓄电池静态放电工作

自动进行蓄电池静态放电工作实施表如表 6-51 所示。

表 6-50 　　　　 制作基于互联网的远程充放电系统实施表

步骤	实施方法	图纸与数据
1. 完成各类传感器接线布置	查询相关传感器型号，采购后进行安装、接线、调试	选型采购传感器，安装、接线到位并进行调试
2. 采集蓄电池电压电流数据上传	根据传感器数据收集各类信号数据上传	将生成的数据上传互联网云端
3. 网络集成后，编程实现软件所需功能	根据上传的云数据、大数据进行分析，实现所需功能	编程实现所需远程充放电蓄电池静态放电工作功能
4. 定制 GUI 界面实现人机可靠交互	通过程序化设计，实现 GUI 界面可视化人机交互	设计图形化界面，形成可视化 GUI 界面

续表

步骤	实施方法	图纸与数据

基于互联网的远程充放电系统软件操作时间　　单位：min

变电站	××变电站	××变电站	××变电站	××变电站	××变电站	××变电站	××变电站	××变电站	××变电站
1	1.3	1.1	1.0	1.1	1.3	1.3	1.0	1.1	1.3
2	1.1	1.3	1.3	1.1	1.2	1.2	1.1	1.2	1.2
3	1.2	1.2	1.0	1.4	1.0	1.2	1.4	1.2	1.2
4	1.2	1.2	1.2	1.0	1.3	1.0	1.1	1.3	1.2
5	1.5	1.0	1.4	1.3	1.4	1.4	1.2	1.2	
平均值	1.2	1.1	1.2	1.2	1.2	1.2	1.2	1.2	1.3
总平均	1.24								

步骤：5. 效果验证

实施方法：根据设定的目标值进行效果的验证

活动后目标值达成情况（min）

表 6-51　　　　　自动进行蓄电池静态放电工作实施表

步骤	实施方法	图纸与数据
1. 设计自动充放电程序	编写蓄电池远程静态放电工作程序	如下所示为部分静态放电工作编写程序

步骤	实施方法	图纸与数据
2. GUI界面制作相应功能选项	编写程序形成GUI界面，形成人机交互界面	如下所示为人机交互的静态放电工作界面
3. 自动生成数据报告	根据定期设置的程序实现蓄电池远程静态放电工作，并将数据储存形成相关报告	如下所示为实现蓄电池静态放电工作的步骤及方法，其中静态放电需 1h 以上才能生成报表，生成在 D:\蓄电池
4. 效果验证	根据设定的目标值进行效果的验证	根据程序设计，实现蓄电池远程自动静态放电工作，运检人员仅需要到期在电脑上提取报告即可。 基于互联网的远程充放电系统打开软件报告时间如下所示

续表

步骤	实施方法	图纸与数据

单位：min

变电站	××变电站	××变电站	××变电站	××变电站	××变电站	××变电站	××变电站	××变电站	××变电站
1	0.9	0.9	0.9	0.9	0.9	0.9	0.9	0.9	0.9
2	0.9	0.9	1.0	0.9	0.9	0.8	0.9	1.0	0.9
3	0.9	1.0	0.9	1.0	0.8	1.0	0.9	0.9	0.9
4	0.8	1.0	0.8	1.0	0.8	0.9	0.9	0.9	0.9
5	0.8	0.8	0.9	1.0	0.9	0.9	0.9	0.8	0.9
平均值	0.9	0.9	0.9	1.0	0.9	0.9	0.9	0.9	0.9
总平均	0.9								

4. 效果验证 — 根据设定的目标值进行效果的验证

活动后目标值达成情况（min）

3. 试验验证

为保证成果安全、可靠投入使用，小组对各装置的各项数据进行检测，各项数据合格率100%。现场应用图如图6-26所示。

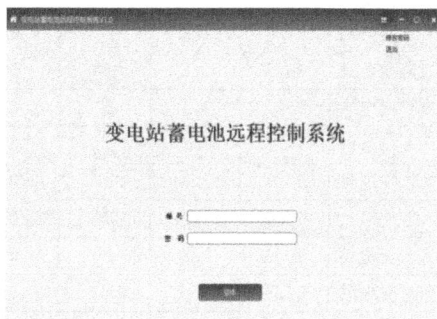

图6-26 现场应用图

本成果在多处现场实践应用的过程中，效果良好，经公司相关部门认证，本成果设备在安全、质量、管理、成本等方面均无负面影响。图 6-27 为用户报告。

图 6-27　用户报告

十、检查效果

1. 效果检查

活动后 2019 年 7 月 1 日～9 月 30 日蓄电池远程放电整套流程时间统计表如表 6-52 所示。

表 6-52　　活动后 2019 年 7 月 1 日—9 月 30 日蓄电池远程放电整套流程时间统计表　　　　　　　　　　　　　单位：min

变电站	工作前准备	软件操作时间	安全交底	准备、检查时间	软件查询报告时间	数据记录时间	现象总结分析	数据录入	合计
××变电站	17.0	1.3	5	0	0.9	0	9.9	5.2	39.20
××变电站	16.5	1.2	5	0	0.9	0	9.2	4.3	36.90
××变电站	16.2	1.1	5	0	0.9	0	10.2	5.5	38.90
××变电站	14.2	1.1	6	0	0.9	0	11.5	5.7	39.40
××变电站	13.4	1.3	4	0	0.9	0	11.9	5.2	36.70
××变电站	14.6	1.3	5	0	0.9	0	9.3	5.3	36.30
××变电站	16.0	1.3	5	0	0.9	0	10.2	5.4	38.80
××变电站	16.9	1.2	6	0	0.9	0	11.9	5.3	42.20
××变电站	16.8	1.2	5	0	0.9	0	11.1	5.2	40.30
平均时间	15.7	1.2	5	0	0.9	0	10.6	5.2	38.74

减少 220kV 变电站蓄电池静态放电时间目标完成情况如图 6-28 所示。

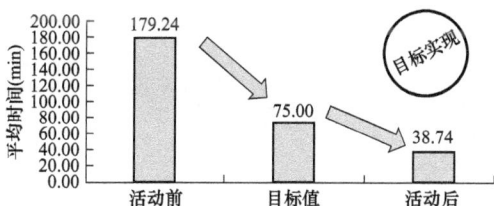

图 6-28　减少 220kV 变电站蓄电池静态放电时间目标完成情况

结论：经过小组的活动，试点蓄电池静态放电时间（全流程）已经从活动前的 179.24min 缩短到了 38.74min，实现了蓄电池静态放电时间（全流程）小于 75.00min 的目标值。2019 年度 QC 课题目标已完成！

针对改造后的蓄电池动静态放电时间（全流程）进行统计分析，小组整理了 2019 年 7 月 1 日—2019 年 9 月 30 日的用时情况，统计分析症结的解决情况，并根据表 6-53 做排列图对比（见图 6-29、图 6-30）。

表 6-53　　　　活动前后蓄电池静态放电时间对比统计表

活动前（2019 年 1 月 1 日～3 月 31 日）				活动后（2019 年 7 月 1 日～9 月 30 日）			
业务类型	时间（min）	时间占比（%）	累计比例（%）	业务类型	时间（min）	时间占比（%）	累计比例（%）
车程耗时	71.7	48.37	0.00	软件操作时间	1.2	7.74	86.68
静态放电试验过程	62.8	42.40	48.37	软件查询报告时间	0.9	5.58	94.42
安全交底	5.0	3.37	90.77	安全交底	5.0	31.71	0.00
准备检查时间	5.0	3.37	94.14	准备、检查时间	5.0	31.71	31.71
数据记录	3.7	2.49	97.51	数据记录	3.7	23.27	63.41
合计	148.2	100.00	100.00	合计	15.8	100.00	100.00

结论：从排列图对比可以看出，主要问题已经得到了很好的解决。因为采用蓄电池远程放电的方式，省去前往变电站较远路程的时间，并在准备、检查时间与静态放电工作自动进行上也节省了大量的时间。

2. 预计经济及社会效益分析

（1）直接经济效益。成果从 2019 年 7 月 1 日投入使用，截至 2019 年 12 月 31 日，6 个月内共进行 2 次静态放电，直接降成本 91.8 万元。一方面，解放了人力劳动，使广大工人从前往变电站较远的车程解脱出来；另一方面，降低了等待时间，减少了人力成本于车辆根本，为企业带来直接经济效益（见表 6-54）。

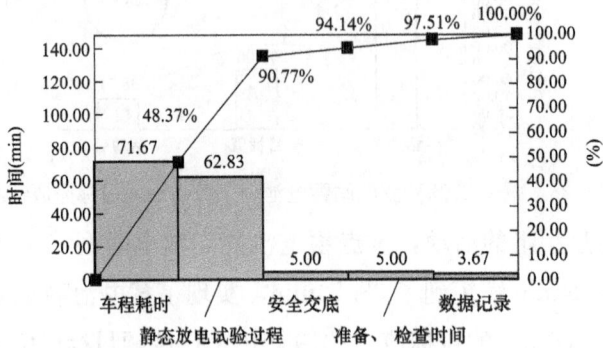

图 6-29　活动前时间排列图

（2019 年 1 月 1 日～3 月 31 日）

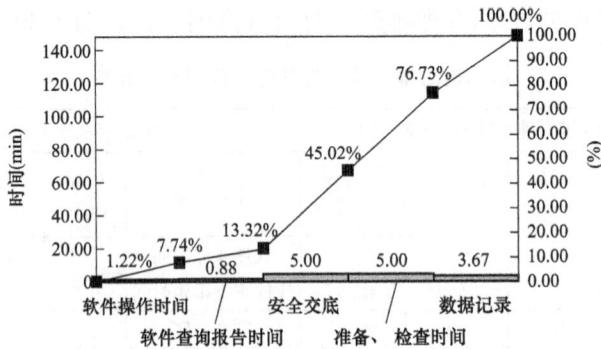

图 6-30　活动后时间排列图

（2019 年 7 月 1 日～9 月 30 日）

表 6-54　　　　××电网 2019 年 7～12 月蓄电池放电工作成本调查表

项目	未采用本 QC 成果	采用本 QC 成果
变电站数量（个）	196	196
静态放电工作时间（min）	179.2	38.7
每次放电工作所需人员（人）	2	2
每小时车辆与人工成本（元）	500	500
成本总计（万元）	（196×179.2/60）×2×500× 2/10 000＝117.1	（196×38.7/60）×2×500× 2/10 000＝25.3
节约成本（万元）	117.1－25.3＝91.8	

（2）间接社会效益。传统动静态放电路程远且流程复杂，会造成施工进度缓慢，远程动静态放电保证了运维设备及人员的安全性，节省了车辆、人员的工作时间，6个月内共节省了人员时间约 $196×2×(179.24-38.74)/60×2=1835.9h$，大大提高了工作效率，带来的间接经济效益和社会效益不可估量。经济和社会效益分析报告如图6-31所示。

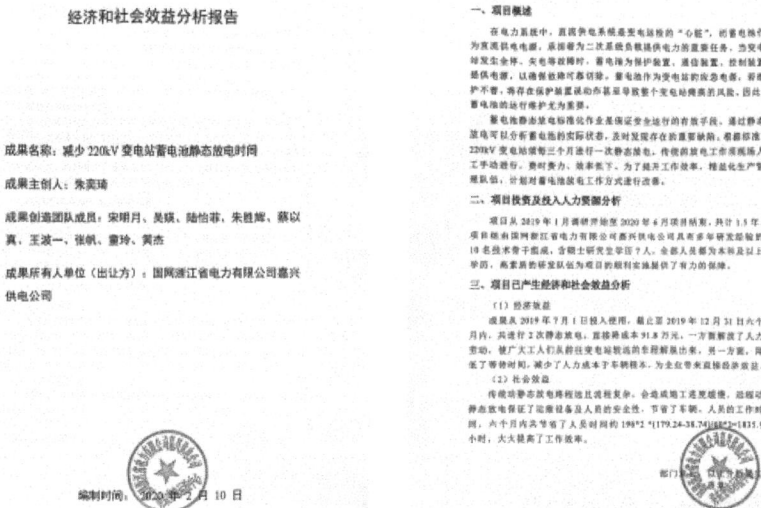

图6-31　经济和社会效益分析报告

3. 项目的先进性及推广应用前景

（1）先进性。目前项目已申请受理3项专利，授权1项软件著作（见表6-55）。

（2）推广应用前景。本项目成果效果显著、易于复制，目前成果已在亚洲质量改进优秀案例中荣获二等奖，在××省优秀QC小组中荣获二等奖（见图6-32）。不仅如此，本远程自动静态放电系统可复制性好，不仅可以远程自动进行静态放电，也可以远程进行静态充电、动态充电、动态放电，具有很好的推广应用前景。

表 6-55　　　　　　　　　项目先进性成果展示表

开展内容	成果编号	成果
申请受理3项专利，授权1项软件著作	2020204571××.× 2020204571××.× 2020204778××.× 2020SR08040××	
发表论文一篇	2020.5	

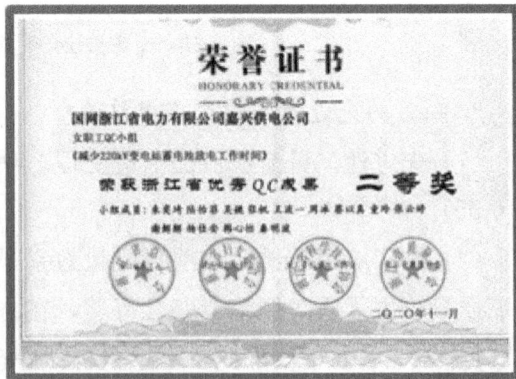

图 6-32　成果所获荣誉

4. 项目的示范作用

本项目入选为《质量管理小组知识释义及实践》（ISBN 978-7-5198-3727-3）典型案例，供整个国家电网公司借鉴运用，起到了很好的示范引领作用。

十一、巩固措施

1. 巩固措施

小组进行了国内、外科技查新，本课题的研究内容在目前还是空白的科技领域。不仅如此，小组成员通过查新进一步了解了科技前沿知识，为小组的课题研究提供了新的思路和启发。小组还通过专利申请进行知识产权保护。具体成果巩固措施见表 6-56。

表 6-56　　　　　　　　　　成　果　巩　固　措　施

对策措施	巩固方式	巩固内容	文件编号	成果
制作基于互联网的远程充放电系统	操作手册	编写《基于互联网的蓄电池远程充放电系统说明书》	JXEP-NZGQC 201912××	基于互联网的蓄电池远程充放电系统说明书
	设计图纸	图纸归档	JXEP-NZGQC 201912××	—
自动进行蓄电池静态放电工作	作业指导书	编制《蓄电池自动充放电作业指导书》	JXEP-NZGQC 201912××	—

续表

对策措施	巩固方式	巩固内容	文件编号	成果
自动进行蓄电池静态放电工作	装置培训	对运检工作人员开展专项培训，通过培训使运维人员熟悉操作页面，提升工作效率	—	

2. 巩固措施回头看

小组对活动前、活动后、巩固期中基于互联网的蓄电池远程充放电系统的完成情况进行跟踪调查（见表 6-57）。

从表 6-57 看出，2019 年 1～3 月、7～9 月，2019 年 10 月～2020 年 6 月的蓄电池远程放电工作平均工时分别为 179.24min、38.74min、37.62min，满足公司要求，巩固效果良好。

表 6-57　　　　基于互联网的蓄电池远程充放电系统时间统计表

月份	1～3 月	7～9 月	10～12 月	1～3 月	3～6 月
活动阶段	活动前	活动后	巩固期		
平均时间（min）	179.24	38.74	36.84	39.71	36.32

十二、总结和下一步打算

1. 总结

本次课题"减少 220kV 变电站蓄电池静态放电时间"以减少 220kV 变电站蓄电池放电全流程时间、提高工作效率、提高供电服务质量为目的，通过调查研究并运用调查表、柱状图等方法，对数据进行整理、分类、统计。小组成功设计并研制出了基于互联网的远程充放电系统等提高工作效率、降低车程、减少人力物力财力，减少了蓄电池放电工作时间，进一步提高了变电站蓄电池的可靠性（见图 6-33、表 6-58）。

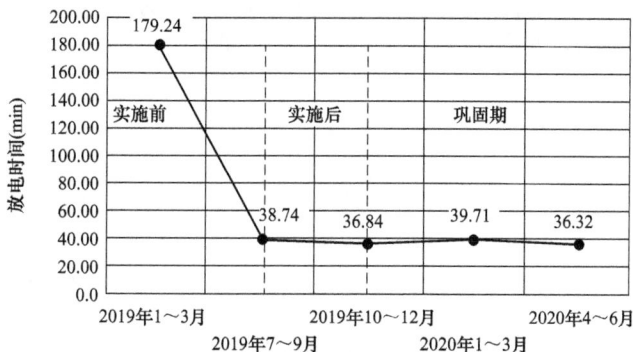

图 6-33　实施前后与巩固期蓄电池放电工作时间折线图

表 6-58　　　　　　　　　　　　　　　　**课 题 总 结**

分类	亮点	不足之处
小组专业技术方面	小组具有主动解决问题的思路与理念，以生产工作中存在的问题为导向，进行质量改进。以生产过程中的问题为导向，通过分析确定要因与主要症结，选择了本次课题"减少 220kV 变电站蓄电池静态放电时间"。 课题以减少 220kV 变电站蓄电池静态放电时间、提高工作效率为目的，调查发现路程耗时与试验过程长为症结，运用调查表、直方图等方式进行原因分析，发现车程过长、操作等待时间长为要因，通过了制作基于互网的远程充放电系统、自动进行蓄电池定期切换两项关键措施，将蓄电池放电工作时间从平均 179.24min 降到了平均 38.74min，最后通过制作操作手册、图纸归档、编写作业指导书、开展装置培训来巩固此次小组 QC 活动	目前仅限直流系统静态放电与动态放电的工作，通过传感器的安装与数据上传还可以实时上传多元数据，甚至全面感知整个变电站的设备信息
	在对策实施上小组对于逻辑性分析有了很大的提升，小组可将项目进行逐项细致分析，使课题结果更具可信度与可行性。通过严密科学的活动程序，学习了解熟悉了 PDCA 质量改进的方法和技能	小组能在试验分析上使用的方法比较单一
	课题技术具有科学性和实用性。小组将课题成果编写为论文，为系统内兄弟单位提供参考，如下所示	扩充论文成果

分类	亮点	不足之处
小组专业技术方面	课题技术具有先进性，有专利链、专利池知识产权的保护特色。以发明专利为主线，形成专利链；以实用新型专利、论文为辅助，形成专利池，对成果进行全方位的保护，具有特色的知识产权保护方式。目前已申请受理 3 项专利，授权 1 项软件著作。 	扩大专利的保护范围，在国外申请专利保护
	应用范围广泛。因为基于互联网的蓄电池远程充放电系统在蓄电池静态放电工作上的提升，以及施工现场安装的便利性，可以在较大范围内代替传统方法。而且基于互联网的蓄电池远程充放电系统可以实现前端感知，不仅仅可以实现静态放电工作这一个功能，且小巧方便，可以安装至各类变电站。因此，小组研制的基于互联网的蓄电池远程充放电系统能够适应更多变电站建设工程的需要，应用范围非常广泛	目前成果仅可以在电力系统变电站蓄电池定期切换领域使用，需要类比推广至各行各业
管理技术提升	活动后，小组成员明确了每个人的职责，在项目中分工合理，相互之间的配合更加默契，团队精神大幅提高，管理技术得到提升	需增加一些奖励性质的活动来提高小组成员的积极性
	课题针对性强，能有效解决现场实际问题，灵活应用调查表、柱状图、排列图、关联图、折线图、散点图等 QC 工具	吸收其他小组的经验教训，扩大选题范围
	现场调查深入，根据现状调查，通过试验、测试的数据，确定基本目标	对现场进行进一步的调查，更深层次剖析现状
	分析原因时，开展头脑风暴，集思广益，深度剖析现场；确认要因时，通过试验、测试、调查统计，用数据说话，根据对症结的影响程度，分析并确认要因	进一步贴近现场实际情况，确保要因的准确定位

分类	亮点	不足之处
管理技术提升	提出了对策的多种方案，通过试验、现场测量、调查统计，确定最佳方案，提出有效的实施措施。逐条实施并检查实施效果，数据充分	开阔眼界，利用最前沿的技术提出更加有效的改进方案
	通过对课题效果、经济效果、社会效果、安全效果等方面进行效果检查，对实施证明有效的措施进行逐项巩固	利用多种方法更加准确地对课题效果进行评估和检查。增加巩固方法，保证课题成果能够得到更好的巩固
小组成员素质提升	小组成员在逻辑思维、创新和解决问题的能力方面具有特色：通过本次 QC 活动，小组成员创新能力，应用质量工具分析问题、解决问题能力得到提升，各方面技能、技术得到全面的发展。 （见下表）	需进一步对新规范、新标准进行理解，更进一步提高创新能力

下表（小组成员素质提升）：

小组成员	活动前	活动后
×××	技术和技能水平比较薄弱，材料撰写、PPT 制作等方面能力较为突出	具备了一定的质量改进、技术创新意识和能力，学会运用 QC 工具，解决生产生活中的难题
×××	技术和技能水平均不错，论文、专利撰写能力尤为突出	掌握了撰写 QC 论文的方法，学会了应用 QC 工具分析问题、解决问题
×××	有 QC 小组活动经验	掌握了撰写 QC 论文的方法，学会了应用 QC 工具分析问题、解决问题
×××	参与过 QC 小组活动，并取得不错的成绩	创新能力、QC 发布 PPT 的编排能力得到提升
×××	有多年工作实践经验，技术和技能水平强	创新能力、QC 发布 PPT 的编排能力得到提升
×××	对 QC 工作了解较少	增加了 QC 知识，调动了创新积极性，掌握了撰写专利的方法
×××	技术和技能水平均很强，有 QC 小组活动经验	学习了 QC 发布的技巧，掌握了撰写 QC 论文的方法
×××	多次组织 QC 活动，经验丰富	对 QC 小组活动的科学性加深了认识，增加了对企业管理的投入

续表

分类	亮点			不足之处
小组成员素质提升	小组成员	活动前	活动后	需进一步对新规范、新标准进行理解，更进一步提高创新能力
	×××	有 QC 小组活动经验	应用 QC 工具分析问题解决问题的能力得到提升	
	×××	多次组织 QC 活动，经验丰富，材料撰写、PPT 制作等方面能力较突出	对 QC 小组活动的科学性加深了认识，增加了对企业管理的投入	

通过本次 QC 活动，小组成员不仅解决生产上的安全难题，同时小组成员创新能力、应用 QC 分析问题解决问题能力得到提升，对 QC 小组活动的科学性加深了认识，增加了小组成员对企业管理的投入，提高了团队精神，尤为重要的是在 QC 活动过程中，培养了小组成员各个方面的技能与素质，为员工的成长、成才提供强有力的推动力。

2. 今后下一步打算

不足和改进措施见表 6-59。

表 6-59　　　　　　　　　　不足和改进措施

不足	改进措施	预期目标	负责人	完成时间
针对技术上的不足	采用密封型直流接触器或者真空接触器提高接触点性，防止灰尘污染	完成控制电路接触点改造，提升可靠性	×××	2020.8.31
	提升远程蓄电池静态放电系统的安全防范性能	蓄电池放电过程中，若直流母线失电，蓄电池停止放电，向直流母线供电	×××	2020.7.31
	扩大专利的保护范围，在国外申请专利保护	实现专利技术的全球保护，保证自身知识产权的合法性	×××	2020.7.31
针对管理上的不足	增加 QC 工器具的学习培训，增强小组成员 QC 活动水平	深入学习鱼刺图、FMEA 法、系统图等 QC 工器具的使用，开展该类专项培训 2 次	×××	2020.7.31
针对小组成员素质提升上的不足	需进一步对新规范、新标准进行理解，更进一步提高创新能力	开展 QC 标准培训 2 次，邀请日本质量管理专家讲解 QC、创新活动开展新方法 1 次	×××	2020.8.31

小组将在实际工作中，更广泛地开展 QC 活动，针对生产一线中发现的安全隐患、效率低下问题不断改进，不断创新。在接下来的 QC 活动中，小组将在实际工作中更广泛地开展 QC 活动，不断创新，不断用 PDCA 循环的方法来解决电力生产实践中发现的问题，为企业的安全生产添砖加瓦。

虽然小组已经对基于互联网的远程充放电系统进行了改进，取得了良好的效果，但互联网越来越普遍，机器代人已经深入推进，针对无人智慧巡检，小组将下个课题定为"增加无人智慧巡检机器人巡视正确率"。

十三、案例二点评

本 QC 小组针对 220kV 变电站蓄电池"传统的静态放电工作须现场人工手动进行，费时费力、效率低下"等突出问题，以"减少 220kV 变电站蓄电池静态放电时间"为课题，开展 QC 小组活动，活动类型为问题解决型。活动全过程严格遵循 PDCA 循环，流程较规范，形成的成果成效较显著，且数据详实，论证严谨，具体优点介绍如下。

（1）小组在各环节的叙述上详略得当，重点突出。例如在选择课题时言简意赅，通过公司要求和实际状况的比对，清晰地展示了存在的问题以及课题研究的必要性，这是较经典地阐述为什么要将此课题作为活动内容的方式之一。而在要因确认环节，小组通过调查分析、统计、试验等方法，针对因素分析中找到的 11 条末端因素，在排除了小组能力范围外的客观因素后，详细地叙述了是否为要因的确认过程，且全部依据末端因素对问题或症结的影响程度，影响程度大即为要因，影响程度小即为非要因。在制订对策时，提出了对策的多种方案，通过试验、现场测量、调查统计，确定最佳方案，提出有效的实施措施。逐条实施并检查实施效果，数据充分，说服力强。

（2）活动成效显著，有推广价值。针对"车程过长""操作等待时间长"两大要因，提出了制作基于互联网的远程充放电系统、自动进行蓄电池静态放电工作并设定对策目标，细化措施并严格实施，活动成效显著，蓄电池静态放电时间（全流程）已经从活动前的 179.24min 缩短到了

38.74min，实现了蓄电池静态放电时间（全流程）小于 75min 的目标值，通过巩固期的验证效果仍然良好。

（3）QC 小组活动常用的统计方法应用灵活、合理。在活动过程中应用了调查表、柱状图、排列图、关联图、折线图、散点图等 QC 工具，且应用环境合乎标准。

本 QC 小组成果存在着以下几个方面的问题，宜持续加以改进。

（1）在现状调查找症结的环节中，通过开展两层调查，找到了"车程耗时"与"静态放电试验"累计时间占试验过程时间的 90.75％，因此判断"车程耗时"与"静态放电试验"是变电站蓄电池静态放电工作过程时间长的症结所在，叙述不够严谨，应为："车程耗时较长"与"静态放电试验时长较长"是变电站蓄电池静态放电工作过程时间长的症结所在。

（2）在要因确认过程中，多个环节用到了对标的方法加上对依据末端因素对症结的影响程度判断是否为要因，如培训合格率、参加率、技术资格等，对标的方法多余应予剔除。同时多个地方用到了散布图，在确认末端因素与症结存在强正相关性时，应进一步进行极差值分析（最大值与最小值的差距），如极差较明显，才能判断为要因，本课题缺少此环节。

（3）因素分析图逻辑关系、末端因素未阐述清楚，将"操作等待时间""记录项目种类""天气状况""司机情况"等作为末端因素不合适，究竟是时间长还是短、种类多还是少对症结有影响不得而知，天气状况和司机情况更加笼统。

（4）在效果检查环节，阐述了"预计经济及社会效益分析"，而计算经济效益一定要实事求是，不类推、不夸大，不应计算预期的经济效益，且计算过程中，将人力资本节约额作为经济效益的组成部分，其合理性存在一定的疑问。

（5）对策表制订时，措施的制订应不含"效果验证"环节，应予剔除。

（6）在总结与下一步打算中，描述多泛泛而谈，缺乏课题针对性，专业技术总结应紧紧围绕本次 QC 课题中的技术改进与创新点进行针对性总结，各个技术改进与创新点有论文、专利、转件著作权等知识产权支撑更佳。

第七章

创新型优秀案例解析

案例　集成式直流电源转接馈电装置的研制

一、前言

直流系统是变电站的心脏，为变电站的控制、监测、保护等各项功能提供动力，是变电站不可或缺的一部分。目前××市 110kV 及以下电压等级的变电站，直流电源系统一般均设置一套，随着运行年久，直流电源系统性能下降、可靠性降低，故障频发，影响高压设备可靠供电，需及时对直流电源系统升级改造，而改造工程需进行直流负荷转供，确保供电安全，需对电力用户进行停电。为了减少停电时间，提高用电质量，小组开展针对直流负荷转供的研究。小组简介如表 7-1 所示。

表 7-1　　　　　　　　　小 组 简 介

小组名称	××公司××QC 小组		
活动课题名称	集成式直流电源转接馈电装置的研制		
注册时间	2020 年 1 月	课题类型	创新型
活动次数	16 次	出勤率	100％
小组成员情况			
姓名	性别	学历/职称	职务	组内分工
×××	男	硕士/教高	组长	设计、课题研究
×××	男	硕士/高级工程师	副组长	课题实施、加工
×××	男	硕士/高级工程师	组员	设计、课题研究
×××	男	本科/工程师	组员	课题研究
×××	男	硕士/教高	组员	设计、课题实施
×××	男	本科/高级工程师	督导	技术督导、设计
×××	男	本科/高级工程师	组员	技术指导
×××	女	硕士/工程师	组员	设计、课题实施
×××	男	硕士/工程师	组员	发布、课题研究
×××	男	硕士/工程师	组员	设计、课题实施
小组获奖情况			

2011—2020 年：连续 10 年获全国质量管理优秀小组；
2018 年：获全国质量管理活动 40 周年"标杆小组"；

小组获奖情况

2016、2018 年：两年获国家电网有限公司优秀 QC 成果一等奖；

2018～2020 年：8 项 QC 成果获亚洲质量改进与创新成果一等奖；

2008～2020 年：15 项成果在"浙江省电力职工成果转化会"上成功转化，进入工厂化生产；7 项 QC 成果转化为国家电网公司网络大学培训教材《质量管理小组基础知识与实践》；QC 成果转化为专利 338 余项，SCI、EI 技术论文及科技论文 120 余项；中国电力出版社、浙江大学出版社出版《质量管理小组基础知识释义及实践》等专著 11 本

名词解释：

直流负荷转供：将直流电源正常运行所带的直流负荷（控制、保护及自动化、照明等直流用电设备）由其余装置转接提供。

二、选择课题

1. 需求提出

国网××公司 2020 年度直流改造工作计划如表 7-2 所示。

表 7-2 ××公司 2020 年度直流改造工程

时间	2020 年 8 月	2020 年 9 月	2020 年 10 月
变电站	220kV××变电站、220kV××变电站	110kV××变电站、110kV××变电站	220kV××变电站、220kV××变电站
		制表人：××	时间：2020 年 1 月 10 日

小组针对变电站直流系统改造工程的用户进行需求调研，××公司提出直流改造期间停电时间总计不能超过 11h（660min）的顾客期望，确保用电质量。

目前开展直流负荷转供需对用户停电，停电时间取决于负荷转供的工作总用时。小组针对直流负荷转供各流程环节进行统计分析如图 7-1 所示。

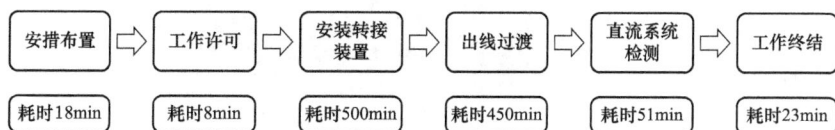

安措布置 ⇒ 工作许可 ⇒ 安装转接装置 ⇒ 出线过渡 ⇒ 直流系统检测 ⇒ 工作终结

耗时18min　耗时8min　耗时500min　耗时450min　耗时51min　耗时23min

图 7-1　负荷转供各环节耗时情况

小组计算现状可知：

$$T_{\Sigma 直流负荷转供} = T_{安措布置} + T_{工作许可} + T_{安装转接装置} + T_{出线过渡}$$
$$+ T_{直流系统检测} + T_{工作终结}$$

$$T_{\Sigma 直流负荷转供} = 18 + 8 + 500 + 450 + 51 + 23 = 1050min$$

由于安措布置、工作许可、出线过渡、直流系统检测、工作终结这五个环节耗时已高度精益化（以出线过渡时间为例，平均一个间隔有 5 根线需要转接，每根线耗时 4.5min，一个站平均 20 个间隔，合计约 5×4.5×20＝450min），无法对其进行时间压缩，故而主要针对安装直流电源转接装置（耗时 500min）进行研究。为满足用户需求，需将安装电源转接装置时间由 500min 缩短至 110min 以内，才能保证满足用户需求。

$$T_{安装转接装置} = T_{\Sigma 直流负荷转供} - T_{安措布置} - T_{工作许可} - T_{出线过渡}$$
$$- T_{直流系统检测} - T_{工作终结}$$

$$T_{安装转接装置} = 660 - 18 - 8 - 450 - 51 - 23 = 110min$$

结论：通过需求分析，QC 小组需求确定为需将安装电源转接装置时间由 500min 缩短至 110min 以内，变电站直流改造负荷转供时间才能不大于 660min。

2. 创新思路的借鉴

小组根据上述需求确定借鉴关键词为"直流充馈电"与"负荷转供"，找到变电站直流充馈电屏作为借鉴对象，小组通过借鉴现有的直流充馈电屏功能，具体如表 7-3 所示。

表 7-3　　　　　　　课题借鉴现有的直流充馈电屏功能

借鉴内容
借鉴项目　 直流充馈电屏能够为多路出线负荷提供电源

续表

项目分析	直流充馈电屏具备高度集成化的特点，装置将测量、控制、馈电、指示、保护、传感等功能高度集成，各部分全封闭一体化高度集成，它由以下功能模块组成。 直流充馈电屏 — 降压模块 / 告警模块 / 指示模块 / 电流电压监测模块 / 馈电模块 借鉴对象采用多模块组合集成原理，实现安全稳定的直流充馈电
提炼原理	通过借鉴了多模块组合集成原理
借鉴特性值	装置高度化集成、一体化、小型化。各技术参数如下： （1）装置高度化集成，可以在 100min 内实现充馈电屏的安装和运行工作，为负荷转接做准备。 （2）绝缘电阻不小于 2MΩ；指示灯光使用寿命不小于 20 000h。 （3）报警准确度优于整定值 5%；读取时间小于 4s。 （4）开关分断后恢复时间不大于 10min；机械寿命不小于 20 000 次

制表人：×××　　　时间：2020 年 1 月 15 日

3. 确定课题

本课题实现的技术需求与借鉴对象有如下 5 点不同。

（1）加入绝缘监测装置，确保出线负荷转供期间的安全。

（2）告警模块中加入本地声光告警以及后台告警功能，异常时会提醒检修及运维值班人员，及时处理，确保安全。

（3）降压模块中加入可以切换 110V 和 220V 两种直流电压等级的切换模块，确保适应各类型变电站。

（4）装置小型化，节省大量组装拆接时间，适用变电站多种改造工况。

（5）馈电模块中增加馈电支路数，保证满足各类变电站直流负荷转接。

总结：由于借鉴的装置无法完全满足直流改造现场的用户使用需求，本小组确定课题"集成式直流电源转接馈电装置的研制"。

三、设定目标及目标可行性论证

1. 设定目标

通过对用户需求调研分析，小组设定课题目标将变电站直流改造中对用户的停电时间从 1050min 减小到 660min 以内，课题目标设定如图 7-2 所示。

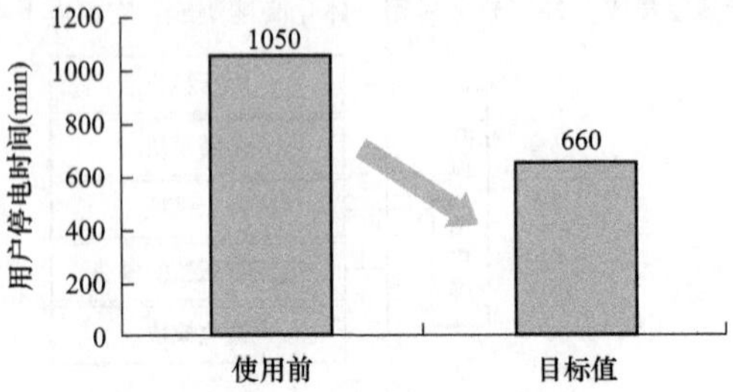

图 7-2　课题目标设定柱状图

2. 目标可行性论证

可行性论证表如表 7-4 所示。

表 7-4　　　　　　　　　　　可 行 性 论 证 表

要素	可行性论证	小结
技术认证	小组通过借鉴多模块组合集成原理，减少拆接线次数，大幅缩短安装及运行时间。根据借鉴 100min 内实现充馈电屏的安装和运行工作的数据，假设其他环节时间不变，总工作时间为 $$T_{\Sigma 负荷转供}=T_{安措布置}+T_{工作许可}+T_{安装和运行转接装置}+T_{出线过渡}$$ $$+T_{直流系统检测}+T_{工作终结}$$ $$=18+8+100+450+51+23=650min<660min$$ 与此同时，小组对安装和运行装接装置进行模拟试验。安装和运行转接装置包含装置搬运安装至指定位置、充电机低压交流恢复接线、新直流充馈电屏调试及设置参数、电池组恢复接线、后台报警信号接线，共计 5 个环节。各环节的试验时间如下表所示。 **模拟试验时间**　　　　　　单位：min <table><tr><th>搬运安装</th><th>充电机连接</th><th>参数设置</th><th>电池接线</th><th>信号连接</th><th>总计</th></tr><tr><td>25.2</td><td>15.6</td><td>29.8</td><td>9.5</td><td>20.1</td><td>100.20</td></tr><tr><td>24.5</td><td>14.5</td><td>29.5</td><td>10.1</td><td>19.8</td><td>98.40</td></tr><tr><td>24.7</td><td>14.8</td><td>30.0</td><td>9.5</td><td>19.5</td><td>98.50</td></tr><tr><td colspan="5">平均</td><td>99.03</td></tr></table> 同样地，假设其他环节时间不变，模拟试验的总工作时间为 $$T_{\Sigma 负荷转供}=T_{安措布置}+T_{工作许可}+T_{安装和运行转接装置}+T_{出线过渡}$$ $$+T_{直流系统检测}+T_{工作终结}$$ $$=18+8+99.03+450+51+23=649.03min<660min$$ 结合以上的借鉴计算及模拟试验结果，可以看出停电时间小于目标值，也就是在技术上目标是可行的	技术上可实现

续表

要素	可行性论证	小结
结论	从通过借鉴直流充馈电屏集成创新以及负荷恢复时间为100min等各方面进行可行性论证，同时小组是一个高素质的研发团队，相关工作经验丰富，已找到问题的突破口，有时间、信心和能力去完成变电站直流改造负荷转供时间从1050min减小到660min的目标值	

制表人：×××　　时间：2020年1月20日

四、提出并确定最佳方案

1. 提出方案

根据借鉴直流充馈电屏集成化原理与技术需求，小组提出了具体模块分解方案，将集成式直流电源转接馈电装置分为电流电压监测、直流绝缘检测、告警、指示、降压、馈电共六大模块，如图7-3所示。

2. 确定最佳方案

（1）一级方案确定。依据前期借鉴特性值与《变电站直流系统和蓄电池运行规程》及各模块自身关键要求对装置相关技术参数要求确定如表7-5所示。

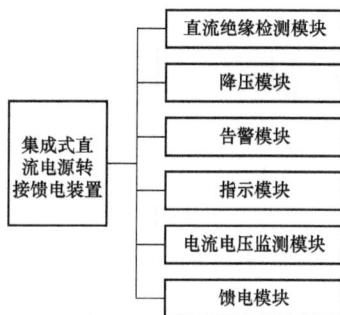

图7-3 模块分解方案

表7-5　　　　　　　　　相 关 技 术 参 数

序号	所属模块	技术规范及技术规范需求	关键技术参数
1	直流绝缘检测	装置采样精度不大于5%；常规故障点查找时间不大于10min	装置定值采样误差不大于±5%；常规故障点查找时间不大于10min
2	降压	稳压精度不大于2%；设备便于携带；对不同电等级变电站适应性强	降压硅链降压稳压精度不大于2%；模块重量不大于20kg；模块体积不大于90cm×40cm×40cm
3	告警	异常信息准确传达，提高工作效率	异常确定时间不大于10min；异常传达准确率不小于98%
4	指示	绝缘电阻不小于2MΩ；指示灯全寿命运行	绝缘电阻不小于2MΩ；指示灯使用寿命不小于20 000h
5	电流电压监测	报警准确度优于整定值5%；读取时间小于4s	测量显示模块误差不大于±5%；读取时间小于4s

续表

序号	所属模块	技术规范及技术规范需求	关键技术参数
6	馈电	开关分断后能迅速恢复； 机械寿命满足要求	开关分断后恢复时间不大于10min； 机械寿命不小于 20 000 次

制表人：×××　　　时间：2020 年 1 月 22 日

依据关键技术参数，小组成员展开讨论，最后选择各模块的第一级分级方案，如图 7-4 所示。

图 7-4　一级方案细化分解图

（2）一级方案评价。

1）直流绝缘检测模块的选择。直流绝缘检测模块的选择如表 7-6 所示。

表 7-6　　　　　　　　　　直流绝缘检测模块的选择

选择一	直流绝缘检测模块选择		
备选方案	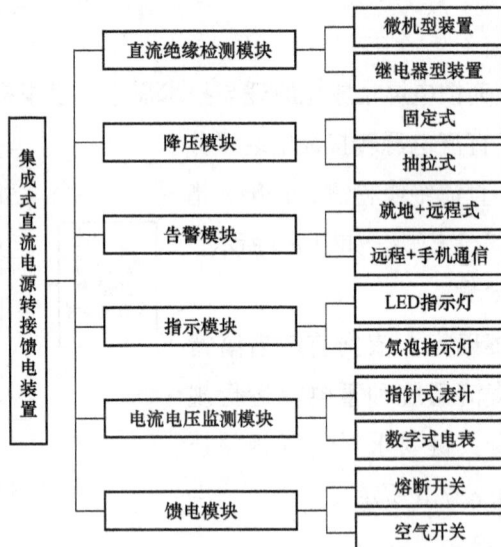	方案目标	接地电阻定值采样误差不大于±5%； 常规故障点查找时间不大于10min
试验方式	试验：对微机型装置、继电器型装置定值误差进行试验并对数据分析。 调查分析：调查统计不同类型装置的常规故障点查找时间，并对数据进行分析		

方案名称	方案一：微机型	方案二：继电器型
方案描述	微机型装置，对其检测性能进行分析	继电器型装置，对其检测性能进行分析

试验

试验：对以上两种装置进行接地电阻采样试验，并记录电阻值，对所得数据进行分析。为保证数据可靠性，进行多次测量，并记录相应数据，如下表所示。

装置类型	测试次数	接地电阻值（kΩ）				折线图
		5	7.5	10	15	
微机型装置	1	5.11	7.63	10.06	15.12	
	2	4.93	7.65	9.84	15.14	
	3	5.07	7.36	10.12	14.86	
	4	5.08	7.60	10.25	14.90	
	误差（％）	1.65	1.70	1.48	0.83	
继电器型装置	1	5.22	7.74	10.25	15.48	
	2	4.79	7.30	10.38	14.65	
	3	5.15	7.68	9.73	15.25	
	4	5.20	7.25	10.22	15.40	
	误差（％）	3.9	2.9	2.8	2.5	

接地电阻值平均误差

试验结果	微机型采样误差约0.78％，误差较小	继电器型采样误差约为1.8％，满足要求

调查分析

调查分析：对不同装置的常规故障点查找时间进行调查统计，得出相应数据，并对数据进行分析。

统计一个月时间内班组对不同等级变电站常规故障点查找平均时间数据，调研结果如下表所示。

装置类型	测试次数	不同电压等级变电站			柱状图
		35kV	110kV	220kV	
微机型装置	1	0.8	1.0	1.48	
	2	0.9	1.2	1.49	
	3	0.9	1.5	1.52	
	4	1.0	1.1	1.51	
	平均值	0.9	1.2	1.5	
继电器型装置	1	6.1	8.1	8.2	
	2	6.0	7.9	8.1	
	3	6.1	8.0	7.8	
	4	5.9	8.0	7.9	
	平均值	6.0	8.0	8.0	

不同装置故障查找时间对比

调查结果	现场消缺时间短，工作效率高	告警信息相对不够清晰稳定，影响工作效率
综合分析	微机型装置采样误差小，工作效率高	采样误差及工作效率较前者差
结论	需进一步分析采用何种微机型装置	不采用

制表人：×××　　　时间：2020 年 3 月 10 日

2）降压模块的选择。降压模块的选择如表 7-7 所示。

表 7-7　　　　　　　　　　　　降压模块的选择

选择二	降压模块的选择		
备选方案	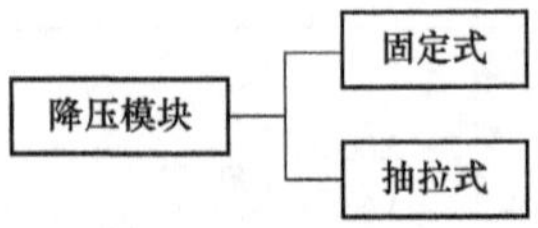 降压模块 —— 固定式 / 抽拉式	方案目标	（1）降压硅链降压稳压精度不大于 2%； （2）模块重量不大于 20kg； （3）模块体积不大于 90cm×40cm×40cm
试验方式	（1）现场测量：搭建不同方式的降压模块，组织小组成员对其质量、体积及降压误差进行测量，并对相关数据进行统计分析。 （2）调查分析：调查统计不同搭建方式下降压模块对变电站电压等级的适应性，并进行分析		
方案名称	方案一：固定式	方案二：抽拉式	
方案描述	将 110V 和 220V 电压等级的降压硅链组合安装，以适应不同电压等级变电站降压要求。配置单一直流馈电屏所没有的降压硅链，可接后备电源蓄电池或合闸空开负荷	安装活动板块，针对不同电压等级，检修人员拆卸更换相应型号降压硅链。配置单一直流馈电屏所没有的降压硅链，可接后备电源蓄电池或合闸空开负荷。降压硅链可方便拆卸更换	
方案图示			
现场测量	现场测量：对两种类型安装方式测量降压输出精度。220V 直流系统浮充 2.25×108＝243V，以降压 23V 为例，为保证数据可靠性，进行多次测量，并记录相应数据，通过下式求相对误差 $$E_{rr} = \sum_{i=1}^{n} \left(\left\| x_i - \frac{1}{n}\sum_{i=1}^{n} x_i \right\| \right) \Big/ \frac{1}{n}\sum_{i=1}^{n} x_i$$		

续表

安装类型	测试次数	标准降压23V					柱状图
固定式	1～5	23.23	23.34	23.19	22.74	22.91	
	6～10	23.01	23.27	22.81	23.22	23.02	
	…	…	…	…	…	…	
	36～40	22.79	22.73	22.98	23.31	22.92	
	平均	1.14%					
抽拉式	1～5	22.88	23.31	23.28	22.99	22.81	
	6～10	23.31	22.87	23.12	22.91	23.15	
	…	…	…	…	…	…	
	36～40	22.91	23.32	22.88	23.21	23.19	
	平均	1.07%					

对以上两种方式进行安装,测量其质量、体积及降压误差,并对所得数据进行分析。按照测量步骤,对两种类型安装方式测量参数,并进行统计分析。

安装类型	测试次数	体积(cm×cm×cm)	质量(kg)	搬运人数
固定式	1	80×30×20	19.5	2
	2	80×35×25	18.7	3
	3	80×15×40	19.0	2
	4	82×20×38	17.7	2
	5	85×15×40	19.1	2
	平均值	81.4×23×32.6	18.8	2.2
抽拉式	1	80×15×20	9.9	1
	2	80×15×18	12.0	1
	3	80×20×20	11.9	1
	4	82×20×20	11.5	1
	5	80×15×20	10.7	2
	平均值	80.4×17×19.6	11.2	1.2

现场测量 (左侧栏标签)

测量结果	各个电压等级变电站均适应	各个电压等级变电站均适应
综合分析	固定式安装方式虽适应性强,但是目标物理特性明显劣于后者,影响工作效率	抽拉式安装方式体积更小、质量更轻,适应变电站电缆层、改造屏位附近等复杂工况
结论	不采用	采用

制表人:×××　　时间:2020年3月15日

3)告警模块的选择。告警模块的选择如表7-8所示。

表 7-8　　　　　　　　　　　　　告警模块的选择

选择三	告警模块选择		
备选方案	告警模块 —— 就地＋远程式 / 远程＋手机通信式	方案目标	（1）异常确定时间不大于10min；（2）异常传达准确率不小于98％
试验方式	（1）现场测量：对两种方式异常确定时间及异常传达准确率进行测量，并对相关数据进行统计分析。（2）综合分析：调查统计两种方式基建价格，得出相应数据，并对数据进行分析		
方案名称	方案一：就地＋远程式	方案二：远程＋手机通信式	
方案描述	采用声光告警系统实时就地监测故障，并传至后台，改造过程中有任何开关跳闸、蓄电池熔丝熔断、电压异常、绝缘异常等告警会提醒操作人员和值班人员	采用远程式后台机告警，改造过程中有任何开关跳闸、蓄电池熔丝熔断、电压异常、绝缘异常等告警会通知值班员，值班员通过通信设备联系检修负责人，继而进行消缺	

现场测量：为保证数据可靠性，进行多次测量，并记录相应数据，如下表所示。

告警类型	测试次数	异常确认时间（min）						柱状图
		过压	欠压	直流接地	交流混入	开关跳闸	熔丝熔断	
就地＋远程式	1	2	3	1.5	3	1.5	2.5	
	2	2.5	2	2	2.4	2	1.8	
	3	3	2.5	1.5	3	2	3	
	4	2	2	2	3	2.6	2.5	
	5	2	3	2.5	3.2	2	2	
	平均	2.3	2.5	1.9	2.92	2.02	2.36	
远程＋手机通信式	1	5	6	4	5	4.5	4	
	2	6.5	6.4	4	5.5	5	5	
	3	5	5.6	4.5	5.5	4.5	5	
	4	4	6	4.5	5	4.5	4.8	
	5	5	5.5	5	6	5.8	5	
	平均	5.1	5.9	4.4	5.4	4.86	4.76	

柱状图：平均异常确认时间(min)
蓄电池熔丝熔断　4.76／2.36
开关跳闸　4.86／2.02
交流混入　5.4／2.92
直流接地　4.4／1.9
欠压　5.9／2.5
过压　5.1／2.3
（0～6）
■ 远程＋手机通信式
▨ 就地＋远程式

对以上两种方式进行实验，并对所得数据进行分析，如下表所示。

告警类型	测试次数	异常传达准确率（％）					
		过压	欠压	直流接地	交流混入	开关跳闸	熔丝熔断
就地＋远程式	1	99	99	98	100	99	100
	2	99	100	100	100	100	99
	3	100	99	100	99	100	100
	4	100	100	100	100	100	100
	5	100	100	100	99	100	100
	平均	99.6	99.6	99.6	99.6	99.8	99.8

续表

告警类型	测试次数	异常传达准确率（%）					
		过压	欠压	直流接地	交流混入	开关跳闸	熔丝熔断
远程＋手机通信式	1	98	98	100	99	98	100
	2	98	98	98	98	98	100
	3	98	100	98	98	100	98
	4	99	99	98	100	100	98
	5	100	100	99	98	98	98
	平均	98.6	99	98.6	98.6	98.8	98.8

现场测量（行标签，对应上表整体）

测量结果	异常确认时间明显少于后者，且异常传达准确率均为99%以上，高于后者，保证现场工作安全性	远程＋手机通信式异常确定时间较长，且异常传达准确率较低，且电话传达存在一定主观性，安全性有所降低
综合分析	异常确认时间短且准确率较高	异常传达准确率较低，且确认时间相对较长
结论	采用	不采用

制表人：×××　　　时间：2020 年 3 月 25 日

4）指示模块的选择。指示模块的选择如表 7-9 所示。

表 7-9　　　　　　　　　　　指示模块的选择

选择四	指示模块选择		
备选方案	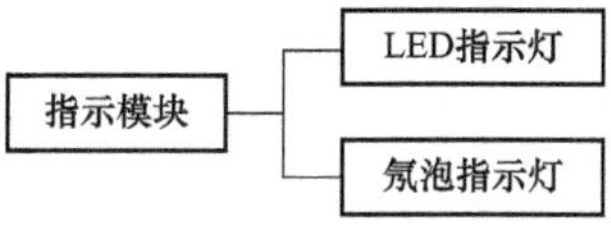 指示模块 —— LED指示灯 / 氖泡指示灯	方案目标	（1）绝缘电阻不小于 2MΩ；（2）指示灯使用寿命不小于 20 000h
试验方式	调查分析：调研指示灯使用情况及绝缘电阻值，并对相关数据进行统计分析		
方案名称	方案一：采用 LED 指示灯	方案二：采用氖泡指示灯	
方案描述	选择绝缘电阻及使用寿命合适的 LED 指示灯	选择绝缘电阻及使用寿命合适的氖泡指示灯	
方案图示			

续表

调查分析	试验：对以上两种方案指示灯的绝缘电阻及使用寿命进行调查，得出相应数据，并对数据进行分析。 调研结果如下所示				

指示灯类	调查样本	功率（W）	绝缘电阻（MΩ）	柱状图
LED指示灯	1	5	2	
	2	7	3	
	...	...	...	
	8	5	3	
	平均值	5.25	2.5	
氙泡指示灯	1	2	2	
	2	2.5	2	
	...	...	...	
	8	2	2	
	平均值	2	2.2	

试验结果	值相对较高，功率消耗较小	绝缘电阻值相对较小，功率大
结论	采用	不采用

制表人：×××　　　时间：2020 年 3 月 26 日

5）电流电压监测模块的选择。电流电压监测模块的选择见表 7-10 所示。

表 7-10　　　　　　　　　电流电压监测模块的选择

选择五	电流电压监测模块选择		
备选方案		方案目标	（1）数据读取误差不大于 5%； （2）读取时间小于 4s
试验方式	现场测量：购置两种方案中的各类表计，测量表计数据读取时间		
方案名称	方案一：指针式表计	方案二：数字式表计	
方案描述	运用指针式表计读取交直流电流电压值	运用数字式表计读取交直流电流电压值	

现场测量：购置两种方案中的各类表计，通过串联恒流源和并联恒压源测试两种电能表读数，测量表计数据准确度和数据读取时间。

调节电压源输出大小，查看两种电表数据准确度，多次测量统计分析如下所示。

电能表类型	次数	30V	60V	90V	折线图
指针式电能表	1	28.58	58.64	86.43	
	2	29.21	58.57	85.51	
	3	28.37	58.24	87.27	
	4	28.63	61.71	86.77	
	相对误差	4.30%	2.60%	3.80%	
数字式电能表	1	29.64	59.73	89.72	
	2	29.80	59.33	88.58	
	3	29.71	59.38	89.07	
	4	29.73	59.66	89.06	
	相对误差	0.90%	0.80%	1.00%	

电压表读数误差对比

接着，调节电流源输出大小（分别为 1/3、2/3 和满量程指针式电能表量程大小的电流），查看两种电表数据准确度，多次测量统计分析如下所示。

电能表类型	次数	1A	2A	3A	折线图
指针式电能表	1	0.97	1.96	2.93	
	2	0.98	1.96	3.05	
	3	1.04	1.97	2.88	
	4	0.97	1.97	2.94	
	相对误差	3.00%	1.70%	2.50%	
数字式电能表	1	0.993	1.989	2.983	
	2	1.000	1.988	2.988	
	3	0.981	1.984	2.977	
	4	0.992	1.971	2.968	
	相对误差	0.90%	0.90%	0.70%	

电压表读数误差对比

最后，对多个不同表计读数时间进行多次测量统计分析，结果如下所示

表计类型	指针式表计				表计类型	数字式表计			
	1号	2号	3号	4号		1号	2号	3号	4号
蓄电池电压表（s）	4	3	3	2.5	蓄电池电压表（s）	2	1	1.5	1
控母电压表（s）	3	4	4	3	控母电压表（s）	2	2	1	0.5
蓄电池电流表（s）	2	1.5	3	4	蓄电池电流表（s）	1	2	1	1.5
总负荷电流表（s）	2	3	3	3.5	总负荷电流表（s）	2	1	2	2.5
平均（s）	3.03				平均（s）	1.5			

现场测量

试验结果	指针式电表平均误差较大，仅在 2/3 量程附近误差较小，读数较慢，平均读数时间 3.03s	指针式电表在全量程范围内平均误差都很小，读数较快，平均读数时间 1.5s
综合分析	在 2/3 量程附近误差较小，但当不在 2/3 量程附近误差很大，且读数时间较长	全量程范围内读数误差更小，测量显示方便，读数时间短，工作效率高
结论	不采用	采用

制表人：×××　　　　时间：2020 年 3 月 28 日

6）馈电模块的选择。馈电模块的选择如表 7-11 所示。

表 7-11　　　　　　　　　　馈电模块的选择

选择六	馈电模块的选择		
备选方案	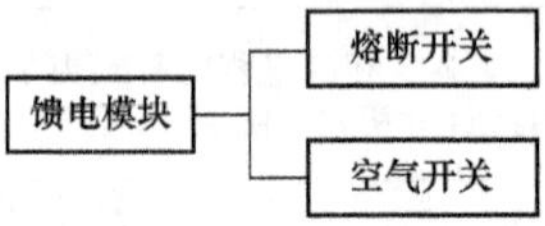 馈电模块 —— 熔断开关／空气开关	方案目标	（1）开关分断后恢复时间不大于 10min；（2）机械寿命不小于 20 000 次
试验方式	（1）现场试验：购置不同类型的开关，组织小组成员对同开关进行实验，测量其开关分段后恢复时间，并对相关数据进行统计分析。（2）调查分析：调查统计不同类型开关的短路分段能力，并对数据进行分析		
方案名称	方案一：熔断开关	方案二：空气开关	
方案描述	当支路发生短路或严重过载电流时，熔丝立即熔断，且对回路起分段作用	当支路发生短路或严重过载电流时，空气开关形成回路使之跳闸，且对回路起分段作用	
方案图示			
现场测量	现场试验：对以上两种开关元件进行实验，测量从预期短路电流出现至回路恢复通电的时间，并对所得数据进行分析。 按照测量步骤，设置预期短路电流为 25kA、50kA 及 75kA 时，分别对两种类型开关测量参数，并进行统计分析，如下所示。		

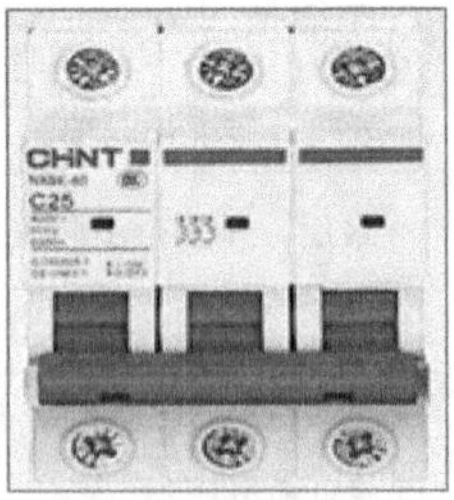

续表

现场测量	电阻类型	测试次数	恢复时间（min）			柱状图
			25kA	50kA	75kA	
	熔断开关	1	8.5	6.8	6	
		2	8	6.5	6.2	
		…	…	…	…	
		6	8	7	5	
		平均值	8.05	7.13	5.8	
	空气开关	1	1.5	1	0.8	
		2	1.2	0.8	1	
		…	…	…	…	
		6	1	0.8	0.6	
		平均值	1.2	0.87	0.8	

试验结果	熔断开关虽然恢复时间满足要求，且分断能力高于空气开关，但熔丝熔断要及时更换且要求现场安排备品备件，降低工作效率	空气开关分段能力略低于熔断开关，但是其跳开只要推上就能继续使用，极大地保证现场用电安全
调查分析	调查分析：调研各开关使用机械寿命，调研结果如下所示	

调研结果

开关类	机械寿命（次）							平均值
	1	2	3	…	8	9	10	
熔断开关	5000	8000	10 000	…	10 000	5000	8000	7666
空气开关	20 000	25 000	20 000	…	20 000	30 000	20 000	22 500

平均机械寿命7666次	平均机械寿命22 500次

综合分析	熔断开关熔断恢复时间相对长，工作效率低，相对寿命短	空气开关分断后恢复时间相对较短，工作效率高，机械寿命相对较长
结论	不采用	需进一步分析采用何种空气开关更加可靠

制表人：×××　　时间：2020年3月29日

通过上述方案评价分析，最后选择各模块的第一级分级方案，如图7-5所示。

（3）二级方案确定。通过以上分析，需对直流绝缘检测模块采用何种微机型直流绝缘检测装置、馈电模块中采用何种空气开关进行进一步选择，小组成员展开讨论，最后选择各模块的分级方案，如图7-6所示。

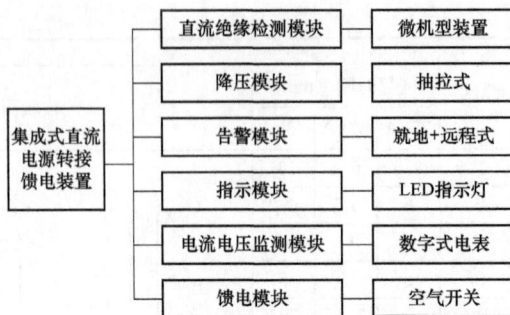

图 7-5　评价后的一级方案细化分解图

图 7-6　二级方案细化分解图

依据借鉴的特性值与《变电站直流系统和蓄电池运行规程》及各模块自身的关键要求对直流电源转供装置相关技术参数要求确定,如表 7-12 所示。

表 7-12　　　　　　　表 7-12　相 关 技 术 参 数

序号	所属模块	技术规范及技术规范需求	关键质量要素
1	微机型检测装置	采样误差不大于 5%; 考虑成果日后推广性,需要控制装置制作成本	接地电阻值采样误差不大于 5%; 装置价格不大于 8 万元
2	馈电空气开关	对于要求电流值,断开时间应满足要求; 稳定性高,灭弧性满足要求	对开关通以 $5I_n$、$10I_n$、$50I_n$ 的电流,断开时间应小于 100ms; 稳定性高,灭弧性满足要求

制表人:×××　　　时间:2020 年 3 月 30 日

（4）二级方案评价。

1）微机型检测装置的选择。微机型检测装置的选择如表 7-13 所示。

表 7-13 微机型检测装置的选择

选择七	微机型检测装置的选择					
备选方案	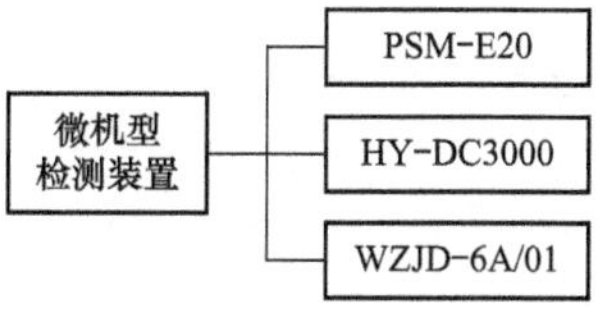 微机型检测装置 → PSM-E20 / HY-DC3000 / WZJD-6A/01		方案目标	（1）接地电阻值采样误差不大于 5％；（2）装置价格不大于 7 万元		
试验方式	（1）试验：对艾默生装置、华星装置和星炬装置的采样误差进行实验，并对相关数据进行统计分析。（2）调查分析：调查统计不同装置成本及重量，并对数据进行分析					
方案名称	方案一：PSM-E20 成套装置		方案二：HY-DC3000 成套装置		方案三：WZJD-6A/01 成套装置	
方案描述	经试验统计分析，对其采样误差、装置成本、重量等进行分析		经试验统计分析，对其采样误差、装置成本、重量等进行分析		经试验统计分析，对其采样误差、装置成本、重量等进行分析	
方案图示						

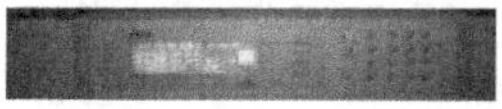

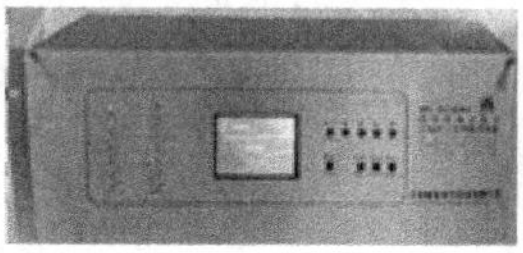

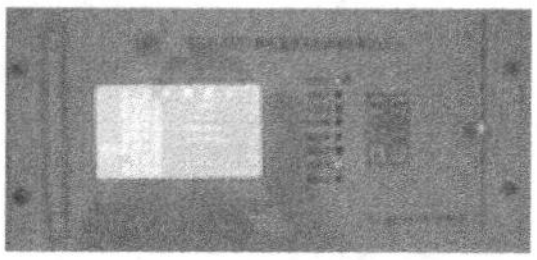

试验：在单条线路电容值相同时，对以上装置进行采样试验，并对不同电阻记录采样值，最后对所得数据进行分析。为保证数据可靠性，进行多次测量，并记录相应数据，如下所示。

装置类型	测试次数	电阻值（kΩ）				
		5	10	15	25	50
PSM-E20	1	5.092	10.21	15.18	24.43	49.25
	2	5.1	9.77	15.2	25.37	49.3
	3	4.91	10.18	14.79	24.66	49.3
	4	5.09	10.2	14.73	24.6	50.8
	平均误差（％）	1.9	2.05	1.4	1.54	1.48
HY-DC3000	1	5.053	10.11	15.14	24.75	49.52
	2	4.93	10.09	14.88	24.77	50.48
	3	5.06	9.93	14.9	25.2	50.5
	4	5.07	9.95	15.15	25.31	49.6
	平均误差（％）	**1.3**	**0.8**	**0.85**	**0.99**	**0.93**

（试验 — 表格左侧纵向标注）

装置类型	测试次数	电阻值（kΩ）				
		5	10	15	25	50
WZJD-6A/01	1	4.9	10.16	15.29	24.51	51.05
	2	5.1	10.15	14.72	24.26	48.9
	3	5.09	10.19	14.75	25.47	51.1
	4	4.89	10.2	15.33	25.53	49.2
	平均误差（%）	2	1.75	1.92	1.9	2.03

试验

根据现场测量结果绘制折线图如下

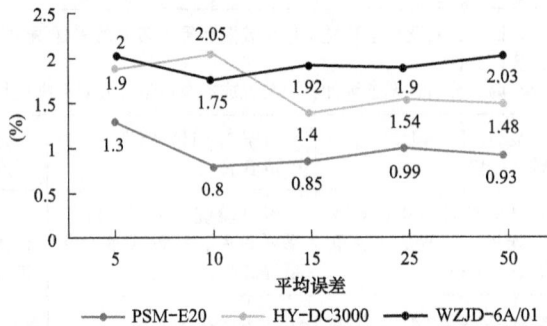

试验结果	采样误差较低	采样误差最低	采样误差较前两者偏高

调查分析

调查分析：对不同装置的成本及重量的调查，得出相应数据，并对数据进行分析，如下所示

装置	成本（万元）	柱状图
PSM-E20	3.5	
装置	成本（万元）	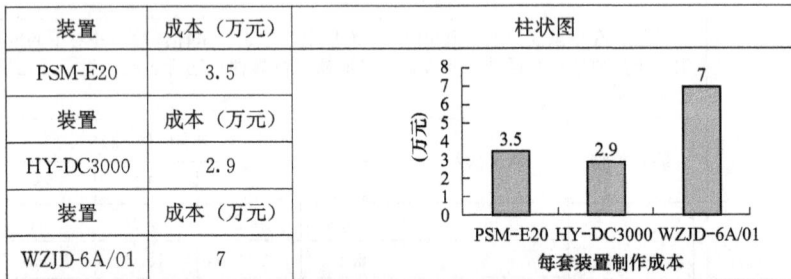
HY-DC3000	2.9	
装置	成本（万元）	
WZJD-6A/01	7	

试验结果	由两个装置组成质量最重，成本较高	装置成本最低，质量最轻	装置成本较高，质量较重

综合分析	采样误差满足要求，但是该监测装置必须要两个分机，增加安装时间，且成本较高	采样误差最小、质量最轻，装置价格最低	装置成本最高，质量较轻，但采样误差最高

结论	不采用	采用	不采用

制表人：×××　　时间：2020 年 3 月 30 日

2) 馈电空气开关的选择。馈电空气开关的选择如表 7-14 所示。

表 7-14 馈电空气开关选择

选择八	馈电空气开关选择		
备选方案	馈电空气开关 → 直流空气开关 / 交流空气开关	方案目标	对开关通以 $5I_n$、$10I_n$、$50I_n$ 的电流，断开时间应小于 100ms
试验方式	（1）现场试验：从冷态开始，对各相同型号开关通以 $3I_n$、$5I_n$、$10I_n$ 的电流，断开时间应大于 0.1s；然后再从冷态开始，对各开关通以 $5I_n$、$10I_n$、$50I_n$ 的电流，测量断开时间。多次测量脱扣时间，并对相关数据进行统计分析。 （2）调查分析：对交流、直流空气开关灭弧性能进行调查，并对相关数据进行统计分析		
方案名称	方案一：采用直流空气开关	方案二：采用交流空气开关	
方案描述	测量直流空开脱扣时间	测量交流空开脱扣时间	
方案图示			
现场试验	现场试验：对以上两种开关测量参数，并对所得数据进行分析。为保证数据可靠性，进行多次测量，并记录相应数据，如下所示		

开关类型	测试次数	脱扣时间（ms）		
		$5I_n$	$10I_n$	$50I_n$
直流空开	1	55	45	30
	2	62	48	25
	3	65	50	33
	4	50	40	35
	平均值	58	45.8	30.8
交流空开	1	70	50	42
	2	68	55	38
	3	65	58	40
	4	68	60	46
	平均值	67.8	55.8	41.5

307

测试结果	脱扣时间短，均满足要求	脱扣时间满足要求，但较前者时间偏长
调查分析	调查分析：对不同开关的灭弧性能进行调查，并进行分析。 调研结果如下所示：交流电的每个周期都有自然过零点，在过零点容易熄弧；而直流电没有零点，电弧难以熄灭。由于系统不一样、灭弧的原理不同，交直流通用开关与直流开关在结构和性能上有很大区别	
调查结果	直流空开灭弧性能更强	交直流空开灭弧性能相较更弱
综合分析	直流空开具有分断速度更快、分断能力更强以及灭弧性能更优的明显优势	交流空开分断速度及分断能力同样满足要求，但灭弧性能劣于前者
结论	采用	不采用

制表人：×××　　　时间：2020 年 3 月 31 日

（5）最佳方案确定。针对方案进一步的细化分解，通过对相关参数及优缺点对比分析最终确定细化后最终方案如图 7-7 所示。

图 7-7　最佳方案细化分解图

五、制定对策

小组根据细化后的最佳方案及 5W1H 原则，制订了详细对策，如表 7-15 所示。

六、对策实施

1. 实施一：微机型装置的设计制作

微机型装置的选择与设计实施表如表 7-16 所示。

表 7-15　　　　　　　　　　对　策　实　施　表

序号	对策	目标	措施	地点	负责人	时间
1	HY-DC3000 装置的设计制作	接地电阻值采样误差不大于±5％	（1）HY-DC3000 装置的安装图纸设计； （2）HY-DC3000 装置外围电路设计； （3）HY-DC3000 装置的安装； （4）效果检查	周刚劳模工作室	×××	2020 年 5 月
2	抽拉式降压模块的设计制作	满足更换时间不大于2min	（1）降压模块的图纸设计； （2）降压模块的外围设计； （3）根据图纸，安装降压模块； （4）效果检查	周刚劳模工作室	×××	2020 年 6 月
3	就地＋远程式告警模块设计制作	异常传达准确率不小于98％	（1）设计就地＋远程式告警模块的接线图纸； （2）就地＋远程式告警模块外围图纸设计； （3）安装就地＋远程式告警； （4）效果检查	周刚劳模工作室	×××	2020 年 6 月
4	LED 指示灯的设计实施	指示灯功率不大于 3W	（1）LED 指示灯的图纸设计； （2）根据图纸装 LED 指示灯； （3）效果检查	周刚劳模工作室	×××	2020 年 7 月
5	数字式电表的设计实施	各个电表选择适合的量程和分辨率，误差不大于±5％	（1）数字式测量电压表的选型； （2）数字式测量电流表的选型； （3）设计电路图并制作实物； （4）效果检查	周刚劳模工作室	×××	2020 年 7 月
6	直流空开的设计制作	对开关通以 $5I_n$、$10I_n$、$50I_n$ 的电流，断开时间均小于 100ms	（1）直流空开的图纸设计； （2）根据图纸，安装直流空开模块； （3）效果检查	周刚劳模工作室	×××	2019 年 7 月
	试验验证	设备检测合格率100％	（1）进行第三方检测； （2）效果检查	变电站现场		
7	试验验证	设备检测合格率100％	（1）进行第三方检测； （2）验证有无负面影响	变电站现场	×××	2020 年 8 月

制表人：×××　　　时间：2020 年 4 月 1 日

表 7-16　　　　　　　　　　**微机型装置的选择与设计实施表**

步骤	措施	实施结果
1. HY-DC 3000 装置的安装图纸设计	根据外围设计好的 HY-DC 3000 装置的功能及需求，设计安装图纸	根据装置功能及需求，小组设计安装图纸如下
2. HY-DC 3000 装置外围电路设计	考虑装置的功能及需求，对其外围接线进行设计	根据装置功能及需求，小组对装置模块外围接线进行设计
3. HY-DC3000 装置的安装	根据安装图纸，进行接线安装	小组根据设计好的图纸，对外围设计好的 HY-DC3000 装置进行接线安装

4. 效果检查 ｜ 根据设定的目标值进行效果的验证 ｜ 小组分别对电阻值为 5、10、15、25、50kΩ 的电阻进行多次测量，并进行误差统计，结果如下所示。

装置类型	测试次数	电阻值（kΩ）					柱状图
		5	10	15	25	50	
HY-DC3000	1	4.80	9.80	14.60	24.20	48.30	
	2	4.80	9.80	15.20	25.80	48.80	
	……	……	……	……	……	……	
	15	4.80	9.88	14.70	24.27	48.80	
	误差（%）	2.10	2.20	2.50	3.20	2.80	各阻值下测量平均误差值

从统计结果中可以看出，安装 HY-DC 3000 后，接地电阻值采样误差不大于±5%，满足目标要求。对策目标实现

制表人：×××　　　时间：2020 年 5 月 25 日

2. 实施二：抽拉式降压模块的设计制作

抽拉式降压模块设计实施表如表 7-17 所示。

表 7-17　　　　　　　　　　**抽拉式降压模块设计实施表**

步骤	措施	实施结果
1. 降压模块的图纸设计	根据装置的工作需求，设计降压模块的接线图纸	小组充分根据装置需求，设计降压模块的电气接线图纸。 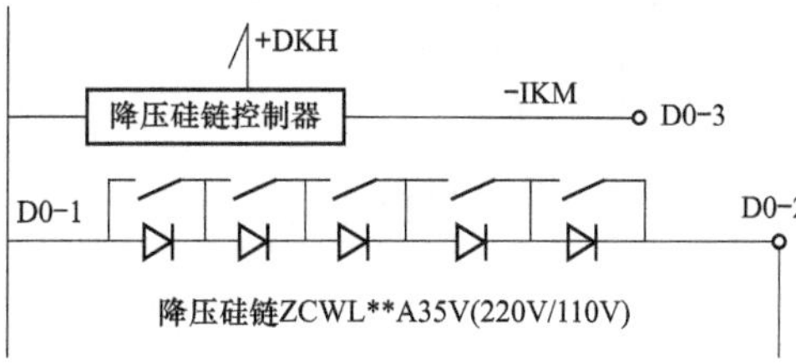 降压硅链ZCWL**A35V(220V/110V)
2. 降压模块的外围设计	考虑降压模块的功能及需求，对其外围接线进行设计	根据装置功能及需求，小组对降压模块外围接线进行设计，如下图所示。 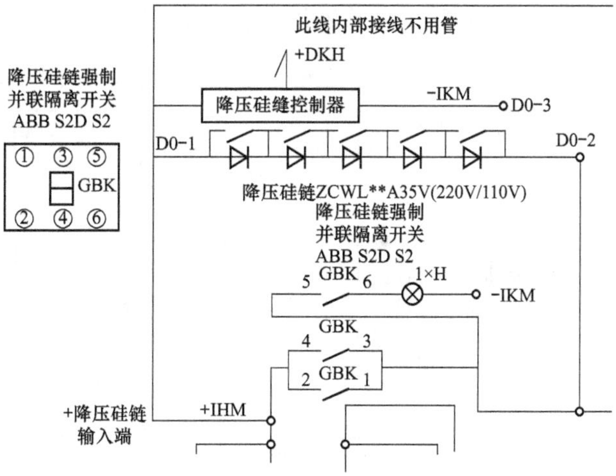 降压硅链强制并联隔离开关 ABB S2D S2 降压硅链ZCWL**A35V(220V/110V) 降压硅链强制并联隔离开关 ABB S2D S2
3. 根据图纸，安装降压模块	根据降压模块电气接线图纸进行电气接线，并核查接线正确性	为确保安装准确，小组成员深入理解装置内容，认真核对图纸，确保接线正确性，如下图所示。 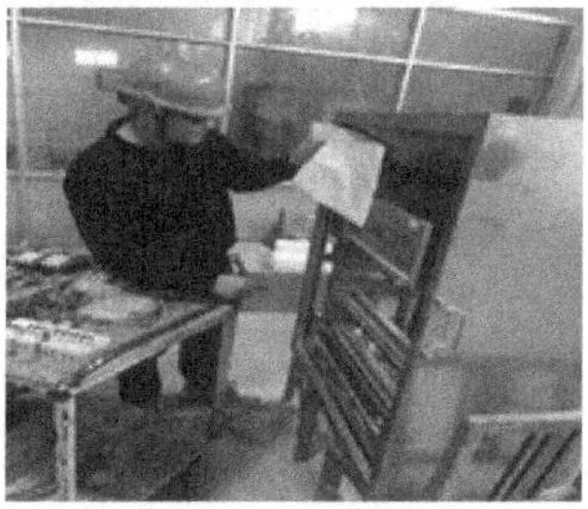 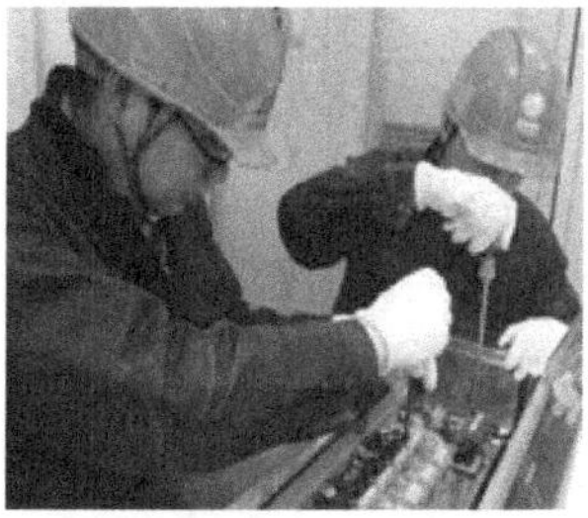

续表

步骤	措施	实施结果
4. 效果检查	针对选取的电池，对各电气量进行试验测试，验证是否符合目标值	小组成员对抽拉式降压模块进行装时间测试，进行 5 次测量，并记录相应数据，结果如下。 由测量结果计算可得，5 次测量结果中，安装时间均满足要求，均值为 1.64min，满足目标更换时间不大于 2min 的要求。对策目标实现 制表人：×××　　时间：2020 年 6 月 24 日

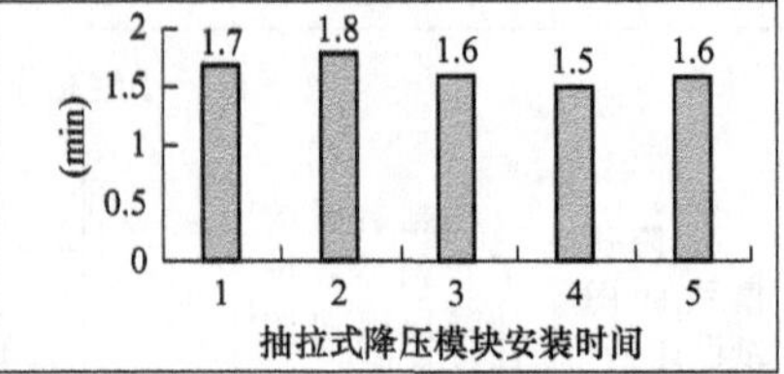

3. 实施三：就地＋远程式告警模块设计制作

就地＋远程式告警模块设计实施表如表 7-18 所示。

表 7-18　　　　　　　就地＋远程式告警模块设计实施表

步骤	措施	实施结果
1. 就地＋远程式告警模块的图纸设计	根据装置的工作需求，设计就地＋远程式告警模块的接线图纸	小组充分根据装置需求，设计就地＋远程式告警模块图纸，如下图所示。 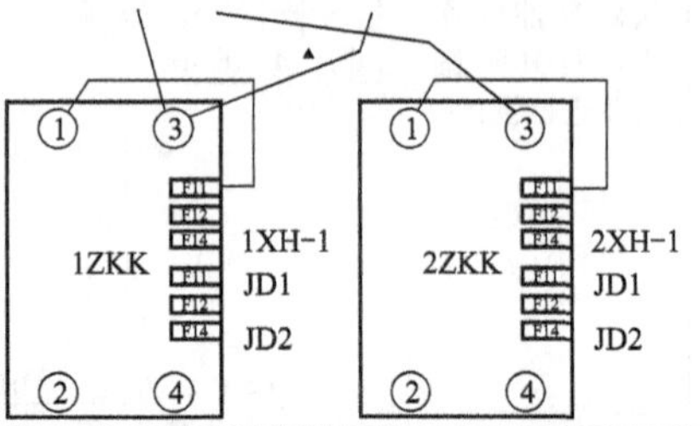
2. 就地＋远程式告警模块外围图纸设计	根据告警模块的工作需求，设计外围接线图纸	根据模块功能及需求，小组对告警模块外围接线进行设计，如下图所示。 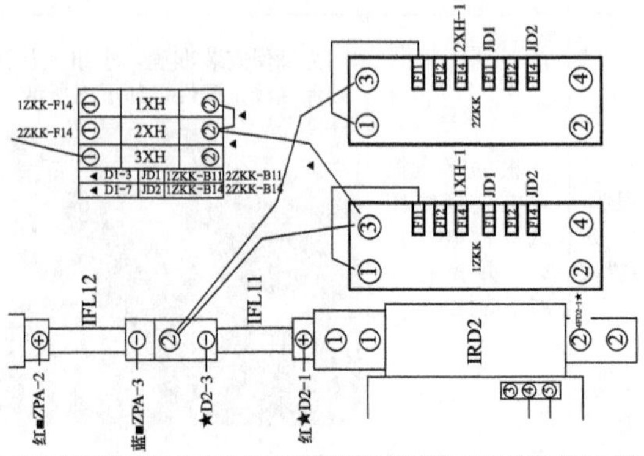

续表

步骤	措施	实施结果
3. 根据图纸，安装就地＋远程式告警模块	根据就地＋远程式告警模块图纸进行电气接线，核查接线正确性	为确保安装准确，小组成员深入理解装置内容，认真核对图纸，确保接线正确性，如下所示  

小组成员对安装就地＋远程式告警模块的过压、欠压、直流接地、交流混入、开关跳闸、蓄电池熔丝熔断等可靠性进行测试，并计算准确率，结果如下所示

测量项目	测量次数	异常传达次数			图示
		1	…	5	平均	

测量项目	测量次数	1	…	5	平均	图示
过压	100	99	…	99	99.0	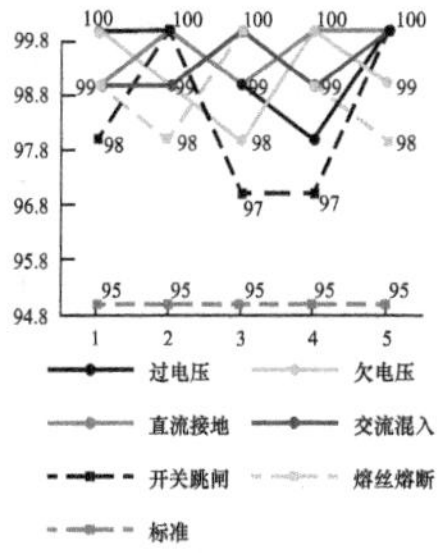
欠压		100	…	100	98.8	
直流接地		99	…	100	99.2	
交流混入		100	…	98	99.2	
开关跳闸		98	…	100	99.4	
熔丝熔断		99	…	100	99.2	

由测量结果计算可得，5组测量结果中，异常传达准确率均在98%以上，满足目标要求。对策目标实现

制表人：×××　　　时间：2020年6月27日

4. 实施四：LED指示灯的设计实施

LED指示灯的设计实施表如表7-19所示。

5. 实施五：数字式电表的设计实施

数字式电表的设计与制作实施表如表7-20所示。

表 7-19　　　　　　　　　　　　LED 指示灯的设计实施表

步骤	措施	实施结果
1. LED 指示灯的图纸设计	根据装置的工作需求，设计LED指示灯的接线图纸	小组充分根据装置需求，设计 LED 指示灯图纸，如下所示
2. 根据图纸，安装 LED 指示灯	根据 LED 指示灯图纸进行电气接线，并核查接线正确性	为确保安装准确，小组深入理解装置内容，认真核对图纸，确保接线正确，如下所示
3. 效果检查	针对选取的电池，对各电气量进行试验测试，验证是否符合目标值	小组成员对 LED 灯的指示灯功率进行验证，结果如下所示。

指示灯类	调查样本	功率（W）	图例
LED 指示灯	1	0.5	
	2	0.6	
	3	0.55	
	4	0.48	
	5	0.6	
	6	0.5	
	7	0.5	
	8	0.55	
	平均值	0.54	

由测量结果计算可得，10 组测量结果中，指示灯功率均在 3W 以内，满足目标要求，对策目标实现

制表人：×××　　　　时间：2020 年 7 月 27 日

表 7-20 数字式电表设计与制作实施表

步骤	措施	实施结果
1. 数字式直流电压表的选型	根据实际需求，确定直流电压表型号	小组调查统计得到不同厂家装置设整定定值保留小数点位数均为 1 位，所以要求电压表分辨率为 0.01V。此外小组查询得到几种数显表计误差、内阻值如下所示。 **（电压表数据）** 电压表 APS-1001D：单价 35 元，误差 1.5%，内阻 10.5 MΩ 电压表 DC7-300V：单价 42 元，误差 1.2%，内阻 11 MΩ 电压表 DM55-1：单价 28 元，误差 0.9%，内阻 12 MΩ 电压表 PZEM-031：单价 57 元，误差 1.6%，内阻 10 MΩ 电压表对比 对各型号表计的单价、误差及内阻等进行分析，DM55-1 电压表价格最便宜，测量误差最小，内阻最大，故选择 DM55-1 电压表计
2. 数字式直流电流表的选型	根据实际需求，确定直流电流表型号	小组调查统计得到不同厂家装置设整定定值保留小数点位数均为 1 位，所以要求电流表分辨率为 0.01mA。此外小组查询得到几种数显表计误差、内阻值如下所示。 **（电流表数据）** 电流表 KP800E-9SY：单价 24 元，误差 0.9%，内阻 0.07 MΩ 电流表 DC0—2A：单价 38 元，误差 1.2%，内阻 0.1 MΩ 电流表 DF4—TRMS：单价 40 元，误差 1.1%，内阻 0.18 MΩ 电流表 IN2000：单价 47 元，误差 1.4%，内阻 0.23 MΩ 电流表对比 对各型号表计的单价、误差及内阻等进行分析，KP800E-9SY 电流表价格最便宜，测量误差最小，内阻最小；故选择 KP800E-9SY 电流表计
3. 设计电路图并制作实物	设计电路图并委托厂家组合生产实物	根据各元器件选配要求，设计电路图，并根据电路图连成接线，如下所示

续表

步骤	措施	实施结果								
4. 效果验证	对各电表进行测试，验证是否符合目标值	电压(V)	10	20	30	40	50	60	⋯	90	100
		电表读数	9.99	19.80	29.70	40.16	50.20	59.64	⋯	90.18	100.90
		平均误差（%）					0.93				
		电流(mA)	100	150	200	250	300	350.7	⋯	500	550
		电表读数	99.1	150.15	199.8	251.5	302.1	351.05	⋯	503.5	550.2
		平均误差 （%）					0.97%				
		电阻 （kΩ）	15	25	35	45	55	65	⋯	95	105
		电表读数	14.997	25.003	35.004	44.997	54.996	64.998	⋯	95.004	105.003
		平均精度 （kΩ）					0.005				

柱状图

数字式电表平均误差

序号	目标值	实际测量中值	结论
1	直流电压表误差：1%	误差为0.93%，满足要求	符合
2	直流电流表误差：1%	误差为0.97%，满足要求	

从图表中看出，电压表、电流表误差均在5%以内，满足目标要求。对策目标实现

制表人：×××　　时间：2020年7月29日

6. 实施六：直流空气开关的设计制作

直流空气开关设计实施表如表7-21所示。

7. 实施七：试验验证

为保证成果安全、可靠投入使用，小组将装置送至第三方专业检测机构检测认证，通过对各装置的各项数据进行检测，检测结果如表7-22所示，各项数据合格100%。

针对完成的测试仪进行现场应用，如图7-8所示。

本成果在多处现场实践应用的过程中，效果良好，经公司相关部门认证，本成果设备在安全、质量、管理、成本等方面均无负面影响，相关用户报告如图7-9所示。

表 7-21 直流空气开关设计实施表

步骤	措施	实施结果
1. 直流空气开关的图纸设计	根据装置的工作需求，设计直流空气开关的接线图纸	小组充分根据装置需求，设计直流空气开关模块图纸，如下所示 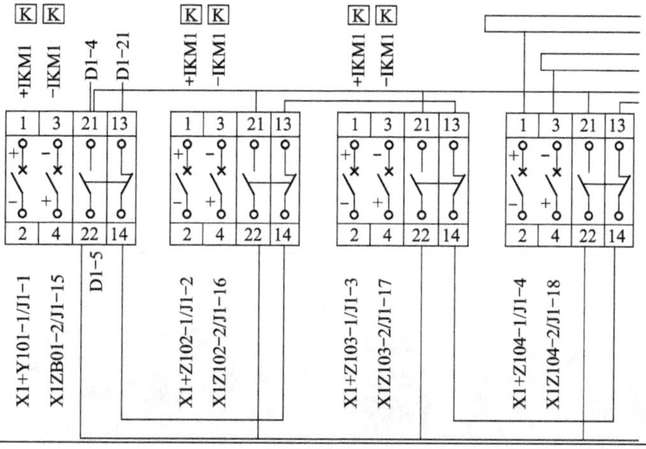
2. 根据图纸安装直流空气开关模块	根据直流图纸进行电气接线，并核查接线正确性	为确保安装准确，小组成员深入理解装置内容，认真核对图纸，确保接线正确性 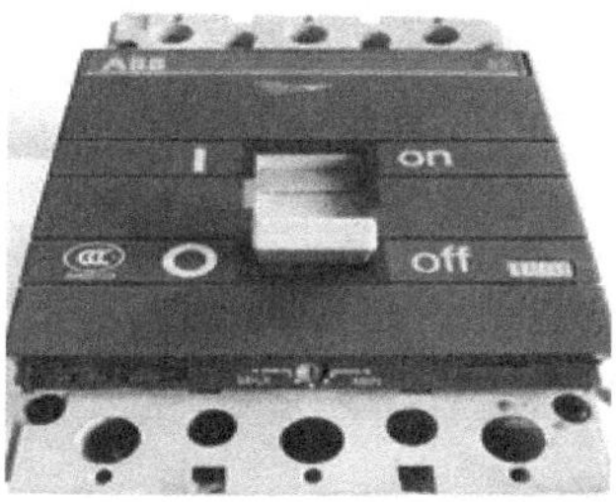 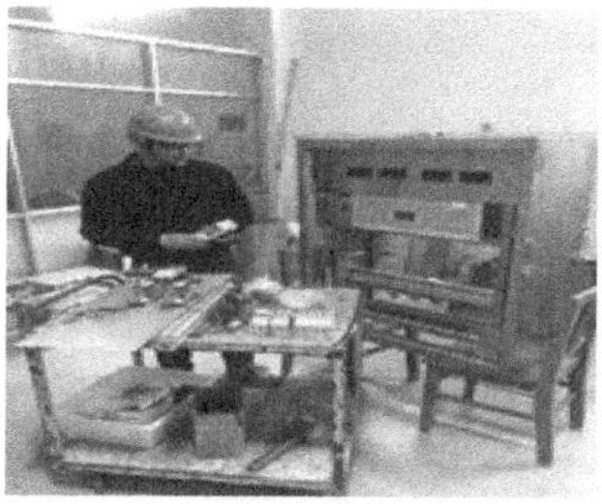
3. 效果检查	针对选取的直流空开，对各电气量进行试验测试，验证是否符合目标值	小组成员对开关通以 $5I_n$、$10I_n$、$50I_n$ 的电流，分别进行断开时间进行测试，结果如下所示 由测量结果计算可得，对开关通以 $5I_n$、$10I_n$、$50I_n$ 的电流，断开时间均小于100ms，满足目标要求。对策目标实现

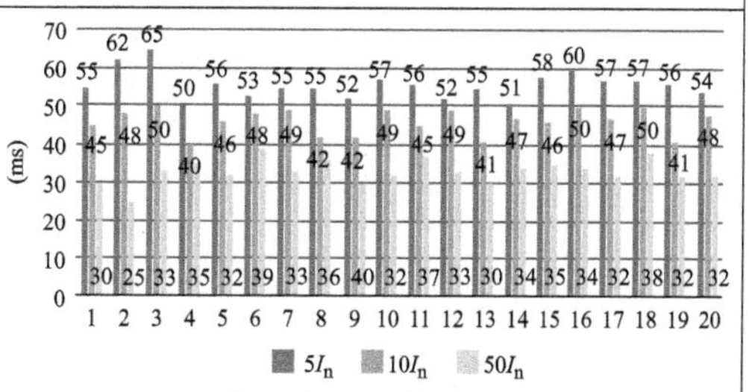

制表人：×××　　时间：2020 年 7 月 25 日

表 7-22　　　　　　　　第三方专业检测机构检测报告

装置名称	检测报告	检测结果
集成式直流电源转接馈电装置		检测合格

制表人：×××　　　时间：2020 年 7 月 30 日

待更换屏幕	现场接线	调试使用

图 7-8　现场应用图

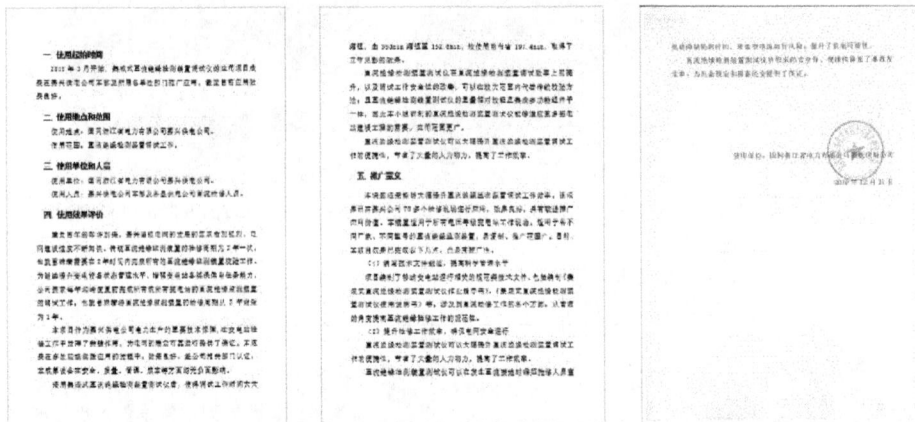

图 7-9　用户报告

七、效果检查

1. 目标检查

2020 年度××变电运检中心各变电站直流升级及改造工作中，通过采

318

用集成式直流电源转接馈电装置进行升级改造，用户停电时间大大缩短，统计如表 7-23 所示。

表 7-23　　　采用集成式直流电源转接馈电装置之后的停电时间

变电站名称	××变电站	××变电站	××变电站	××变电站	××变电站	××变电站
负荷转供时间 （min）	571	580	605	575	610	599
平均转供时间 （min）	590					

制表人：×××　　　时间：2020 年 11 月 1 日

可以看出，采用集成式直流电源转接馈电装置后，使变电站停电时间大大缩短，由 1050min 缩短至 590min，较使用前节省 460min，取得了立竿见影的效果。通过以上分析，小组的目标超额实现，活动前后目标量对比如图 7-10 所示。

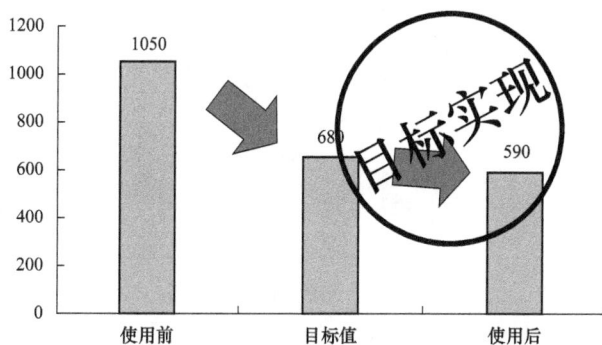

图 7-10　活动前后用户停电时间目标量对比

2. 效益验证

（1）直接经济效益。2020 年 8 月集成式直流电源转接馈电装置开始投入使用，已应用于××变电站等 4 个变电站的直流改造工程，结果表明应用该装置可以大幅缩短停电时间（见图 7-11）。

××变电站直流系统改造的停电时间由原来的 1050min 缩短至 571min，节省（1050－571）/60＝7.98h，单个用户间隔负荷约 2MW，××

变电站总计 20 个用户间隔。项目实施以后，采用集成式直流电源转接馈电装置，减少停电负荷数计算可得

$$(1050-571)/60\times2000\times20=319\ 333\ (kWh)$$

增收电费：

$$319\ 333\times0.6/10\ 000=19.16\ (万元)$$

同理可计算得到 A、B、C 其余三站各自增收的电费分别为 20.68 万、13.2 万、13.53 万元。

项目包含装置研发以及材料相关的成本 2 万元，因此活动后已实现经济效益 20.68＋19.16＋13.53＋13.2－2＝64.57（万元）。

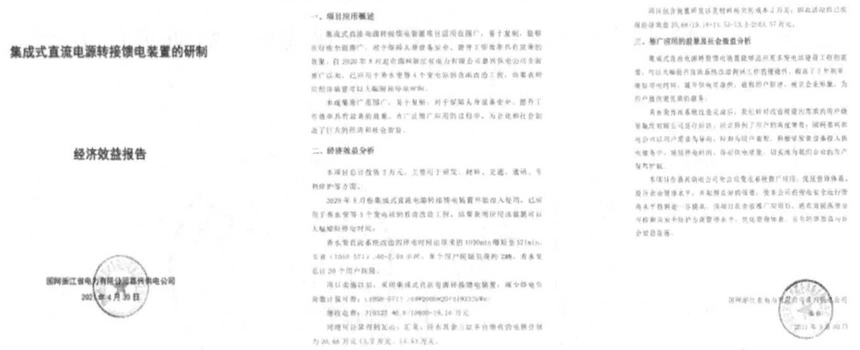

图 7-11　经济效益分析报告

（2）社会效益。集成式直流电源转接馈电装置能够适应更多变电站建设工程的需要，可以大幅提升直流系统改造测试工作的便捷性，提高了工作效率，缩短停电时间，提升供电可靠性，获得用户好评，树立企业形象，为用户提供更优质的服务。

××变电站直流系统改造完成后，针对改造前提出需求的用户××公司进行回访。回访得到了用户的高度赞赏：国网××供电公司以用户需求为导向，时刻为用户着想，积极研发新设备投入供电服务中，缩短停电时间、保证供电质量，切实地为企业的生产保驾护航。

八、标准化

技术先进：本装置实现一台装置一次拆接线完成负荷转供多项工作内容，节省大量组装拆接时间，使改造标准化。装置高度集成、小型化，可放在电缆层及改造屏位附近，工况适应性强。本装置运用全方位风险管控技术，针对改造现场出现的安全隐患，发明声光实时告警技术，从源头上保证人员、设备安全；此外，本装置的标准化监测、可视化技术实现降低监测误差。

应用范围广：统计调研××公司所辖所有变电站后（见表7-24），发现研制的集成式直流电源转接馈电装置可以在不同电压等级、不同回路数变电站完美使用，且适用于各不同厂家、不同型号的直流电源系统升级改造，技术先进、应用范围广、具有显著的经济效益。

表 7-24　　××公司所辖各电压等级变电站所需功能及特性统计表

需求及特性	220kV 变电站	110kV 变电站	35kV 变电站
数量（个）	34	144	26
直流电压等级	220V/110V	220V/110V	110V
回路数（路）	25～38	20～25	20～25
平均改造年限（年）	8～10 年		
平均每年改造变电站数量	20.4 个		
接口	硬接点		
必备功能	为多路出线负荷提供电源； 直流接地/交流窜入告警检测功能，本地声光告警以及后台告警功能		

制表人：×××　　　时间：2020 年 11 月 15 日

成果易复制：本课题成果能够大幅提升直流系统改造的效率，该成果已在嘉兴公司多个工作现场进行应用，技术先进，效果良好，具有较强推广应用价值，能够在电力系统各企业直流改造中应用，成果推广价值评估报告如图 7-12 所示。

评价：小组根据成果推广应用价值评价报告，对以上有推广应用价值的创新成果进行标准化，见表 7-25。

图 7-12　成果推广鉴定

表 7-25　　　　　　　　　　标准化工作实施表

标准化	开展内容	成果编号	成果
编制标准化文件，列入公司日常规范	编制《集成式直流电源转接馈电装置作业指导书》	YJ-202004029	
	编制《集成式直流电源转接馈电装置使用说明书》	2020-JX-FW0023	
	图纸归档	JXEP-XDQC2020201	

制表人：×××　　　时间：2020 年 11 月 18 日

九、总结和下一步打算

1. 总结

QC 活动创新特色如表 7-26 所示。

2. 下一步打算

针对小组成员在 QC 活动过程中存在的不足，从技术、管理、人员素质提升等方面提出了改进措施并落实到人，详见表 7-27。

表 7-26 　　　　　　　　　　　QC 活动创新特色

分类	创新特色	不足之处
	小组具有主动创新的思路与理念，以顾客需求为导向，在专业技术上有重大突破。主动获取顾客的实际需求，通过借鉴类似专业的知识、技术、经验，选择了本次课题"集成式直流电源转接馈电装置的研制"。 课题以提升工作效率、满足顾客和公司要求为目的，实现了变电站负荷转供由 1050min 缩短至 590min，显著提高了测试效率	可进一步扩展装置功能
	小组在活动过程中以事实为依据，用数据说话。在试验分析上小组对于逻辑性分析有了很大的提升，小组可将项目进行模块化分析，并对模块进行细分研究，使项目更具可信度与可行性	小组能在试验分析上使用的方法较少
小组专业技术方面	课题技术具有先进性，有专利链、专利池知识产权的保护特色；以发明专利为主线，形成专利链；以实用新型专利、论文为辅助，形成专利池，对成果进行全方位的保护。3月完成最佳方案选择后提交专利申请，受理 1 项发明专利（202010260038.8）和授权 3 项实用新型专利（ZL202020477812.6、ZL202020457128.1、ZL202020457104.6），发表科技核心论文一篇，如下所示 	知识产权保护范围小
管理技术提升	小组管理上具有过程管控特色。通过本次 QC 活动，提升了小组的管理水平，从选题注册、活动开展、成果总结、发布评审到推广应用各环节，小组严格按照活动流程，稳步开展 QC 活动。小组成员明确个人的职责，在项目中分工合理，相互之间的配合更加默契，团队精神大幅提高，管理水平得到提升。如下所示 	活动内容	优点	运用工具
课题选择	课题针对性强，能有效解决现场实际用户需求	流程图、调查表
目标设定及可行性分析	根据借鉴与计算，通过试验、测试的数据进行可行性论证确定目标	柱状图、调查表
提出并确定最佳方案	通过试验、测试、调查统计，确定最佳方案	系统图、调查表、折线图等
制定对策	提出多种对策方案，用数据确定最佳方案，提出有效的实施措施	调查表		QC 工器具应用不熟练

续表

分类	创新特色			不足之处
管理技术提升	续表			QC 工器具应用不熟练
	活动内容	优点	运用工具	
	对策实施	逐条实施并检查实施效果，数据充分	调查表、折线图、柱状图	
	效果检查	针对课题目标进行有效检查	调查表、柱状图	
	标准化	对具有推广应用课题进行标准化	调查表	
小组成员素质提升	小组成员在逻辑思维、创新能力具有创新特色；通过本次 QC 活动，小组成员创新能力、应用质量工具分析问题、解决问题能力得到提升，各方面技能、技术得到了全面的发展。 不仅如此，小组成员在专业技能、职称晋升上都得到了大幅的提升。如下所示			小组成员对新规定、新标准理解不准确
	小组成员	活动前	活动后	
	×××	高级工程师	正高级工程师	
	×××	助理工程师	工程师	
	×××	工程师	高级工程师	
	×××	中级工	高级工	
	×××	助理工程师	QC 推进者称号	
	×××	技术技能水平较强，材料撰写等方面突出，但质量工器具使用不够	具备一定的质量改进、技术创新能力，学会运用 QC 工具，解决生产生活中的难题	
	×××	PPT 制作、发布等能力尤为突出，对质量管理新标准理解不够	创新能力、QC 发布 PPT 的编排能力、演讲能力得到提升，加深了对新标准的理解	

制表人：×××　　　　时间：2020 年 11 月 25 日

表 7-27 　　　　　　　　　　下 一 步 打 算

分类	改进措施	预期目标	负责人	完成时间
针对技术上的不足	可进一步扩展功能，如信号的智能诊断及识别	根据各类信号信息，自动判断故障类别及位置	×××	2021 年 6 月
	在试验分析上使用的方法较少	增加多种试验方法，尝试控制变量法验证成果科学性	×××	2021 年 5 月
	扩大专利的保护范围，在国外申请专利保护	实现专利技术的全球保护，保证自身知识产权的合法性	×××	2021 年 3 月

续表

分类	改进措施	预期目标	负责人	完成时间
针对管理上的不足	增加 QC 工器具的学习培训，让小组成员增强	正交试验、PDPC 法等 QC 工器具的使用，展开该类专项培训 3 次	×××	2021 年 7 月
针对小组成员素质提升上的不足	需进一步对新规范新标准进行理解，更进一步提高创新能力	新标准培训 3 次，邀请专家讲解质量管理、创新活动开展新方法 1 次	×××	2021 年 4 月

制表人：×××　　时间：2020 年 12 月 17 日

今后，在实际工作中，更广泛地开展 QC 活动，针对顾客需求不断改进，不断创新。下一阶段计划开展"变电站直流接地快速诊断装置的研制"的课题研究。

案例解析

本 QC 小组针对"公司及用户基于《站用直流电源系统改造细则》提出直流负荷转供 11h（660min）保证投入"的需求入手，以"集成式直流电源转接馈电装置的研制"为课题，开展 QC 小组活动，活动类型为创新型。活动全过程严格按照创新型课题 8 个环节，遵循 PDCA 循环，形成了卓有成效的成果，具体优点介绍如下。

（1）本课题是典型的针对现有的技术、工艺、技能、方法等无法满足内、外部顾客及相关方的需求，运用新思维选择的创新课题，且课题的需求是带着目标的，直接将其设定为课题目标，与创新型课题选择课题和设定目标的要求高度契合。

（2）课题借鉴了直流充馈电屏和绝缘监测装置的集成式原理，为目标设定和提出方案提供依据，且在提出并确定最佳方案环节中，合理运用借鉴的原理，将直流绝缘检测装置测试仪分为电流电压监测、直流绝缘检测、告警、指示、降压、馈电以及柜体共七大模块，再进行方案的分解和详细的必选，这是创新型课题需要重点描述的内容，本课题可以作为借鉴。

（3）课题以提升工作效率，满足电力生产本质安全要求为目的，成功设计并研制出了集成式多功能测试仪，实现了变电站负荷转供平均时间缩短至 590min，显著提高了测试效率。

（4）课题技术具有先进性，有专利链、专利池等知识产权的保护特色，已申请受理 1 项发明专利和 3 项实用新型专利，录用科技核心论文 1 篇，同时小组将课题成果编写为专著，为兄弟单位提供参考。

（5）在充分应用现场测量、试验和调查分析等手段，获得海量数据的基础上，课题在 QC 统计方法的应用上具有独到之处，采用了调查表、折线图、柱状图、散点图等常用的统计工具，做到了用数据说话，用图表结合的型式，一目了然。

本 QC 小组成果在选定课题环节存在的不足如下所示。

（1）在选择课题时，对于需求提出时，现有的具体做法的说明较含糊，依据不足，不够直截了当。

（2）借鉴的内容应该为创新型课题的目标设定和提出方案提供依据，课题有意分析自身与所借鉴的直流充馈电屏和绝缘监测装置的不同点，且语焉不详，只是突出了装置高度集成化、小型化、轻便好用的特点，以及加入绝缘监测装置，确保了安全，容易将读者引入歧途，宜在今后的活动中予以持续改进。

（3）在标准化环节，应该详细对本成果进行推广应用价值（包括技术方面、经济价值方面、推广应用范围方面等）的评价，然后做出适当的处置。证明其具有推广应用价值，从而形成相应的技术标准（包括设计图纸、工艺文件、作业指导书）或管理制度，以便推广应用，本课题在阐述推广应用价值方面不够详细具体。

（4）对策表制订时，措施的制定应不含"效果验证"环节，应予剔除。

（5）在总结与下一步打算部分，创新特色的描述多泛泛而谈，缺乏课题针对性，专业技术总结应紧紧围绕本次 QC 课题中的技术创新点进行针对性总结，应用前期的模块来总结创新点，各个技术创新点有论文、专利、转件著作权等知识产权支撑更佳。

附　录
（资料性附录）

质量管理小组活动评审表。

质量管理小组活动现场评审项目、方法、内容及分值见表 A.1。

问题解决型课题成果评审项目、内容及分值见表 A.2。

创新型课题成果评审项目、内容及分值见表 A.3。

一、表 A.1 要点解读

表 A.1　　　　　　　　　　质量管理小组活动现场评审表

序号	评审项目	评审方法	评审内容	分值
1	质量管理小组的组织	查看记录	（1）小组和课题进行注册登记； （2）小组活动时，小组成员出勤及参与各步骤活动情况； （3）小组活动计划及完成情况	10 分
2	活动情况与活动记录	听取介绍 查看记录 现场验证	（1）活动过程按质聚管理小组活动程序开展； （2）活动记录（包括各项原始数据、统计方法等）保存完整、真实； （3）活动记录的内容与发表资料一致	30 分
3	活动真实性与有效性	现场验证 查看记录	（1）小组课题对技术、管理、服务的改进点有改善； （2）各项改进在专业方面科学有效； （3）取得的经济效益得到相关部门的认可； （4）统计方法运用适宜、正确	30 分
4	成果的维持与巩固	查看记录 现场验证	（1）小组活动课题目标达成，有验证记录； （2）改进的有效措施或创新成果已纳入有关标准或制度； （3）现场已按新标准或制度执行； （4）活动成果应用于生产和服务实践	20 分
5	质量管理小组教育	提问或考试	（1）小组成员掌握质量管理小组活动程序； （2）小组成员对方法的掌握程度和水平； （3）通过本次活动，小组成员的专业技术、管理方法和综合素质得到提升	10 分

（1）现场评审的目的是为了保证 QC 小组活动的真实性和有效性。

（2）现场评审应以 QC 小组所在的企业为主体，组织具备 QC 小组活动评审和指导能力的人员进行；行业和地区可适当抽样到企业做现场评审。

（3）各企业可根据自己开展 QC 小组活动的具体情况，灵活掌握评审的重点，并做好评审记录。

（4）取得的经济效益要得到相关部门的认可。

二、表 A.2 要点解读

表 A.2　　　　　　　　　　问题解决型课题成果评审表

序号	评审项目	评审内容	分值
1	选题	（1）所选课题与上级方针目标相结合，或是本小组现场急需解决的问题； （2）选题理由明确、用数据说明； （3）现状调查（自定目标课题）为设定目标和原因分析提供依据；目标可行性论证（指令性目标课题）为原因分析提供依据； （4）目标可测量、可检查	15 分
2	原因分析	（1）针对问题或症结原因分析，逻辑关系清晰、紧密； （2）每一条原因已逐层分析到末端，能直接采取对策； （3）针对每个末端原因逐条确认，以末端原因对问题或症结的影响程度判断主要原因； （4）判定方式为现场测量、试验和调查分析	30 分
3	对策与实施	（1）针对主要原因逐条制定对策；进行多种对策选择时，有事实和数据为依据； （2）对策表按 5W1H 要求制定； （3）按照对策表逐条实施，并与对策目标进行比较，确认对策效果； （4）未达到对策目标时，有修改措施并按新的措施实施	20 分
4	效果	（1）小组设定的课题目标已完成； （2）确认小组活动产生的经济效益和社会效益实事求是； （3）实施的有效措施已纳入相关标准或管理制度等； （4）小组成员的专业技术、管理方法和综合素质得到提升，并提出下一步打算	20 分
5	成果报告	（1）成果报告真实，有逻辑性； （2）成果报告通俗易懂，以图表、数据为主	5 分
6	特点	（1）小组课题体现"小、实、活、新"特色； （2）统计方法运用适宜、正确	10 分

评审的目的是为了总结和交流 QC 小组活动的成果，以不断提高 QC 小组活动水平，同时进行评优和表彰。

评审项目和评审内容、分值均有变化。

（1）评审表名称由《问题解决型课题成果发表评审表》修改为《问题解决型课题成果评审表》。

（2）第五项"发表"修改为"成果报告"。

（3）前4项中的"工具运用正确、适宜"修改为第6项"特点"：统计方法运用适宜、正确。

（4）第2项"原因分析"由25分调整为30分；第3项"对策与实施"由25分调整为20分。

三、表 A.3 要点解读

表 A.3　　　　　　　　　　　创新型课题成果评审表

序号	评审项目	评审内容	分值
1	选题	（1）选题来自内、外部顾客及相关方的需求； （2）广泛借鉴，启发小组创新灵感、思路和方法； （3）设定目标与课题需求一致，目标可测量、可检查； （4）依据借鉴的相关数据论证目标可行性	20分
2	提出方案并确定最佳方案	（1）总体方案具有创新性和相对独立性，分级方案具有可比性； （2）方案分解已逐层展开到可以实施的具体方案； （3）用事实和数据对每个方案进行逐一评价和选择； （4）事实和数据来源于现场测量、试验和调查分析	30分
3	对策与实施	（1）方案分解中选定可实施的具体方案，逐项纳入对策表； （2）按5W1H要求制定对策表，对策即可实施的具体方案，目标可测量、可检查，措施可操作； （3）按照制定的对策表逐条实施； （4）每条对策实施后，确认相应目标的完成情况，未达到目标时有修改措施，并按新措施实施	20分
4	效果	（1）检查课题目标的完成情况； （2）确认小组创新成果的经济效益和社会效益实事求是； （3）有推广应用价值的创新成果已形成相应的技术标准或管理制度；对专项或一次性的创新成果，已将创新过程相关资料整理存档； （4）小组成员的专业技术和创新能力得到提升，并提出下一步打算	15分
5	成果报告	（1）成果报告真实，有逻辑性； （2）成果报告通俗易懂，以图表、数据为主	5分
6	特点	（1）充分体现小组成员的创造性； （2）创新成果具有推广应用价值； （3）统计方法运用适宜、正确	10分

评审项目和评审内容、分值均有变化。

（1）评审表名称由《创新型课题成果发表评审表》修改为《创新型课题成果评审表》。

（2）第5项"发表"修改为"成果报告"，分值由10分调整为5分。

（3）项目中的"工具运用正确、适宜"修改为第6项"特点"：运用统计方法适宜、正确。

（4）第6项"特点"增加了"创新成果具有推广应用价值"的内容，分值由5分调整为10分。